La garçon

V. Margueritte

Alpha Editions

This edition published in 2024

ISBN : 9789361470844

Design and Setting By
Alpha Editions
www.alphaedis.com
Email - info@alphaedis.com

Contents

NOTE DE L'AUTEUR

—Une préface, au 150e mille?

—Une postface, si vous voulez.

—Trois mois après que le livre a paru!

—Eh! oui, le temps que les «chers confrères» aient jeté, à droite et à gauche, leur venin... Pudeurs à retardement dont la bombe attendait, pour fulminer, l'éclat de l'offensant succès!... Et le temps aussi que s'apaisât le concert des indignations plus ou moins feintes, le *tolle* des hypocrisies, la rage des haines politiques ou confessionnelles qui ont accueilli ce livre, le trente-septième que j'ai l'honneur de signer, et où, sous l'historien, quelques bonnes âmes ont affirmé ne voir qu'un pornographe, œuvrant par lucre... Coup classique, et qui ne fut pas épargné à Zola.

—Mais si, pour une raison ou une autre, on n'a pas suffisamment compris ce que vous souhaitiez faire entendre, la faute ne vous incombe-t-elle pas en quelque mesure?

—Sans doute. Encore que je ne me flatte pas de désarmer, jamais, certains partis-pris! Mais peut-être aussi aurais-je dû, par quelque avant-propos, avertir de mes intentions le lecteur pressé. Le cinéma l'a gâté. C'est un fait: la trépidation, la dispersion de l'existence quotidienne nuisent au recueillement et à la méditation sans lesquels il est impossible qu'un jugement motivé se forme. On ne lit plus, on parcourt. Que dis-je, on court, d'une page à l'autre! le cent à l'heure... Souffrez donc, cher lecteur, que je passe à l'écran quelques éclaircissements complémentaires...

Tout d'abord, et comme vous, je sais parbleu bien qu'il y a chez nous des mères et des filles admirables, toute une société féminine qui travaille et qui peine. Je l'ai peinte déjà, et la peindrai encore.

Ai-je besoin d'affirmer, au surplus, que jamais je n'ai prétendu proposer Monique Lerbier comme le type actuel de la jeune fille, de la jeune femme française? Et suis-je responsable si des critiques hostiles généralisent?

Non. J'ai peint, avec ce tout petit monde de lucre et de vanité qu'on est convenu d'appeler «le monde»,—peut-être parce qu'hélas! il en fait encore la loi?—quelques types de ces émancipées dont la guerre a précipité le foisonnement dans tous les pays.

C'est, en revanche, de parti-pris, que j'ai situé ma garçonne dans le milieu de débauche et d'affaires qu'on voit à Paris, parce que ce microcosme est le plus représentatif de l'amoralité ou, si vous préférez, de la pourriture contemporaine.

—Soit! mais quelle nécessité de vous étendre sur des tableaux de dégradation et de vice? C'est donner prétexte à dire que vous vous y êtes complu.

—A dire, ou à médire? Ce n'est pas seulement pour le peintre de mœurs un droit, c'est un devoir que de retracer,—jusqu'à en donner le dégoût, *comme à Monique*,—le spectacle des pires turpitudes. Oui, je sais, il y a l'objection: «— Prenez garde à l'attirance du danger. On ne tombe pas dans un mal qu'on ignore». Je réponds qu'il vaut mieux, puisque le mal existe, le révéler que le cacher. Son étalage ne fera que rebuter d'avance toute jeune âme, pour peu qu'elle soit saine. C'est le fanal sur l'écueil. Monique, pour y avoir touché, n'a gardé que l'horreur de ces mornes plaisirs, un élan vers le bonheur salubre… Exemple préservateur. Quant aux perverties!…

—Pauvre et pure, votre héroïne n'eût-elle pas mieux démontré cependant, par une laborieuse existence, ces droits à l'indépendance que conquièrent journellement tant d'autres garçonnes,—moins fortunées et plus courageuses?

—Il est vrai. Mais que voulez-vous? C'est de parti-pris, encore, que j'ai fait de celle-ci une fille de riches, riche elle-même. Pourquoi? Parce que sa fortune, comme son éducation, est une des conditions de sa chute. Moins préparée aux vertus du travail que ses sœurs ouvrières ou de petite bourgeoisie, elle est la première victime d'une liberté révolutionnairement conquise. Morale: A la classe soi-disant dirigeante, d'élever mieux ses filles. *Et surtout ses fils!* Ce sera tout bénéfice pour l'évolution.

Qu'est-ce, en effet, qu'une révolution,—qu'elle soit morale, politique ou sociale?—Je l'ai dit d'ailleurs: *Une réaction de l'énergie contre l'oppression d'injustes forces. La femme, prisonnière depuis des siècles, esclave habituée à la résignation et à l'ombre, titube au seuil brusquement ouvert de la lumière et de la liberté.* Conséquence des affranchissements soudains… Le lui reprocher? Ce serait de la part de l'homme un singulier abus. *L'indépendance est une habitude comme un autre. On ne s'y adapte qu'à la longue…* Le progrès? Un perpétuel apprentissage!

Quant à la crudité de ma manière,—qu'elle soit de la photographie ou de l'art,—je maintiens qu'elle demeure,—d'un et même de plusieurs tons,—*au-dessous de la vérité.*

Nous sommes loin du temps où l'on poursuivait Flaubert pour l'audace de *Madame Bovary*,—le roman le plus moral peut-être du dernier siècle. Loin même du scandale soulevé par les héroïnes de Zola! Que sera, dans vingt ans, une Monique Lerbier, au regard des garçonnes que la génération des *dancings* nous promet? Je plains, s'il est comme moi sincère, et pour peu que la corruption des mœurs continue, le romancier qui peindra la bourgeoisie future.

La vérité! Aussi bien est-ce ce qui paraît si choquant, d'ailleurs, à quelques-uns. On ne la supporte point tout nue. On préfère des gants et les mains sales. Et puis «la tranche de vie» aujourd'hui répugne. Le naturalisme est passé de mode. Vive le néo-classicisme! Toute une jeunesse est cérébrale, jusqu'à l'onanisme et à l'inversion. Ce qui n'empêche pas nos romanciers de voiler la plaie sociale de jolis linges bien blancs. Un peu d'eau de rose patriotico-familiale, un «mélange» d'aventures vaporisé là-dessus! Et snobs de se pâmer...

Je le répète: *Je suis pour le bistouri brutal, et qui débride. L'immoralité n'est pas dans les mots, mais dans les mœurs. Au lieu de couvrir celles-ci du manteau de Noë,—lequel n'est trop souvent que le voile d'Arsinoé,*—donnons à nos filles et à nos femmes, dans l'usage comme dans la loi, donnons à toutes les mères (filles-mères comprises) les libertés dont on ne conçoit plus que l'homme se réserve, despotiquement, le monopole. Il y aura du coup moins de licence.

L'instinct de sagesse, de fidélité, de bonté, la soif de justice qui sont innés dans la plupart des âmes féminines s'épanouiront ainsi, avec moins de heurts, *pour le plus grand profit de la morale sexuelle, inséparable de la moralité humaine.*

Je me résume:

J'ai dénoncé un péril. Et j'ai fait entrevoir, par-delà le fossé, la grande route de l'égalité, de l'équivalence (si le terme vous semble plus adéquat) où les deux sexes finiront bien un jour par avancer côte à côte, harmonieusement.

«*Its a long way to Tipperary!...*» *La Garçonne* n'est qu'une étape dans cette marche inévitable du Féminisme, vers le but magnifique qu'il atteindra. Je tenterai, dans mon prochain roman, de l'approcher,—persuadé, comme l'un des personnages du livre que voici, qu'il ne faut pas juger de l'avenir sur l'un des aspects du présent, et que «*dans l'anarchie même, un ordre nouveau s'élabore.*»

V. M.

15 octobre 1922.

Première partie

I

Monique Lerbier sonna.

—Mariette, dit-elle à la femme de chambre, mon manteau…

—Lequel, Mademoiselle?

—Le bleu. Et mon chapeau neuf.

—Je les apporte à Mademoiselle?

—Non, préparez-les dans ma chambre…

Seule, Monique soupira. Quelle corvée que cette vente, si elle n'avait pas dû y retrouver Lucien! On était si bien, dans le petit salon. Elle réappuya sa tête sur les coussins du canapé et reprit sa rêverie.

Elle a cinq ans! Elle est en train de dîner dans sa chambre, à la toute petite table où chaque jour «Mademoiselle», régente de sa vie, la surveille et la sert. Mais, ce soir, Mademoiselle a congé. Tante Sylvestre la remplace.

Monique adore tante Sylvestre. D'abord, toutes les deux, elles ne sont pas pareilles aux autres. Les autres, c'est des femmes. Même Mademoiselle! Maman lui a donné ce nom comme ça: «Bien que vous soyez veuve! Parce qu'une gouvernante doit toujours s'appeler Mademoiselle.»

Tante Sylvestre et Monique, au contraire, sont des filles. Elle, une petite fille, quoiqu'elle se juge déjà grande. Et tante, une vieille fille… Vieille, si vieille! A preuve qu'elle a la peau plissée et au menton trois poils, sur un pois chiche.

Ensuite tante Sylvestre apporte toujours du nougat noir, aux amandes et au miel brûlé, chaque fois qu'elle arrive d'Hyères. Hyères, Monique ne sait pas bien où c'est, ni ce que c'est. Hyères c'est la même chose qu'hier; c'est très loin… Il n'y a qu'aujourd'hui qui compte. Et aujourd'hui, c'est fête. Papa et maman doivent aller à l'Opéra et, avant, ils sont invités au restaurant.

L'Opéra est un palais où les fées dansent en musique, et le restaurant un endroit où on mange des huîtres… C'est réservé aux grandes personnes, déclare tante Sylvestre.

Mais voilà une fée,—non, c'est maman!—qui apparaît en robe décolletée. Elle a des plumes blanches sur la tête et elle a l'air habillée toute en perles. Monique touche l'étoffe, extasiée… Oui, de petites, toutes petites perles, vraies! Elle aimerait à en avoir un collier.

Elle caresse le cou de maman qui se penche pour vite lui dire au revoir: «Non, pas de bise, à cause de mon rouge!» Et comme la menotte, maintenant, remonte au velours des joues, la voix impatiente ordonne: «Laisse-moi! Tu vas m'enlever ma poudre.»

Derrière il y a papa tout en noir, avec un grand V blanc qui sort du gilet. C'est une drôle de chemise, en carton glacé! Maman raconte à tante Sylvestre, qui écoute en souriant, une longue histoire. Mais papa tape du pied et crie: «Avec votre manie de mettre trois heures pour vous fourrer du noir aux cils et du rose aux ongles, nous manquerons l'ouverture!»

Quelle ouverture? Celle des huîtres?... Non. Dès que papa et maman sont partis, sans l'embrasser,—(Monique a gros cœur)—tante Sylvestre explique que c'est l'ouverture de la musique... La musique, ça s'ouvre donc?

Monique, rêveuse, demande: «Alors en quoi c'est fait?» et tante Sylvestre, qui l'a prise sur ses genoux, explique en la câlinant: «La musique, c'est le chant qui sort de tout... de soi quand on est heureux... du vent quand il souffle sur la forêt et sur la mer... C'est aussi le concert des instruments, qui rappelle tout ça... Et l'ouverture, c'est comme celle d'une grande fenêtre sur le ciel, pour que la musique entre, et qu'on l'entende. Tu comprends?»

Monique regarde tendrement tante Sylvestre et fait signe que oui.

Monique a huit ans. Elle a poussé en longueur. Elle tousse souvent. Aussi, quand elle va se promener au bord de la mer, ordre à Mademoiselle (ce n'est plus la veuve, mais une Luxembourgeoise qu'elle n'aime pas, et qui a des joues de ballon rouge) de ne pas la laisser grabouiller, jambes nues, dans les flaques rocheuses où la crevette frétille. Ordre de ne pas même la laisser courir devant le flux, sur le sable qui, mouillé, se durcit. Elle ne peut ramasser ni les algues fraîches qui sentent tout l'océan, ni les coquillages dont la conque nacrée enclot le bruit des vagues... «Qu'est-ce que tu veux faire de ces saletés? Jette ça!» a déclaré maman, une fois pour toutes.

Monique ne peut pas non plus lire comme elle le voudrait (l'attention donne des maux de tête). En revanche elle doit faire régulièrement une heure de gammes (elle a beau dire que ça la rend folle, il paraît que c'est une discipline, pour les doigts). Alors, si c'est ça les vacances, Trouville est plus ennuyeux que Paris!

D'ailleurs elle y voit encore moins ses parents. Maman est toujours en automobile, avec des amis. Et le soir, quand elle dîne,—c'est rare,—elle part, aussitôt après s'être rhabillée, danser au Casino. Très tard... Aussi, le matin, elle dort. Papa? il ne vient que le samedi, par le train des maris. Et le dimanche il reste avec des messieurs, pour ses affaires.

La grande corvée, c'est quand maman «fait plage». On regarde se croiser, sur les planches, les files montante et descendante. On dirait un magasin de blanc. Les mannequins s'exhibent, tous pareils, en rangs pressés. Les messieurs-dames qui font cercle, assis autour des guérites d'osier ou des tentes, échangent des saluts avec les messieurs-dames qui processionnent.

Quand ceux-ci arrivent au bout du chemin parqueté, ils font demi-tour, et recommencent. Qu'est-ce qu'ils suivent? Monique ne sait pas. Encore un mystère! Le monde en est plein, si elle en croit les réponses jetées à ses incessantes questions...

Pour l'instant elle s'amuse, non loin de la guérite maternelle, avec la petite Morin et une camarade dont elles ne connaissent pas le nom. Elles l'ont baptisée Toupie, parce qu'elle tourne toujours sur un pied, en chantant. Accroupies sous le regard distrait de la Luxembourgeoise, toutes trois édifient un château doré, avec ses bastions et ses douves. Au milieu se tient debout, militairement, son râteau sur l'épaule, un garçonnet frisé, dit Mouton. On l'a mis là pour qu'il reste tranquille, en lui affirmant: «Tu es la garnison.»

La règle du jeu est que, le château fini, la garnison sera libre, et, à la place, on enfermera prisonnière celle des trois qui se sera laissé prendre. Mais le château n'en finit pas. Mouton trépigne et, sans attendre l'achèvement, exécute une vigoureuse sortie. Toupie et la petite Morin s'enfuient. Monique, qui se repose sur la foi des traités, n'a pas bougé. Si bien que lorsque Mouton veut l'embastiller, elle résiste. Il la pousse... Coups, cris. La Luxembourgeoise qui se précipite reçoit sa part de horions, les mamans accourent. Elles séparent les combattants et, sans écouter les explications confuses, d'ailleurs contradictoires, elles les secouent. Mouton qui se rebiffe est giflé. En même temps Monique sent une main qui la frappe, à la volée: clic! clac!... «Ça t'apprendra!» Sa figure cuit.

Atterrée elle regarde l'ennemie qui vient d'abuser de sa force. L'ennemie satisfaite d'avoir équilibré les torts, et le châtiment... Sa maman! Est-ce possible?... La rage et la stupeur se partagent l'âme de Monique. Elle a fait connaissance avec l'injustice. Et elle en souffre, comme une femme.

Monique a dix ans. C'est une grande personne. Ou plutôt, déclare sa mère en haussant les épaules, c'est une enfant insupportable, avec ses fantaisies, ses vapeurs et ses nerfs.

D'abord elle ne fait rien comme tout le monde! N'a-t-elle pas déchiré toute sa robe de dentelles, et pris froid l'autre dimanche, en jouant à cache-cache dans le parc de Mme Jacquet, avec Michelle et des garnements? Du point de Malines ancien—une véritable occasion, à 175 francs le mètre... Et hier, en goûtant chez le pâtissier, ne s'est-elle pas avisée de prendre dans l'étalage, pour la porter,—dehors, sur le trottoir!—à une fillette en haillons qui la dévorait des yeux, une grosse brioche, de près d'un kilo?... Au lieu d'un bon pain!

Elle a eu beau vouloir payer sur ses économies: ce n'est pas de la charité, c'est de l'extravagance. Et même, au fond, de la fausse générosité. Il ne faut pas donner aux malheureux le goût, et par conséquent le regret de ce qu'ils ne peuvent avoir...

Monique est peinée par ces raisonnements. Elle voudrait que tout le monde soit heureux. Elle a aussi du chagrin: elle n'est pas comprise par les siens. Ce n'est pas sa faute si elle a un caractère qui ne ressemble pas à ceux qu'elle voit, autour d'elle! Et ce n'est pas sa faute non plus si à cause de ses joues creuses et de son dos qui ploie, elle ne fait pas honneur à ses parents: «Tu as grandi comme une mauvaise herbe!» entend-elle répéter sans cesse... Si cela continue, elle finira par tomber malade: on le lui a assez promis! Cette idée, elle l'accepte avec résignation, presque avec plaisir. Mourir?—ce ne serait pas un grand malheur. Qui l'aime? Personne. Si! Tante Sylvestre.

Aux vacances de Pâques, quand après une grosse bronchite, et trois semaines de lit, Monique s'est levée si faible qu'elle ne tient plus sur ses fuseaux,—tante est là! Et lorsque le médecin déclare: «Il faudrait que cette enfant vive à la campagne, longtemps... dans le Midi si c'est possible... au bord de la mer... Le climat et la vie de Paris ne lui valent rien...» tante s'écrie:—«Je la prends avec moi! Je l'emmène. Hyères, c'est excellent, n'est ce pas, docteur?...—Parfait, l'endroit rêvé...»

C'est convenu, aussitôt. Et Monique a tant de joie en songeant qu'elle va être transplantée, au soleil, près de sa vraie maman, qu'elle ne pense pas à s'attrister de ce que son père et sa mère ne manifestent eux-mêmes aucun regret.

Monique a douze ans. Elle a une natte dans le dos, et des robes à carreaux, d'écolière. Elle est la première élève de sa classe, dans le pensionnat de tante Sylvestre. A la place des rues grises dans le brouillard s'étend le jardin montant, au flanc de la colline. Le soleil vêt toutes choses d'une splendeur légère. Il luit sur les palmes des chamérops, pareils à des fougères géantes, sur les raquettes épineuses des cactus, sur les aloès bleuâtres ou bordés de jaune, qui ont l'air d'énormes bouquets de zinc. La mer est du même azur foncé que le ciel, ils se confondent, au large...

Pâques est revenu, Pâques fleuries! Jésus s'avance sur son petit âne, dans le balancement des branches vertes. La terre est comme un seul tapis, éclatant et bariolé, de roses, de narcisses, d'œillets et d'anémones.

Monique demain sera toute en blanc, comme une petite mariée. Demain! Célébration de ses Noces spirituelles. Le bon curé Macahire,—elle ne peut prononcer son nom sérieusement,—va l'admettre, avec ses compagnes du catéchisme, à la Sainte Table.

Elle a essayé de se pénétrer des belles légendes des Testaments; elle y a d'autant mieux réussi qu'elle a eu comme répétitrice sa grande amie Elisabeth Meere... Zabeth, qui est protestante, a fait, il y a quatre ans déjà, sa première communion et son rigorisme fervent ajoute une exaltation singulière à la fièvre mystique dont Monique brûle. Toutes deux, dans l'adoration du Sauveur, découvrent obscurément l'amour.

Celui de Monique est toute confiance, abandon, pureté. Elle s'en va, avec une ivresse ingénue, sur l'aile ouverte de ses rêves. Elle n'a qu'une seule et puérile crainte; celle de ne pas profaner,—en mordant au passage l'hostie de neige,— le corps, invisible et présent, de l'Epoux Divin.

Il faudra aussi, a bien recommandé l'abbé Macahire, qu'elle se confesse, avant, de ses mauvaises pensées. Elle en a deux qu'elle a beau écarter. Les vilaines mouches se reposent sans arrêt, au lys de son attente... Sa jolie robe! Coquetterie. Et les œufs, les œufs de Pâques! Gourmandise. D'abord le gros, en chocolat, qu'elle recevra de Paris, et puis les moyens et les petits, en sucre de toutes les couleurs et même en vrai œuf, cuit dur dans de l'eau rouge, qui sont si amusants à chercher, à travers les touffes et les bordures du jardin!

C'est la grande affaire de tante Sylvestre, qui depuis une semaine prépare, pour tout le pensionnat, réjouissances et surprises. C'est aussi sa façon de communier. Du moins c'est l'abbé Macahire qui s'en plaint en ajoutant: «Quel dommage qu'une si brave femme soit une mécréante!»

Il faudrait croire que ce n'est pas un péché bien grave puisque M. le curé semble le lui pardonner. Ça ennuierait bien Monique d'aller au Paradis, tandis que tante Sylvestre irait en enfer!... Mais toutes ces idées lui cassent la tête... Elle est heureuse, et il fait beau.

Monique a quatorze ans. Elle ne se souvient pas d'avoir été une enfant souffreteuse. Elle a la robustesse d'une jeune plante qui a trouvé son terrain, et surgi dru.

Elle est à l'âge merveilleux des lectures, où le monde imaginaire se découvre, et où la jeunesse enveloppe, de son voile magique, le monde réel. Elle n'a pas la notion du mal, tant la vigilance de son éducatrice l'a sarclé, dans cette âme naturellement saine. Elle a en revanche le sentiment et l'appétit du bien.

Pas rêveuse, mais croyante. Non plus en Dieu, car sur ce point elle s'est dégagée des concepts contradictoires de l'abbé Macahire et d'Elisabeth

Meere. Elle s'est insensiblement et d'elle-même convertie au matérialisme raisonné de tante Sylvestre, tout en gardant comme elle une empreinte spiritualiste. Mais elle manifeste en plus,—ferment de son double et premier mysticisme,—quelque tendance à l'absolu. C'est ainsi qu'elle a horreur du mensonge, et adore, religieusement, la justice.

Elle a toujours pour grande amie Elisabeth Meere. Celle-ci a changé de culte, et de luthérienne est devenue sioniste. Elle est, depuis trois ans, toujours éprise de Monique. Elle l'est d'autant plus qu'elle l'a désirée sans espoir. Elle va quitter bientôt le pensionnat, et son hypocrisie recule devant l'évidente pureté de l'adolescente. Ses baisers voudraient appuyer, et n'osent.

Monique,—qui éprouve pour le professeur de dessin, (un ancien prix de Rome ressemblant à Alfred de Musset,) une passionnette sentimentale,—est aussi loin de se douter des goûts de Zabeth que de la salacité, également cachée, de M. Rabbe (le faux Alfred).

Ce jour-là, on est en juin. La nuit vient. Il fait encore si chaud, dans le jardin, qu'on a la peau moite sous les robes. Zabeth et Monique suivent, après le dîner, le chemin des lavandes, qui monte jusqu'à la grande roche rousse, d'où l'on surplombe les Salins, et, par-delà, la mer. On voit de l'autre côté les monts des Maures, bleus sur le ciel vert. Il y a au large une petite voile orange et, dans le ciel, de lourds nuages cuivrés… «On étouffe!» dit Zabeth.

Nerveusement elle arrache une feuille parfumée à l'oranger en boule, la mordille. On respire l'odeur des hauts eucalyptus; elle se mêle, par effluves, à celle des argelès et des cystes. Toute la griserie du sol provençal.

Monique entrouvre son corsage, puis élève ses bras nus, cherchant en vain quelque fraîcheur… «Zut! voilà mon épaulette cassée!» La chemise glisse, montrant les seins. Ils haussent leurs rondeurs petites, mais parfaites. Sur sa peau de blonde, veinée de bleu, pointent les boutons de rose.

Zabeth soupira: «Encore une nuit où on dormira mal, j'ai beau coucher nue… Sais-tu que tes seins deviennent aussi gros que les miens?…—Non? dit Monique, ravie.—Si! regarde… Seulement, les tiens sont en pomme, et les miens en poire…» Zabeth dénude vivement sa poitrine dorée où s'érigent, dans une offre tacite, des fruits plus lourds. Elle en compare la forme allongée aux mamelons bruns, durcis, avec le galbe satiné des seins de Monique. Sa main les englobe et doucement les caresse…

A la sensation agréable, Monique sourit sans l'analyser, et sans comprendre… Mais comme soudain les doigts de Zabeth se crispent, elle dit: «Finis! qu'est-ce qui te prend?» Zabeth rougit et balbutie: «Je ne sais pas… c'est l'orage!»

Monique, pour la première fois, éprouve un trouble étrange. Elle referme vivement son corsage. Une voix lointaine en même temps retentit. C'est tante

Sylvestre qui appelle: «Monique, Zabeth!» Zabeth gênée se ragrafe... Monique répond: «Hého!...» La voix, rapprochée, fait écho...

L'orage est passé.

Monique a dix-sept ans. Elle compte: un, deux, trois ans déjà que la guerre dure!... Est-ce possible? Les troisièmes grandes vacances depuis qu'Hyères est devenu comme un grand hôpital, où les blessés renaissent.

Elle est poursuivie par ces yeux hagards que le soleil fait clignoter, au sortir de leur éternelle nuit d'épouvante. Elle ne comprend pas comment ceux qui se battent peuvent s'accoutumer à cette espèce de mort affreuse qu'est leur vie. Elle ne comprend pas non plus comment ceux qui font semblant de se battre un peu,—si peu!—et ceux qui ne se battent pas du tout acceptent la souffrance et le carnage des autres.

L'idée qu'une partie de l'humanité saigne, tandis que l'autre s'amuse et s'enrichit, la bouleverse. Les grands mots agités sur tout cela comme des drapeaux: «Ordre, Droit, Justice!» achèvent de fortifier en elle sa naissante révolte, contre le mensonge social.

Elle a passé, brillamment, son examen de fin d'études, poursuivies entre ses incessantes, ingénieuses façons de se dévouer. Non seulement pour les convalescents d'Hyères, mais pour l'obscure foule en proie à tous les maux, dans le lit fétide des tranchées...

Maintenant une existence nouvelle commence: Paris, les cours de la Sorbonne... Monique est rentrée dans sa famille. Elle a dit au revoir à tante Sylvestre, au pensionnat, au jardin, à tout ce qui a fait d'elle la jeune fille délurée, au regard hardi et pur, et aux joues fraîches... Adieu au doux passé, où, en se faisant une santé, elle s'est fait une âme.

Avenue Henri-Martin, sa chambre de jeune fille, joliment préparée, lui a causé un vrai plaisir. Elle a été touchée de l'accueil de son père et de sa mère. Elle sent qu'elle compte, désormais, aux yeux des siens: elle leur fait honneur... Tante Sylvestre a semé... Ils récoltent. Heureuse elle-même, elle ne leur en veut plus, de leur détachement ni de leur égoïsme... Elle les aime, par principe...

Pour la première fois depuis 1914 on s'est réinstallé, à Trouville. Monique consacre son mois d'août à faire l'infirmière bénévole à l'hôpital auxiliaire, n° 37. Elle est si absorbée, le jour par ses occupations, et le soir par ses livres, qu'elle ne se soucie pas des autres... Ceux qu'elle observe le moins sont ceux mêmes qui la touchent: sa mère toujours dispersée, son père toujours absent... L'usine Lerbier travaille pour la guerre et gagne, paraît-il, des millions à fabriquer des explosifs... Et dire que pendant ce temps, embusqués, rescapés et spectateurs mènent tranquillement et frénétiquement la grande *nouba*! On s'accouple et on tangue, on tangue et on s'accouple, à Deauville!

Monique a dix-neuf ans. Le cauchemar a pris fin. Une telle force expansive, un tel besoin d'épanouissement sont en elle que, depuis l'armistice, elle a presque oublié la guerre. Le flot quotidien l'emporte.

Plus que jamais repliée sur elle-même, et de moins en moins mêlée à l'existence de ses parents, elle suit des cours de littérature et de philosophie, pratique activement les sports: tennis, golf, et s'amuse, le reste du temps, à modeler des fleurs artificielles… Un procédé à elle.

La bande mondaine dont, malgré elle, elle fait partie, la déclare une originale, voire une poseuse parce qu'elle n'aime ni le flirt ni la danse. Monique, inversement, juge ses amies des folles plus ou moins inconscientes, et profondément dépravées… Fouiller, comme Michelle Jacquet, dans les poches des pantalons de ses petits amis? ou, comme Ginette Morin, s'enfermer dans tous les coins avec ses grandes amies? Non, merci.

Monique, si elle aimait, n'aimerait qu'un grand amour, auquel elle se donnerait toute. Elle ne l'a pas encore rencontré. A peine, parmi tous les hommes dont lui parle sa mère,—qui s'est mis en tête de la marier le plus tôt possible,—un nom: Lucien Vigneret, l'industriel. Mais si, à diverses reprises, elle a pris plaisir à le distinguer, lui ne l'a pas seulement remarquée…

Ainsi, allongée sur son divan, Monique rêve. Par visions superposées, sa vie défile au mystérieux écran. Précisions hallucinantes, où du fondu de l'oubli le souvenir se dégage, et se réincarne… Elle songe à ces doubles d'elle-même, évanouis. Aujourd'hui elle a vingt ans, et elle aime.

Elle aime, et elle va se marier. Dans quinze jours elle sera Mme Vigneret. Le rêve s'est réalisé. Elle ferme les yeux et sourit. Elle pense avec émotion, bouleversée encore, que la mairie et sa célébration officielle, et l'assommant tra-la-la du lunch où, avec des arrière-pensées égrillardes, un tas de gens vont la féliciter, cela n'ajoutera rien à son bonheur.

Ingénument elle s'est laissé prendre, elle s'est donnée toute, il y a deux jours, à celui qui est tout pour elle… Etreinte hâtive, douloureuse, mais dont elle garde une orgueilleuse joie… Son Lucien, sa foi, sa vie!… Elle va le revoir tout à l'heure, à la vente. Son être entier s'élance, au devant de la douce minute.

Elle a agi,—puisqu'elle aimait,—comme il le désirait. Elle est heureuse et fière d'être, dès maintenant, «sa femme», de lui avoir fait confiance, par cette preuve suprême d'abandon... Attendre? Se refuser jusqu'au soir calculé des consécrations? Pourquoi?... Ce qui fait la valeur des unions, ce n'est pas la sanction légale, c'est la volonté du choix. Quant aux *convenances*!... Huit jours plus tôt, huit jours plus tard!

Les convenances!... Elle sourit, avec une rougeur malicieuse, à imaginer le mot péremptoire sonner, dans la bouche de sa mère. Si elle savait!... Monique tressaillit; la porte s'ouvrait. Mme Lerbier parut, son chapeau sur la tête.

—Pas prête? Tu es folle! L'auto est là. Tu as oublié que je te dépose, à deux heures et demie, aux Affaires Etrangères?

—Voilà, maman! Je n'ai que mon manteau à mettre.

Mme Lerbier leva les yeux au ciel et gémit:

—Je vais manquer mes rendez-vous!

II

Monique s'exclama:

—Ginette!

—Quoi?

—Ton flirt!

—Léo? Où donc? On ne voit rien, dans cette cohue.

—A l'étalage d'Hélène Suze. En train de choisir un cigare...

—J'entends d'ici leurs cochonneries! Regarde-les sourire.

—Ça n'a pas l'air de te troubler?

—Moi? Ça m'amuse.

—Comprends pas!

Ginette Morin pouffa:

—Monique, je t'adore! Tu ne comprends jamais rien à rien! Au fond il n'y a pas plus gourde, malgré tes airs d'indépendante!

Déjà Ginette avait tourné le dos, faisait l'article, en souriant à un gros petit homme chevelu. Jean Plombino, le roi des Mercantis...

—Une cravate, cher Monsieur?... Oh! pas pour vous pendre! Non... pour attendre celle de la Légion d'Honneur... Ou ces jolis mouchoirs? Non?... Alors cette boîte de gants?...

Sous les bouquets des énormes lustres, étincelants dans la feuillaison glacée des girandoles, une rumeur montait, continue, de l'enfilade blanche et or des salons. Les personnages mythologiques des hautes tapisseries, alternant sur le damas groseille des murs, semblaient contempler avec surprise la foule qui circulait ou s'entassait, d'un comptoir à l'autre, emplissant d'un brouhaha de voix et d'un remous d'élégances l'immense galerie, transformée, pour un jour, en salle de vente au rez-de-chaussée du Ministère. Le Tout-Paris, amassé là, y bourdonnait comme un essaim géant de frelons.

Jean Plombino, baron du Pape, écoutait distraitement Mlle Morin. Il sentait posé sur lui le regard de Monique: il s'inclina très bas, tignasse plongeante. Il était veuf d'une sicilienne marchande d'oranges, et cherchait, à sa fillette unique, une éducatrice digne de sa richesse nouvelle. Champignon vénéneux de la guerre, mais champignon juif, et donc fortement attaché au sol familial, «le baron» gardait, dans son fétichisme des valeurs, celui des vertus conjugales.

Il avait, sous l'apparence hardie, discerné la droiture et l'honnêteté de Monique. Qualités d'autant plus précieuses à ses yeux qu'il en avait toujours manqué, et les voyait rares, dans le parterre des jeunes filles de toute part offertes, en attente de mari et, à défaut, d'amant. Il n'y avait qu'à étendre la main! Prix marqué, au choix.

Un seul inconvénient, pour cette «bédide» Lerbier, dont la rayonnante blondeur le fascinait: son imminent mariage avec Lucien Vigneret, le fabricant d'automobiles! Bonne marque, évidemment! Mais quel coureur! Il n'y avait qu'à attendre: savait-on jamais?... Peut-être qu'un jour ou l'autre le divorce?... Et puis, à défaut d'une épouse, quelle maîtresse!... Les millions de Plombino, pachyderme à peau moite, lui faisaient oublier sa laideur: un homme qui a douze cent mille francs de rentes est toujours sûr d'être bien accueilli...

Vexé par le froid salut auquel sa démonstration venait de se heurter, il redoubla d'œillades pour Ginette Morin. C'était une brune piquante, et dont le voisinage, au lit... Il ne l'y voyait d'ailleurs qu'en manière de passe-temps. Autant en effet Monique lui paraissait une compagne enviable, autant Ginette lui inspirait peu de confiance. Pour la bagatelle, autre affaire!... Sa lippe pendante, à cette idée, s'humectait. Il acquiesça, émoustillé:

—Une poîte à gants?... Pourquoi bas?... Surtout si fous me les essayez!

—Six paires, ce serait un peu long.

—Je ne grois pas...

Il eut un gros rire. Elle ouvrit des yeux étonnés:

—Qu'est-ce que cela a de drôle?... C'est du chevreau glacé, 7 ¼...

—Ce n'est pas ma pointure.

—Evidemment!

Elle rit à son tour, insolemment, au spectacle des grosses mains étalées.

Jean Plombino,—qui avait autrefois hissé plus d'un sac sur son épaule quand, portefaix aux docks de Gênes, il gagnait trois francs par jour,—avait gardé du moins l'esprit de ne pas rougir de sa plèbe. L'humilité de naguère épiçait, d'un orgueil, l'amour-propre de sa fortune. Il gouailla:

—Tout le monde ne peut pas avoir fos doigts de fée... même en y mettant le prix!

Ginette resta court: qu'insinuait-il? Et que signifiait, venant de lui, cette indication d'achat? Si c'était pour le bon motif?... Baronne Plombino? Alors, si répugnant que fût l'animal, on pourrait voir... Mais le baron reprenait:

—Ah! Voilà justement Léo, l'arpitre des élécances!... Bonchour, monsieur Léonidas Mercœur... Mademoiselle Morin fous attendait.

—C'est la faute d'Hélène Suze, dit le nouveau venu, en s'excusant, avec un clin d'œil complice... Je lui faisais votre commission, Mademoiselle.

—Et alors?

—Entendu.

Elle songea: «Quelle partouze!...» Derrière son regard impénétrable, la soirée s'ébauchait: plaisir de la fumerie à quatre, chez Anika Gobrony, nouveauté de la coco, et ce qui pouvait s'ensuivre!... Elle l'imaginait avec une précision confuse, dans sa malsaine curiosité de quart-de-vierge, en quête de tous les vices. Le «baron» sentit qu'il était de trop. Et tirant de son portefeuille un large billet bleu:

—Pour fotre pelle œuvre, mademoiselle, avec mes respects à madame fotre mère...

—Prenez au moins quelque chose!... Tenez, ce sachet! L'œillet, mon parfum.

—Alors, comme soufenir!... Quant aux gants...

Il montra Mercœur:

—Ce sera pour lui! Fotre pointure lui va, je parie.

Epanoui, il se dandina jusqu'au comptoir voisin, où Mme Bardinot et Michelle Jacquet lui faisaient des signes amicaux.

—Il n'y a plus d'aristocratie! prononça, avec une amertume élégiaque, le distributeur de verdicts mondains. L'argent a tout nivelé. C'est le règne du pan-muflisme.

Léonidas Mercœur,—plus brièvement Léo,—planait, par définition, au-dessus de ces misères. Graissé, dès âge de plaire, par la générosité de ses maîtresses,—avant que de fructueuses spéculations dans l'intendance l'eussent, en 1915, définitivement mis à l'abri du besoin, en même temps que du feu,—l'ancien garçon coiffeur, promu chroniqueur mondain, vivait de ses rentes: trente mille balles, en coupons d'Etat. Ses économies de la guerre. Depuis, ayant éprouvé l'agrément des services auxiliaires, il les continuait, au civil. Vide-bidet de Mme Bardinot, c'est ainsi qu'il appliquait à ses menues dépenses (doubles de ses revenus), une part de ce qu'elle-même tirait de son amant, le banquier Ransom. Ce qui n'empêchait pas en outre le beau Léo, confident des vieilles et précepteur des jeunes, de pêcher, au petit bonheur, dans l'eau trouble de chaque rencontre.

Des acheteurs coupèrent leur aparté. Fière d'être plus achalandée que sa meilleure amie, la petite Jacquet, dont elle apercevait le profil gavroche au comptoir voisin, Ginette se prodiguait, les yeux brillants, le buste courbé. Cou nu, seins offerts sous le crêpe léger, il semblait qu'avec chaque objet vendu elle dispensât, à tout venant, un peu d'elle-même. Une satisfaction vaniteuse se mêlait à son excitation sensuelle: elle aurait ce soir la plus grosse recette!

—Attendez donc, Léo!... Vous ne m'avez rien dit.

Il glissa, très bas, très vite, apercevant Max de Laume et Sacha Volant qui se dirigeaient de leur côté:

—Demain, six heures, chez Anika. Nous aurons tout le temps, puisque vos parents dînent à l'Elysée.

—Rendez-vous?

—Avec Hélène Suze, au thé de la place Vendôme.

—Vous êtes un amour.

Il s'inclinait cérémonieusement, prenant congé, quand une recrudescence d'agitation, un grandissant murmure leur firent tourner la tête. On s'écartait, on faisait place. Comme un vaisseau de haut bord, la sèche, glabre statue de John White, le milliardaire américain, parut, escortée d'une chaloupe basse, qui roulait: c'était la générale Merlin en personne, présidente de l'Œuvre des Mutilés Français, qui faisait les honneurs, suivie d'un flot bruissant de vieux messieurs et de belles dames.

Léo plaisanta:

—Voilà les clients sérieux. Je me sauve!

Ayant tourné le dos à Ginette, et se désintéressant de ses exploits, Monique fut toute surprise de voir déferler de son côté la vague des officiels. A qui en avaient-ils? Sans doute à la directrice du comptoir, Mme Hutier, vice-présidente de l'Œuvre?... Non! C'était devant ses éventaires emplis de fleurs artificielles que le cortège s'arrêtait.

Ginette, pâle de jalousie, courut à la rescousse, et Mme Hutier se précipita, en minaudant.

—Je vous présente, fit la générale en se tournant vers John White, notre chère vice-présidente Mme Hutier, femme de l'ancien ministre.

L'osseux visage du milliardaire ne sourcilla pas. Seul, un déclanchement mécanique du cou, en l'honneur de ce gouvernant inconnu.

—Mlle Morin, la fille de l'illustre sculpteur.

Ginette, malgré son engageante révérence, vit son nom tarifé du même plongeon indifférent.

—Mlle Lerbier.

Une expression d'intérêt détendit soudain les traits anguleux.

—Aoh… Produits chimiques? Je connais… Et ces petites choses?

Il penchait son long corps sur les menues merveilles, narcisses, roses, anémones, semblables à une floraison de gemmes dans un jardin de poupée.

—C'est Mlle Lerbier qui s'amuse à les confectionner elle-même. Une véritable artiste… Et si parisienne!

La générale, surprise de voir s'animer l'automate qu'elle promenait depuis vingt minutes sans autre résultat que ses «aoh» et ses courbettes, saisissait du coup l'occasion, jusqu'ici vainement cherchée, d'intéresser son visiteur aux destinées de l'Œuvre.

—C'est une de nos collaboratrices les plus dévouées. Nos mutilés l'adorent.

—Ça! pensa Monique, qui n'avait été qu'une fois au grand Hospice de Boisfleury et en était revenue si bouleversée qu'elle n'avait plus eu, depuis, le courage d'y retourner… Elle va fort!

Mais, d'un coup d'œil militaire, la générale l'invitait à comprendre, et à marcher. John White, en même temps, l'enveloppait d'un regard sympathique. Il avait pris dans sa robuste patte une tigelle d'aubépine. Il l'examinait curieusement.

—Est-ce joli, ces pétales blancs! bonimenta la présidente. Remarquez cette finesse de ton! On ne sait si c'est de l'ivoire ou du jade.

Monique rectifia:

—C'est simplement de la mie de pain séchée, et coloriée.

—Aoh! fit John White. Réellement?… Je garde.

Et tandis qu'il donnait à tenir à la grosse Mme Merlin le délicat joyau, il tira un carnet et son stylo, de la poche intérieure de son veston, et impassible signa, détacha, tendit deux chèques: l'un de cinq mille francs à Monique stupéfaite: «Pour l'aubépine…»—l'autre, de dix mille francs, à la présidente dont la face ronde eut un éclat de pleine lune: «Pour les Mutilés».

Puis, ayant souri sans mot dire à Monique, il distribua collectivement au comptoir un triple déclic de tête et reprit sa route, sans manifester le moindre désir de faire halte au reposoir suivant, malgré les prosternations de Mme Bardinot.

Mais il convenait d'offrir, le plus tôt possible, une coupe de champagne au donateur. La présidente, satisfaite, dédaignait maintenant les démonstrations superflues. Et se pressant derrière la haute mâture américaine et le roulis de la chaloupe-pilote, la vague du cortège s'écoula vers le buffet.

—Vous ne nous aviez pas dit, ma chère petite, que vous étiez en relations avec l'Amérique! reprocha Mme Hutier.

—Moi? Je n'ai jamais entendu parler de John White.

—C'est vrai! attesta un nouveau venu.

D'une pièce Monique pivota, en entendant la voix qui soudain couvrait, pour elle, toutes les autres. Lucien Vigneret acheva:

—Mais John White a dû entendre parler de l'invention de M. Lerbier!

Monique, soudain, s'était éclairée. Un feu rose animait la blancheur délicate de son teint. Elle agita le chèque:

—Comment! vous savez déjà?

—C'est l'Evénement!

—Je n'en reviens pas…

«Cause toujours!» se dit Ginette, en retournant à ses affaires, persuadée qu'il y avait là-dessous un coup monté, cependant que Mme Hutier, indulgente aux succès et à l'amour consacrés, s'empressait de laisser les amoureux à leurs confidences… «Quel joli couple, et si bien assorti!»

Monique et Lucien mimaient du bout des lèvres l'échange d'un baiser. Sous la banalité des paroles, elle n'entendait que le chant de son bonheur.

—Ne cherchez pas midi à quatorze heures, continuait Vigneret. Ce n'est pas pour mériter votre sourire, quoiqu'il vaille bien un chèque, que John White s'est fendu. Ce coup droit vise votre père. Le gaillard doit penser qu'il y a dans l'intégration de l'azote aux engrais agricoles une application profitable à la terre américaine. Et comme John White, francophile, aime mieux commercer avec Aubervilliers qu'avec Ludwigshafen… Vous saisissez?

—*Well!* Les dollars seront les bienvenus.

Il remarqua, avec une amertume qui la surprit:

—Certes! L'or est toujours le bienvenu. Surtout lorsque, sous le signe dollar, ce sont des louis qui rentrent.

—On nous rend en industrie ce que nous avons acheté en armements… Le beau malheur! Ce n'est tout de même pas la faute de New-York si Paris et Berlin étaient en guerre.

Il acquiesça:

—Vous avez raison, Minerve!

Il la plaisantait, de ce surnom donné autant à sa logique, dont il redoutait, tout en les estimant, les affirmations catégoriques,—qu'à sa beauté… «Minerve!» Elle détestait cette comparaison, sous laquelle elle devinait une réticence. Point mal défini, où leurs caractères ne parvenaient pas à s'accorder. Seule ombre de son amour! Elle le regarda: il sourit.

—C'est très mal, murmura-t-elle, de me taquiner chaque fois que je parle sérieusement! Au fond je me moque de tout ce qui n'est pas nous!

Il la contempla, flatté. Elle murmurait:

—Vous êtes le présent, l'avenir, mon corps, mon âme… C'est si bon, d'avoir l'un dans l'autre une confiance absolue!… Vous ne me tromperez jamais, Lucien? D'abord des yeux comme les vôtres ne pourraient pas, ne sauraient pas mentir!… Dites-moi tout ce que vous pensez!… Lucien? Lucien! Où es-tu?

Il lui prit la main, la baisa longuement, au poignet, en murmurant: «Présent!» et, dans un souffle il modula:—«Je vous aime!…» Mais il pensait aussi: «Elle est assommante avec sa manie de sincérité!… Ça promet de l'agrément, pour l'avenir… J'ai peut-être eu tort de n'être pas plus franc avec elle… J'aurais dû tout lui avouer, pour Cléo! Ou, au moins, prier son père de lui dire, en partie, la vérité… Maintenant il est trop tard…»

«Je vous aime!» A l'incantation des mots magiques, Monique revivait l'heure inoubliable: tous deux seuls, par hasard, dans l'appartement qu'ils habiteraient bientôt, et qu'elle prenait tant de plaisir à installer… Elle n'avait qu'un désir, mais n'osait le formuler: que l'occasion se renouvelât!… A petites phrases, sans rien deviner du chemin qu'il suivait en sens inverse, elle récapitulait, allant au-devant de tout ce qui jour à jour achevait de les réunir, leurs courses, leurs rendez-vous… Ce soir, sa visite quotidienne… Demain, à cinq heures, le fourreur; ensuite un coup d'œil au mobilier Empire signalé par Pierre des Souzaies; et puis le thé au Ritz… Elle eut une moue:

—Quel dommage que vous ayez été forcé d'engager votre soirée! Ç'aurait été si gentil de dîner avec nous, et, après le théâtre, de réveillonner ensemble. Je vous garderai tout de même votre place… Vous savez, Loge 27… Alex Marly, dans Ménélas.

—Je ferai l'impossible pour me dégager. Mais, je vous assure, l'affaire est d'importance.

… Oui, la licence de sa nouvelle voiture, la vente à enlever, avec ces Belges venus exprès d'Anvers… Ils se décideraient plus facilement, dans l'atmosphère agréable du souper… Il lui avait dit tout cela, et elle l'admettait, comme une des nécessités ennuyeuses du métier.

—L'an prochain, par exemple! spécifia-t-elle, en levant un doigt menaçant… on ne se quittera plus!

Elle se voyait, après l'ivresse des jours nuptiaux, communiant jusque dans le quotidien labeur. Ils partageraient tout, soucis aussi bien que plaisirs.

—Juré?

—Parbleu!

Lucien Vigneret, à trente-cinq ans, abordait le mariage comme on entre au port, après une traversée orageuse. Avec la certitude d'être aimé, il goûtait d'avance le calme de l'esprit, dans la satisfaction des sens. Il chaussait la perspective de cette stabilité comme une tiédeur de pantoufles. Il ne songeait qu'à son bonheur.

Celui de Monique? Il se persuadait de l'assurer, en se jouant. De la tendresse, des prévenances et, bientôt, l'absorbante présence des enfants… Absorbante, pour la mère. Car, des enfants mêmes, il ne se souciait guère, ayant déjà, de par le monde, une fillette abandonnée… Responsabilité qui ne pesait pas plus, au cent à l'heure de sa conscience, que son dernier chien écrasé. Son grand tourment, à l'heure actuelle, était la rupture inévitable, au moins en apparence, avec sa maîtresse, Cléo, modiste…

Une jeune femme qu'il avait, jeune fille, débauchée, puis établie, et qui comptait bien l'épouser, un jour. Nature emportée, jalouse,—tout à fait le caractère de Monique! Mais, plus que la franchise et la spontanéité de celle-ci,—engluables, estimait-il, surtout depuis qu'il l'avait conquise sans réserve,—il craignait de la part de l'autre, à la mairie, quelque éclat. Comment l'éviter? En endormant ses soupçons, jusqu'à la fin… D'ici là il serait maître, brevet en poche, de l'affaire Lerbier. Ensuite on verrait! Quitte à atteler discrètement à deux, s'il le fallait, pour commencer…

Lucien Vigneret, calculateur avisé, escomptait le gros coup, dans cette association avec son futur beau-père. Pacte conclu en principe, et dont Monique était, à son insu, l'enjeu.

Atteinte par la crise générale des affaires, l'usine Lerbier, sous sa surface brillante, chancelait. Ce qui restait des bénéfices de guerre avait fondu, à la poursuite de l'invention nouvelle. Lucien n'en jugeait pas moins gagner une magnifique partie, en donnant *quitus*, au contrat, des cinq cent mille francs, non versés, de la dot de Monique, et en n'apportant à la Société Lerbier-Vigneret que cinq cent mille francs d'argent frais. La transformation de l'azote, diligemment exploitée, était de l'or en barres.

D'où sa mauvaise humeur mal dissimulée, devant la générosité inquiétante de John White, commanditaire possible. Après le mariage, tant qu'il voudrait!… La fille, jusque-là, avait aux yeux de Vigneret toute la valeur, mais rien que la valeur du brevet. Il n'était, raisonnant de la sorte, ni meilleur ni pire que la plupart des hommes.

Il allait dire au revoir à Monique quand celle-ci, d'une supplication spontanée, le retint.

—Maman va venir. Restez!... Vous nous accompagnerez.

Dans sa ferveur ingénue elle jouissait de l'instant précaire, comme une religieuse, de l'éternité. Lucien, avec sa mine décidée, sa maigreur musclée, ses yeux de jais, ne l'emportait-il pas, sur tous! Les plus beaux, à côté de lui!... Même Sacha Volant, l'ancien aviateur devenu champion de courses automobiles, même Antinoüs, *alias* Max de Laume, le critique littéraire de la Nouvelle Anthologie Française, pâlissaient.

Justement, elle les aperçut, empressés autour de Ginette. Mlle Morin inspecta, méprisante, l'éventaire de Monique. Bien que la fin de la vente approchât, il était encore plus qu'à demi garni!... Et montrant devant elle place vide:

—Hein! ça te dégote! Moi, je n'ai plus rien à vendre.

—Si! protesta Sacha Volant.

—Non! quoi?

—Çà!

Il désigna la rose qui se fanait, à sa ceinture. Max de Laume souligna, d'un sourire ambigu:

—Votre fleur.

Ginette riposta:

—Trop cher pour vous, mes petits amis!

Ils s'exclamèrent:

—Par exemple!... A combien?... Fixez un prix!

—Je ne sais pas! Vingt-cinq louis?... c'est trop?

—C'est pour rien, assura galamment Sacha Volant. Je dis trente... Et mieux vaut!

—Quarante! lâcha Max de Laume.

—Cinquante!

Mlle Morin jugea l'équivoque, sinon l'enchère, suffisante, et détachant la rose que déjà s'apprêtait à saisir Sacha Volant, elle la tendit à Mercœur, qui à point nommé, venait de réapparaître.

—Adjugé, messieurs! fit-elle avec une grimace moqueuse. Je ne la vends pas. Je la donne.

Dans les grands salons où la foule était moins dense et où la rumeur s'atténuait, la vente de charité s'achevait en réceptions particulières. A l'orchestre de la Garde Républicaine avait succédé le fameux jazz-band de Tom Frick. Des *fox-trotts* et des *shimmys* se trémoussaient, entre les tables, dans la grande salle du buffet. Autour des comptoirs, où les groupes s'étaient formés au rappel des sympathies, les éclats de rire et les voix résonnaient, plus haut. On eût dit, après la bousculade de l'après-midi, l'entrain d'une fête choisie, où l'élite mondaine serrait les rangs. Les cinq à six cents figurants de toutes les sacristies et de toutes les générales étaient là. On se retrouvait, entre soi.

—Votre mère n'arrive pas, dit Vigneret. Six heures! Il faut que je me sauve. Une affaire indispensable.

Le rendez-vous avec Cléo, chez elle, à six heures et quart! Il n'avait que le temps.

—Alors, fit-elle en soupirant, à ce soir! Ne venez pas trop tard.

—Neuf heures et demie, comme d'habitude…

Il s'éloignait, sous le tendre regard. Quand il eut disparu, Monique éprouva la sensation d'un isolement brusque. Que faisait-elle, dans cette foire de toutes les vanités et de toutes les corruptions?

Le luxe et la sottise qui paradaient là, sous ces lambris gouvernementaux,— tandis que s'additionnaient tapageusement les recettes, proclamées par chacune, à coups de grosses caisses,—lui soulevaient le cœur. L'étiquette dorée: «Au profit des Mutilés Français» ne parvenait pas à recouvrir, dans sa mémoire et dans sa sensibilité, l'atroce vision du grand Hospice de Boisfleury…

Si familiarisée qu'elle eût été, naguère, avec la souffrance et les hôpitaux, ce spectacle-là: ces cloportes humains se traînant ou sautillant sur leurs béquilles, les troncs manœuvrant sur roulettes, les grands blessés de la face,— tous ces débris d'hommes qui avaient été de l'intelligence, de l'espoir, de l'amour, et n'avaient plus que des moignons informes, des visages en bouillie, des yeux blancs et des bouches tordues,—c'était un souvenir insupportable! Il la pourchassait d'une indicible horreur. Crime de la guerre, tache de sanie que tout l'or du monde, toute la pitié de la terre n'effaceraient jamais, au front sanglant de l'humanité!…

Le rire aigu de Ginette Morin s'éleva. Monique, en même temps, venait d'apercevoir sa mère. Elle se hâta, à sa rencontre. Mme Lerbier, épanouie dans ses fourrures, avançait nonchalamment.

—Partons vite!

—Qu'est-ce que tu as?

—La nausée.

Mme Lerbier s'apitoya:

—Ce n'est pas étonnant, avec cette chaleur… Voyons! Tu attendras bien que je fasse un petit tour?…

Et, comme elle étouffait, elle écarta son étole de zibeline. Le collier de perles parut, sur le cou gras.

III

—C'est assommant, dit Mme Lerbier, en descendant le large degré du ministère. Ton père a gardé l'auto… Lucien, puisqu'il ne nous ramenait pas, aurait bien pu penser à te renvoyer la sienne.

—Bah! nous trouverons un taxi!

—J'ai horreur de ces machins-là. C'est sale et on y risque la mort, toutes les deux minutes…

—Et à pied donc!

Elle rit. Sa mère la regarda de travers.

—En tout cas, si les taxis te dégoûtent, maman, il y a le tram, de l'autre côté du pont.

—Comme c'est spirituel!

Monique savait pourtant son horreur des moyens de transport démocratiques: promiscuité, lenteur… Ça sentait mauvais, et ça n'en finissait pas! Elle haussa les épaules:

—Tu m'avoueras qu'une bonne limousine…

—Evidemment!… Cent mille francs de rente valent mieux que cinquante, cinquante que vingt-cinq, et ainsi de suite… Mais tu sais, l'auto! Même si Lucien n'en avait pas, j'aurais autant de plaisir à l'épouser.

Mme Lerbier railla:

—Une chaumière et un cœur! Tu es idéaliste et tu es jeune. Je t'attends quand tu auras une fille à marier…

Elle gémit:

—Appelle celui-là… Appelle-le donc! Hep! Chauffeur…

Dédaigneusement, l'homme vêtu d'une peau de bête passait, sans répondre.

—Brute, va!… Bolchevik!

Elle prit sa fille à témoin:

—Voilà où ça nous mène, ton socialisme!

Elle contemplait avec désespoir le quai balayé par la bise aigre, quand, répondant à l'appel d'un crieur, un coupé somptueux se rangea, le long du trottoir, à leur hauteur. En même temps Michelle Jacquet, qui sortait derrière elles, hélait:

—Madame! Madame! Voulez-vous que je vous reconduise?

—Comment, s'exclama Mme Lerbier, vous êtes seule?

—Mme Bardinot, à qui ma sainte mère m'avait confiée, s'est fait enlever par Léo.

Mme Lerbier ne put s'empêcher de dire:

—Naturellement!

—Oh! observa Michelle, tandis qu'elle s'installait en lapin, je crois que ça ne va plus. Léo fait de l'œil à Ginette... Pour le punir, on pourrait bien lui donner un successeur... S'pas, Monique?

—Je n'ai rien remarqué.

—Elle n'a que son Lucien dans l'œil!... Moi, mon fiancé, ça ne me gêne pas, pour voir! Le marquisat d'Entraygues n'en jette qu'aux yeux de la mère Jacquet! Au prix de ma dot, elle aurait aussi bien pu avoir un duc!...

Mme Lerbier gloussa, scandalisée:

—Oh! Michelle! Si votre excellente mère vous entendait parler ainsi d'elle et de son futur gendre...

—Les oreilles lui en tomberaient.

—Les jeunes filles d'aujourd'hui ne respectent plus rien! Au fait, pourquoi n'avons-nous pas eu le plaisir de la rencontrer aujourd'hui?

—Son jeudi, tiens!

Michelle fuyait, autant qu'elle le pouvait, cette solennité. Réunion pour vieux et jeunes messieurs, en mal de quémander ou en démangeaison de se produire... On s'y montrait aussi diverses nuances de bas-bleus,—Mme Jacquet, auteur d'un petit livre de Maximes, faisant partie de la société George Sand. (Prix littéraire de 15 000 francs.)

Mme Lerbier répéta, avec componction:

—Son jeudi, c'est vrai.

Autant elle prisait peu, tout en la cajolant, Mme Bardinot, autant elle révérait la richissime Mme Jacquet. C'était une ancienne danseuse qui, des maisons de passe, avait finalement extrait, avec ses célèbres colliers de perles et son hôtel de l'avenue du Bois, un mari ambassadeur. Il était mort gâteux pendant la guerre et elle en portait avec majesté le demi-deuil, comme du père officiel de Michelle, endossée avec le reste. Par son salon bien pensant, où fréquentaient à la fois le Nonce et le Président du Sénat, Mme Jacquet était devenue puissance. Elle faisait des académiciens et défaisait des ministères.

Tandis que Monique, claquemurée dans sa songerie, répondait par monosyllabes aux potins dont Michelle griffait les petites amies, Mme Lerbier se laissait bercer, indolemment. Excellente voiture, après les rendez-vous fatigants de l'après-midi... Exposition des portraits anglais,—la cohue, on ne voyait rien!... Puis le nouveau Thé-Dansant de la rue Daunou,—pas une table libre!... Et de cinq à six, pour l'achever, le divan de Roger...

Un frisson la parcourut, de la nuque au creux du dos. Elle sourit mystérieusement à l'étroite glace qui lui renvoyait, au-dessus du nécessaire de cristal et d'or, son visage plein. Les rides, sous le maquillage adroit et les massages sévères, n'y marquaient pas plus que les baisers dont tout à l'heure...

Uniquement préoccupée de sa personne, Mme Lerbier n'avait, à cinquante ans, qu'un but. En paraître trente. C'est ainsi que, ménagère distraite, elle présidait avec détachement au coulage de sa maison, satisfaite pourvu que, chaque mois, l'argent rentrât. Son mari, et ce qu'il pouvait faire ou penser? Cela n'existait pas plus pour elle que l'être secret de sa fille. En dépit, ou à cause de son égoïsme souriant, elle n'en était pas moins, au dire général, la belle, la bonne Mme Lerbier. Même, grâce à son art de ne paraître vivre que pour les autres, et à l'adresse de sa tenue, la médisance l'épargnait.

—Au revoir, ma cocotte, à demain! dit Michelle en embrassant Monique. On se retrouve au théâtre?... Au revoir, madame.

—Mes amitiés à votre mère.

—Soyez tranquille! Elle aura le sourire quand elle saura qu'on est revenues ensemble. Elle vous gobe.

Mme Lerbier s'en rengorgeait encore, en passant devant son concierge galonné, qui saluait bas. Ces témoignages de la considération sociale, des premiers aux derniers échelons, lui semblaient aussi nécessaires que l'air respirable. Elle ne concevait pas qu'il pût y avoir d'autre atmosphère que celle des préjugés, desquels et pour lesquels elle vivait...

L'ascenseur stoppa. La porte de l'appartement en même temps s'ouvrit. C'était tante Sylvestre qui venait de rentrer, prudemment, par l'escalier, et qui les avait entendues.

—Tu vois, plaisanta Mme Lerbier, en apercevant sa sœur... Nous ne sommes pas mortes!

La vieille fille gardait, de sa réclusion provinciale, deux peurs: celle de ces cages, suspendues avec leurs jeux de boutons ou leur va-et-vient de cordes,— et celle des carrefours à traverser, au milieu des autobus.

—Votre Paris, déclara-t-elle, c'est un affoloir!

Elle tapota la main de Monique, qui, après l'avoir embrassée, lui demandait: «Tu t'es amusée, au moins, au Français?» Tante Sylvestre, à chaque voyage, se payait régulièrement une représentation classique:

—Il n'y a que cela qui manque, à Hyères... Sinon, ce serait le paradis terrestre. Avoue!

—J'avoue.

Monique baisa, à nouveau, la vieille face parcheminée. Bien plus que de sa mère, elle se sentait fille de cette brave femme. Hyères! Oui... L'harmonieux passé se leva, dans sa mémoire reconnaissante. Sa chambre d'écolière... la classe ouverte sur le bleu... Et le jardin, et la grande roche! Belvédère d'où elle avait cru découvrir le monde!...

—Tiens, dit tante Sylvestre, regarde, mon petit chou. Tu as des lettres...

Monique prit, sur le plateau de laque, tout un paquet d'enveloppes, y jeta un coup d'œil.

—Ce n'est rien. Toujours les prospectus!

Elle s'amusait des suscriptions où le «Madame Vigneret»—déjà!—voisinait avec son nom de jeune fille, diversement écorché. Offres de toutes sortes, depuis la carte de visite des agences de renseignements (Discrétion, Célérité) jusqu'aux vœux des femmes de la Halle et aux réclames de soutien-gorge...

—Tu ne trouves pas ça indécent, toi, cette publicité? Dis, tante! Les jeunes mariés, je trouve qu'on devrait les laisser tranquilles. Ça ne regarde qu'eux, après tout, cette cérémonie! Viens! On bavardera, pendant que je me rhabille. Ça me fait du bien de pouvoir parler à cœur ouvert... Il me semble que je me débarbouille!...

Elle achevait de passer une robe du soir,—une de ces amples tuniques qui se drapent d'elles-mêmes, en plis souples, sur la ligne du corps.

—J'aime ça! dit-elle. Ce qu'on est à l'aise! On se croirait nue, et c'est aussi chaste qu'une robe grecque. Tu te rappelles, la Diane archaïque, au musée de Marseille!

—Avec la stola tombant jusqu'aux pieds? Oui.

Prise d'un besoin d'exubérance, Monique avait saisi par la taille sa tante abasourdie, et esquissant une danse, elle se mit à chanter:

«Nous n'irons plus au bois!

Les lauriers sont coupés!

La belle que voilà

Ira les ramasser…

Entrez dans la danse!

Voyez comme on danse!

Sautez! Dansez! Embrassez

Celle que vous voudrez!»

Alors elle éclata de rire et coup sur coup baisa, au bout du nez et au menton, la bonne vieille qui se laissait faire, avec un bon regard…

—Ouf! dit tante Sylvestre, en se rasseyant.

Maintenant, les bras levés, sur lesquels la manche longue avait glissé, découvrant l'aisselle dorée, Monique refaisait son chignon. Elle semblait, avec sa jeune poitrine aux seins dressés, une statuette de Victoire, à la proue de son destin.

—As-tu vu qu'il y avait une lettre, sous les imprimés? demanda tante Sylvestre.

Et la retournant:

—Elle a un drôle d'aspect…

—Non, montre!…

L'enveloppe grasse, en papier bulle, l'écriture renversée… Cela sentait l'anonyme… Monique, d'un air dégoûté, ouvrit:

—Eh bien! s'écria tante Sylvestre, devant le visage étonné, puis rouge d'indignation.

—Oh! lis!…

—Je n'ai pas mes lunettes. Va, j'écoute.

Avec une voix de mépris, qui au fur et à mesure se nuançait d'une inquiétude involontaire, Monique relisait:

«Mademoiselle,

«C'est triste de panser qu'on trompe une jeune fille comme vous. L'homme que vous allez épouser ne vous aime pas, il fait une affaire… Vous n'êtes pas la première. Il en a déjà d'autres sur la conscience! Si vous ne me croyez pas, renseignez-vous chez Mme Lureau, 192, rue de Vaugirard. C'est la mère de la personne qu'il a séduite, et abandonnée, après qu'elle y a donné une petite fille… Aujourd'hui il a encore une maîtresse. Cléo, elle s'apèle. Il va la voir tous les jours. Elle ne sait rien et ils s'aiment bien. Je crois devoir vous avertir.

«Une femme qui vous plaint…»

D'un geste vif, elle déchira la dénonciation en menus morceaux.

—Au feu, c'est tout ce que ça vaut!

—Faut-il qu'il y ait de vilaines âmes! murmura tante Sylvestre. Qu'est-ce que la méchanceté ne va pas inventer!

Cependant la précision du premier renseignement,—nom, adresse,—la préoccupait. Cela valait peut-être tout de même la peine d'être vérifié? Elle se promit de le faire, sans en inquiéter Monique à l'avance…

Mais, devinant son projet, celle-ci se fâcha:

—Non! non!… nous ne ferons pas à Lucien l'injure d'un tel soupçon! Il m'a dit qu'il n'avait eu dans sa vie de jeune homme rien de sérieux… Le supposer un seul instant capable d'une action pareille, ce serait me diminuer moi-même!… Et quant à la nommée Cléo…

Elle sourit. Son père, après Lucien, ne lui avait-il pas affirmé que c'était de l'histoire ancienne? Un caprice fini, avant que leur amour commençât…

Le dîner fut des plus gais. Aux plaisanteries de la tante, Monique faisait chorus avec tant d'outrance que Mme Lerbier parfois la regardait, à la dérobée. La nervosité de sa fille lui paraissait, ce soir, plus trépidante que de coutume.

—Monique! fit-elle, en lui montrant le dos de la femme de chambre qu'un fou rire secouait. Sur la desserte, le plat de foie gras au porto en tinta.

Mais Monique était lancée:

—Dis donc, papa, sais-tu comment Ponette a baptisé Léo? Le *mec plus ultra*!

M. Lerbier dressa sa petite tête de casoar.

—Non?

—Michelle l'a entendu, voyons!

Tante Sylvestre s'enquit:

—Qui est-ce, Ponette?

—Madame Bardinot.

—Et pourquoi Ponette?

—Dérivé de Paillette… Parce que facile à monter.

Mme Lerbier, cette fois, crut bon de se fâcher, pour l'office.

—C'est effrayant comme tu es mal élevée!

—Attrape, tante! Si tu ne m'avais pas habituée à dire la vérité!

—Pardon! ta mère a raison. Même pour la vérité, il y a la manière.

Mme Lerbier renchérit:

—Surtout pour la vérité. D'abord qu'est-ce que c'est que ça, la vérité?

—Ce que je crois vrai, trancha Monique.

—Et voilà! Elle a le monopole!... Qu'en dis-tu, la maîtresse d'école?

Tante Sylvestre approuva sa sœur.

—C'est qu'aussi, concéda Monique, moins comme excuse que comme explication, ce milieu me dégoûte! Heureusement que Lucien ne ressemble pas plus à ces pantins, que moi à ces poupées.

Elle quêta, d'un regard, l'approbation de sa tante.

—Il faut que tu saches cependant, dit Mme Lerbier décidée à avoir le dernier mot, qu'avec tes façons de parler et d'agir au gré de tes seules inspirations, tu passes pour une toquée. Au fond, tu es un garçon manqué! Regarde tes amies, Ginette ou Michelle. Voilà de vraies jeunes filles. Michelle surtout!

Monique reposa son verre. Elle avait failli s'étrangler. Et profitant de ce que la femme de chambre sortait:

—Leur mari n'en aura pas l'étrenne!

Mme Lerbier gloussa, scandalisée. Elle eût voulu que Monique, tout en n'étant pas absolument une oie blanche, gardât jusqu'au mariage cette ignorance décente que discrètement la mère, à la veille du grand soir, éclaire... Mais, sous prétexte d'éducation scientifique, cette franchise qui ne reculait devant rien, même pas, au besoin, devant l'appellation, par leur nom, des organes les plus secrets!... Non!... Quoi qu'en pensât tante Sylvestre, certains chapitres de l'histoire naturelle devaient pour les jeunes filles se borner au règne végétal. Aux précisions anatomiques Mme Lerbier préférait, «en dépit de son pseudo-danger», l'ombre dormante, la pudeur,—c'est cela!—«la pudeur du mystère!» La pudeur, quand elle avait lâché ce grand mot, elle avait tout dit.

—Tu me fais bien souffrir, murmura-t-elle.

—Il faut en prendre ton parti, maman. Depuis la guerre nous sommes toutes devenues, plus ou moins, des garçonnes!

M. Lerbier, sur ces matières, s'abstenait d'intervenir. Il avait résolu le problème sexuel et sentimental, dans la famille, en faisant existence à part.

Ensuite, et surtout, l'inventeur n'avait qu'une idée: doubler le cap de l'imminente faillite, et, pour cela, conclure le mariage, sans retard.

En attendant, nécessité d'apprendre enfin à sa fille l'accord dont elle faisait les frais. Comment le prendrait-elle? Elle comptait sur la dot promise pour contribuer aux charges du ménage, pour subvenir, au moins, à ses dépenses personnelles... M. Lerbier, à cette idée, baissait la tête. Cependant, comme on passait au salon, il redressa sa huppe. Sa femme contait la libéralité de John White... Il exigea tous les détails.

—Eh! eh! fit-il. Je vais écrire à ce mécène pour le remercier et l'inviter à visiter l'usine! On pourrait même l'avoir à déjeuner, ce jour-là?

Il envisageait une perspective dorée: N'obtiendrait-il pas davantage de Vigneret, en lui opposant White, et réciproquement? Sans compter qu'en s'adjoignant ensuite Ransom et Plombino... Il se frotta les mains. C'était à examiner! Il oubliait que, carte déjà filée dans la partie, l'amour de Monique s'était pris au jeu. Y eût-il pensé qu'il ne s'en fût pas soucié davantage. Sa douceur, en affaires, devenait féroce.

—Mardi, qu'en dis-tu, ma bonne? On pourrait inviter aussi Plombino et Ransom, avec le Ministre de l'Agriculture...

Monique s'écria:

—Et Lucien!... Qu'est-ce que tu en fais? S'il s'agit de ta découverte...

—Lucien aussi, naturellement!

Elle profita de ce qu'il allumait un cigare, pendant que les femmes s'installaient à leur table de bezigue. Et lâchant enfin, malgré elle, la préoccupation qui la tourmentait:

—Dis donc, papa! A propos de Lucien, j'ai reçu ce soir une drôle de lettre... Une lettre anonyme.

Mme Lerbier se retourna:

—C'est classique! Et qu'est-ce qu'elle raconte?

Monique résuma, sans quitter son père du regard. Elle avait, tout en parlant, la gorge serrée. M. Lerbier leva les bras au ciel, mais sans répondre.

—Enfin, papa, si l'accusation était vraie, s'il y avait réellement, rue de Vaugirard, une Mlle Lureau?

Il déclara, avec une conviction à demi-sincère:

—Tu penses bien que je le saurais! On ne donne pas sa fille à quelqu'un sans s'être entouré de tous les renseignements...

Elle respira.

—J'en étais sûre! C'est comme pour cette Cléo, n'est-ce pas?

M. Lerbier ne s'avançait que prudemment, sentant le terrain dangereux. Il affirma:

—Tu penses bien qu'un homme, à trente-cinq ans, n'a pas toujours vécu comme un ermite!... Je ne dis pas que ton fiancé n'ait pu avoir, comme les autres, de petites aventures... Oh! sans importance! Tout cela est fini, enterré, avec sa vie de garçon...

—Il y a encore quelque chose qui me tracasse. Cette lettre prétend que Lucien, en m'épousant, fait une affaire... Je ne vois pas laquelle?

M. Lerbier se gratta la tête. Le moment difficile était venu.

—Une affaire? Oh! Dieu non... Je puis t'affirmer qu'à ce point de vue il montre beaucoup d'élégance, de désintéressement même. Ecoute, ma chérie. Il faut que je te fasse un aveu. Aussi bien comptais-je te mettre au courant, ces jours-ci, puisqu'il faut que nous soyons tous d'accord, avant la signature de ton contrat. Tu me fournis l'occasion... Voilà: Tu sais qu'avant d'être mon gendre, Lucien doit devenir mon associé. Tu sais d'autre part la valeur de mon invention... Je ne te parle pas de ma vie consacrée à cette recherche, de la somme d'efforts que cela représente... D'efforts, et aussi, malheureusement de tribulations!... J'ai dû, pour parvenir au but, dépenser beaucoup, beaucoup d'argent, engager plus de la moitié de notre capital. Et s'il me fallait en ce moment mobiliser l'argent de ta dot, comme j'espérais pouvoir le faire, je serais gêné, très gêné...

—Oh! père, pourquoi ne me l'as-tu pas dit?

—Cela me peinait. C'est alors que ton fiancé, sachant mes embarras, m'a spontanément offert pour sa part, et malgré la violence de la crise industrielle que nous traversons tous, de renoncer au versement de ces cinq cent mille francs... pourvu, naturellement, que tu y consentes...

—Bien sûr, père, voyons!

—... et à m'en laisser la disposition.

Elle l'embrassa.

—C'est trop juste!... Pourquoi ne m'en a-t-il pas parlé?

—Il préférait que je le fasse moi-même. Tu comprends: cela me sauverait! Nous serions du coup à même de voir venir, sur le velours, les autres propositions qui se dessinent: White, Ransom, Plombino... Bien entendu, ce n'est qu'un prêt que tu me fais! Et pas à fonds perdus, sois-en sûre! L'avenir est magnifique, magnifique!... Tu vois, mon petit, qu'en consentant à te prendre telle que tu es, en ce moment, c'est-à-dire sans le sou, Lucien se conduit... comme j'étais certain que tu le ferais... Il agit vis-à-vis de moi en fils. Et vis-à-vis de toi... Tu te rends compte? Pas une femme, plus que toi, ne pourra se vanter d'avoir été épousée par amour!

Monique, après l'élan du premier mouvement, réfléchissait. Déception de son indépendance matérielle, évanouie avec la proposition de Lucien? Attendrissement, regret aussi, dans sa fierté native, d'être épousée sans qu'elle apportât autre chose que l'aide de sa bonne volonté, sa soif ardente de travail?... Elle était touchée, surtout, par la délicatesse du sentiment, par la discrétion aussi du geste...

—C'est gentil de sa part, hein, maman? dit-elle.

Tante Sylvestre, qui avait écouté attentivement, demanda:

—Puis-je placer mon mot? Je suis sûre que je vais me faire attraper par tout le monde! Tant pis. Je dis ce que je pense. Est-ce que ce n'est pas un million que M. Vigneret devait souscrire, dans votre constitution de société?

M. Lerbier fronça le sourcil:

—Oui. Pourquoi?...

—Alors, en renonçant à cinq cent mille francs qui ne lui appartiennent pas (puisque Monique se marie sous le régime de la séparation de biens), c'est autant de moins qu'il débourse personnellement?

—Evidemment!

—C'est tout ce que je voulais savoir...

—Qu'est-ce que tu insinues? s'écria Mme Lerbier.

—Rien. Rien... Je constate seulement que l'opération est bonne, en ce temps de crise, pour tout le monde!

—Comment cela? dit Monique.

—Pour ton père, que ça arrange... Pour ton fiancé, qui tout en s'associant à moitié prix, fait le généreux à tes dépens! Pour toi, enfin, puisque, tondue, tu dis *amen*...

Monique éclata de rire.

—Tante a un peu raison! Au fond, père, dans tous vos calculs, vous ne vous êtes pas plus souciés de moi, ni l'un ni l'autre, que d'un zéro! C'est vexant!

Mais elle était si heureuse d'avoir quelque sacrifice à consentir à ceux qu'elle aimait,—sacrifice d'argent à l'un, d'amour-propre à l'autre,—que toute préoccupation égoïste s'effaçait. La joie de donner l'enivrait autant que celle de recevoir. Elle avait hâte que Lucien arrivât, pour le remercier, en le taquinant. Comme il se faisait attendre!

La pendule sonna dix heures.

—Il est en retard!

Et en même temps, elle tressaillit:

—Le voilà!

Avant que personne n'eût entendu, elle percevait la magnétique présence. L'approche cheminait en elle... Le timbre de l'antichambre, enfin.

—Qu'est-ce que je disais!

Elle alla ouvrir la porte du salon, prit son fiancé par la main.

—Entrez, monsieur! C'est du joli...

Il questionna, vaguement inquiet.

—Pas d'excuses! D'abord vous êtes en retard. Ensuite, monsieur mon mari se permet de disposer de moi comme d'une simple marchandise!... Vous me comptez déjà pour rien, monsieur?... Et si je veux ma dot, moi?

Il perçut, sous la moquerie du reproche, la soumission heureuse. Aussitôt, il s'épanouit. Cela irait tout seul!... Restait cette sacrée Cléo... Autre paire de manches!... Il cacha son inquiétude, à force de démonstrations tendres.

Monique, sans restriction, s'abandonnait au délice d'aimer et d'admirer. Lucien à ses yeux était toutes les beautés, et toutes les vertus. Elle le vêtait du prisme de ses rêves. Nature confiante, de prime-saut, et qui s'élançait au-delà des communes mesures, quitte à se ressaisir, avec autant de violence dans le recul que dans le bond...

Tandis que M. Lerbier, feignant intérêt au bezigue, s'asseyait entre sa femme et tante Sylvestre, Monique et Lucien gagnaient comme de coutume le petit salon, où chaque soir ils s'isolaient.

Ils s'assirent côte à côte sur le grand canapé,—sanctuaire des bonnes heures, dans l'intimité des causeries... Fulgurantes minutes aussi des premiers baisers, où de toute l'âme, avant le don définitif, elle s'était offerte!...

Monique saisit les mains de Lucien, et jusqu'au fond des yeux le regarda:

—Mon dieu, j'ai une prière à vous faire.

—Accordé d'avance.

—Ne riez pas, c'est grave.

—Allez-y!

—De ne jamais, jamais me mentir!

Il flaira le danger et prit l'offensive:

—Toujours votre marotte! Savez-vous qu'elle est désobligeante?

—Pardonnez-moi, Lucien. J'ai mis en vous, religieusement, toute mon espérance. Je souffrirais tant, si elle devait être déçue... Pour moi, je vous l'ai dit, il n'y a au monde qu'une chose impardonnable, entre un homme et une femme qui s'aiment. C'est le mensonge... La tromperie!... Et quand je dis tromperie, entendez-moi: on peut encore pardonner une erreur, une faute qu'on regrette et qu'on avoue!... On ne peut pas pardonner le mensonge! C'est cela, la vraie tromperie. Et c'est dégradant, c'est bas...

Il acquiesça, d'un signe de tête. Il fallait jouer serré!

—Je vous demande pardon, si je suis un peu nerveuse... J'ai reçu, en rentrant, une lettre anonyme dont je ne vous dirai rien que ceci: Je l'ai brûlée, et je ne crois pas un mot de ce qu'elle contient.

Il fronça le sourcil. Et très calme:

—Vous avez eu tort de jeter au feu cette saleté! Il y avait peut-être là des indices intéressants, n'eût été que pour permettre de confondre l'auteur...

Elle se frappa le front:

—Vous croyez que c'est un homme? Comment n'y ai-je pas pensé!

Elle se reprocha d'avoir cru à une vengeance de femme, vit dans son attitude, autant que dans l'imprévu de la suggestion, la preuve dont, crédule, elle n'avait d'ailleurs nul souci.

Il ajouta:

—Quoiqu'on ait pu vous écrire, je n'ai pas besoin de vous jurer que c'est faux.

Elle lui ferma la bouche:

—Je ne l'ai pas cru une seconde!

Il baisait, un à un, les doigts frémissants. Il assura, tranquillisé:

—J'en suis sûr... Puisque vous aviez ma parole! Du jour où vous m'avez accordé votre main, je vous ai donné, en échange, un cœur fidèle.

Il baissa la voix:

—Et depuis avant-hier, ma chérie...

Il la contemplait, les yeux brillants. Elle rougit en inclinant sa tête sur la ferme épaule. Elle frissonnait toute, au souvenir. Alors elle leva vers lui un regard d'extase. Le désir entre eux étendit son mirage...

Sans une arrière-pensée, sans un remords, l'homme se pencha sur la bouche ouverte comme une fleur, et y scella le faux serment, d'un lent, profond baiser.

Monique, les yeux clos, communiait.

IV

Tante Sylvestre, peu habituée aux encombrements de Paris, surveillait avec inquiétude la souple vitesse de l'auto, entre l'enchevêtrement des trams, des camions, des taxis. Le frôlement d'un autobus venait de lui arracher un *Bou Diou!* Monique lui prit et lui serra la main.

—N'aie pas peur! Marius conduit bien.

Depuis l'explication de la veille, elle souriait à tout propos. Tandis que Lucien achevait la nuit chez sa maîtresse, elle avait dormi avec une insouciance d'enfant. Sa matinée n'avait été qu'un chant. Elle s'amusait maintenant, à l'avance, de la visite qu'elles allaient faire au professeur Vignabos.

Confortablement installée dans la voiture prêtée par Lucien,—*sa* Vigneret!—Monique éprouvait une satisfaction à chaperonner à son tour la bonne vieille qui l'avait élevée, et que l'âge autant que la sédentaire province peu à peu reléguaient aux confins de l'existence...

—Tu te rappelles? dit Monique, Elisabeth Meere?... Zabeth! Je l'ai revue, le mois dernier... Lady Springfield, avec deux beaux enfants et un mari homme d'Etat! Elle est devenue théosophe et spirite.

Tante Sylvestre eut un haussement d'épaules:

—Quand on se rapproche de Dieu, c'est qu'on s'éloigne des hommes. Il est vrai qu'elle ne les a jamais beaucoup aimés!

Monique sourit à la définition du nouveau mysticisme d'Elisabeth Springfield, et par contraste, à la pensée de son jeune frère, le joli Cecil Meere, «philanthrope», et, de surcroît, peintre amateur.

—Cecil, lui, c'est... l'inverse!

Tante Sylvestre s'indignait:

—Alors, là! C'est de la maladie, de l'aberration!... Décidément, est-ce parce que je me fais vieille? Est-ce parce que tout y marche à l'envers, ton Paris m'épouvante. Vive mon petit coin!... Ah! voilà la rue de Médicis... 23... 29. Nous y sommes.

Monique se réjouissait, presque autant que sa tante, de revoir le professeur Vignabos. Vieux garçon, l'historien célèbre, gloire du Collège de France, et l'humble directrice de pensionnat entretenaient, depuis le temps lointain de leurs études au Quartier Latin, une ancienne camaraderie. Mlle Sylvestre aimait à se retremper, chaque fois qu'elle le pouvait, dans ce milieu de saine idéologie et de libre examen.

Toutes deux montaient joyeusement les cinq étages, donnant sur le jardin du Luxembourg.

L'escalier vétuste, la porte d'entrée à un battant, l'antichambre où déjà chapeaux et pardessus signalaient la présence de disciples, tout disait la modestie. Monique échangea avec sa tante un sourire entendu. Elle préférait cette pauvreté digne à l'ostentation des plus somptueuses demeures.

—Ah! ma bonne Sylvestre! s'écria M. Vignabos, en campant, de surprise, son bonnet trop en arrière sur son crâne socratique. Je suis content de vous voir! Et vous aussi, mademoiselle… Permettez que je vous présente… M. Régis Boisselot, le romancier… M. Georges Blanchet, professeur de philosophie à Cahors, un de mes élèves…

Et tirant sur sa barbiche, du geste machinal qui lui était familier, comme s'il en eût extrait le fil même de son discours, il reprit celui-ci où il l'avait laissé, après les politesses réciproques.

—J'étais en train de démontrer que le mariage, tel que nous le voyons pratiqué par notre société bourgeoise, est un état contre nature. Vous me pardonnerez, mesdames! La faute en est à M. Blanchet qui me consultait sur la thèse qu'il prépare: *Du mariage et de la polygamie*… Il sait que j'achève, précisément, le chapitre final de mon *Histoire des Mœurs*, avant 1914… Evolution de l'idée de famille. Nous discutions à propos de l'essai que voici…

Il désigna, sur un amas de volumes dont Monique lut, au vol, quelques titres: *La femme et la question sexuelle*, du docteur Toulouse, *De l'amour au mariage*, d'Ellen Key, etc.,—un livre à couverture jaune:

—*Du mariage*, par Léon Blum.

—Je l'ai lu! dit-elle. C'est plein de choses justes, ingénieuses, et même profondes. Mais…

Elle sentit braqués sur elle les regards des trois hommes: celui de M. Vignabos souriant, celui du romancier, hostile, celui du troisième visiteur, enfin, ironique et poli.

—Continuez, nous vous en prions! fit M. Vignabos, avec sa fine bonté.

Et se tournant vers Georges Blanchet:

—Voilà de la documentation inattendue! Faites-en votre profit, mon ami.

Elle eut conscience de son ridicule, devant ces savants, ces psychologues qui, ne la connaissant pas, s'armaient instinctivement, contre son bavardage mondain, du préjugé masculin, renforcé par la persuasion de leur supériorité. Alors, obstinément, en dépit des invites des deux professeurs, elle se tut. Georges Blanchet perçut son embarras, et courtoisement prit la parole:

—Le *Mais* de mademoiselle indique les sentiments que sans être grand clerc on peut déduire de son hésitation. Je prétendais, avec Léon Blum, que l'humanité est, en fait, polygame. Entendez par polygamie et pour étendre l'acception du mot, l'instinct qui fait à l'homme rechercher, ensemble ou successivement, plusieurs femmes, de même qu'à la femme plusieurs hommes, avant de trouver, chacun, l'être d'élection définitive.

Monique eut un sursaut de protestation. Qu'il parlât pour lui, cet homme, et même,—Lucien excepté,—pour la majorité de ses semblables!... Mais prétendre que la femme... Elle se sentait humiliée d'être prise pour une Ginette ou une Michelle quelconque! Rompue aux sports, et d'esprit net, elle était chaste comme elle était blonde, naturellement... Et chaste elle était restée, jusque dans l'étreinte qui venait, avant qu'elle ne fût épouse, de la faire femme. Georges Blanchet perçut qu'il déplaisait. Et galamment:

—Je m'empresse d'ajouter, mademoiselle, que la plupart des femmes, et toutes les jeunes filles qui ne sont pas perverties avant que d'être nubiles, ont au contraire un sentiment, voire un sens opposé: celui de la monogamie. Elles ne demanderaient qu'à devenir, et à condition d'être aimées, qu'à demeurer la femme d'un seul homme.

Elle approuva d'un signe.

—C'est justement de cette discordance séculaire entre l'idéal féminin et la bestialité masculine qu'est née, avec l'anarchie sexuelle, cette tendance à la polygamie, ou pour être plus exact, à la polyandrie vers laquelle la femme à son tour évolue... Anarchie sans doute déplorable, mais fatale. Vos conclusions sont là pour le prouver, mon cher maître.

—Je le crains, soupira M. Vignabos. Du moins tant qu'une éducation nouvelle...

Boisselot tira une bouffée de la courte pipe de bruyère qu'avec l'assentiment de Monique il avait gardée allumée.

Et ricanant:

—Un cautère sur une jambe de bois! L'éducation, non, mais! sans rire?... On pouvait à la rigueur en parler avant la guerre. Depuis!

Un malaise plana: le poignant rappel des charniers et des ruines.

—Alors, interrogea Monique, intéressée par l'imprévu de cette discussion, qu'espérer? Si l'homme, maître des privilèges, trouve que tout est parfait dans le meilleur des mondes, que voulez-vous que fasse l'élève?

Boisselot haussa les épaules, évasif... L'élève, pensait-il, avait dépassé le maître! Il avait encore sur le cœur ses années de cauchemar, au front, tandis qu'à l'arrière ces petites éveillées remuaient les fesses... Hôpitaux, Dancings!... et, farouchement, il téta sa pipe.

Blanchet reprenait:

—Mademoiselle a raison. La polygamie, du point de vue des femmes, est moins un instinct qu'un réflexe, une cause qu'un effet. Réflexe désorganisateur, effet fâcheux, mais dont, en stricte justice, nous ne sommes pas fondés à leur refuser le droit d'exercice. D'autant que, il faut bien le reconnaître, le mariage est une chose, et l'amour, c'est-à-dire, l'instinct sexuel, une autre... Mais je ne sais si je puis...

—Allez-y, monsieur! fit Monique. Si je crains certaines idées, je n'ai pas peur des mots.

Il s'inclina:

—Vouloir associer le mariage et l'amour, c'est conjuguer le feu et l'eau, c'est unir la tempête et la rade! L'amour et le mariage peuvent coïncider, soit! Mais rarement, et, en tout cas, pas longtemps.

—Grand merci! Et moi qui épouse, dans quinze jours, l'homme que j'aime!

—Vous serez donc, mademoiselle, de ces exceptions qui confirment la règle. Combien de Daphnis et de Chloé finissent en ménage, dans la peau de Philémon et de Baucis? Si peu! Ou alors après quelques traverses!

—Où voulez-vous en venir?

—A ceci: qu'il serait équitable, et prudent, de laisser mener aux jeunes filles aussi, avant le mariage, leur vie de garçon. Elles n'en seront que de meilleures épouses, leur gourme jetée.

Elle éclata de rire:

—Heureusement que tous les hommes ne pensent pas comme vous. Sans cela, je resterais pour compte!

—C'est pourtant ainsi que s'accomplira l'étape vers une société plus juste. Sans compter que nous nous serons débarrassés les uns et les autres, chemin faisant, du monstrueux boulet de la jalousie... Dépouiller l'amour de sa manie de possession réciproque, de son prétendu droit de propriété éternelle, ne sera-ce pas, en définitive, tout bénéfice? On se mariera pour finir heureusement sa vie. Et pour faire des enfants. Cela vaudra mieux que pour faire des bêtises.

Régis Boisselot grommela:

—L'amour sans jalousie? Autant dire un corps sans âme! C'est comme votre mariage sans amour... Une combinaison de gaz asphyxiants: deux intérêts, et deux fatigues? Ce n'est pas cela qui embellira la société future. Le beau mérite que de rester accouplés, quand on n'a plus de jambes!

Monique approuva, véhémente:

—Le mariage de M. Blanchet, c'est une maison de retraite, pour éclopés!

—Pardon! mademoiselle, objecta vivement le professeur en rougissant, je pense au contraire, en ce qui me concerne, qu'il n'y a vraiment mariage, ou pour mieux dire union, que quand on s'aime, et tant qu'on s'aime. Ce que je prétends seulement c'est que cette union aura plus de chances de durée si la femme et l'homme s'y engagent en connaissance de cause. Pour moi ce n'est pas la formalité qui compte, c'est le fond. Et l'union libre m'agréerait autant que le mariage si nos lois y protégeaient, comme dans celui-ci, le droit sacré des tout petits.

M. Vignabos éleva la voix:

—L'union libre est en effet, théoriquement, le plus beau des contrats. Mais Blanchet a raison: il y a les enfants. Le mariage du moins les garantit. L'union libre, à l'heure actuelle, les sacrifie.

Boisselot fonça, tête basse:

—Eh bien! changez vos lois, puisque le calcul au compte-gouttes des individus est en raison inverse de celui de l'Etat. Le plus d'enfants possible, naturellement!

Il cligna de l'œil:

—Pour la prochaine guerre.

—Vous savez bien, jeta Blanchet, qu'en France les lois ne changent qu'après les mœurs.

—Alors nous serons tous crevés, d'ici là!

M. Vignabos tourmenta sa barbiche:

—Et l'image de Renan, mon petit? Les vivants n'avancent que sur le pont des morts.

Un silence s'étendit... Tante Sylvestre, la première, relança la balle:

—Ce qu'on peut objecter au système de M. Blanchet, c'est qu'il ne résout pas, mais au contraire, qu'il complique (du moins tant que l'Etat n'aura pas rajeuni ses codes) le problème si délicat de l'enfant. Avec cette licence de la jeune fille, outre que nous irions droit à la chiennerie...

—Pardon, objecta M. Vignabos, c'est la morale, ou plutôt l'immoralité présente qui pousse, directement, à la chiennerie! S'il y avait chez la femme moins de tendances refoulées depuis des siècles, il y aurait dans le monde plus d'équilibre sexuel…

—Il y aurait surtout plus de naissances illégitimes, et par conséquent de situations inextricables! Ne trouvez-vous pas qu'il y a déjà trop d'avortements comme cela? Et en tout cas assez d'enfants naturels et adultérins?

Georges Blanchet sourit:

—Certes, madame. Aussi pouvez-vous être persuadée que la… voyons, comment appellerons-nous cette émancipée?… la… garçonne de demain…

—Ah! non! déclara Monique. Garçonne, je le suis un peu. Et je vous jure que je n'ai aucune des velléités dont vous parlez!

—Oh! mademoiselle, la garçonne de demain ne ressemblera pas plus à celle d'aujourd'hui que vous ne ressemblez à vos sœurs d'il y a vingt ans. Songez à ce qu'il tient de révolution, et dans tous les ordres, en l'espace d'une génération!… Eh bien! cette garçonne-là fera comme le garçon. Elle ira un peu plus à l'école de Malthus, voilà tout. Sans compter qu'elle n'a plus grand chose à y apprendre!… La natalité baisse. Et pour cause! On ne verra bientôt plus, pour avoir des enfants quand elles n'en voudront pas, que les idiotes. Et les séducteurs en deviendront du coup moins imprévoyants, et moins mufles.

—Mais c'est la fin du monde que vous annoncez là! se récria la tante Sylvestre, éberluée.

—Non, madame. La fin d'un certain monde, seulement. La fin des crimes passionnels, de l'hypocrisie et des préjugés. Le retour à la nature, dont le mariage contemporain élude et méconnaît l'ordre.

—J'espère, railla Monique, que ce n'est pas cette philosophie que vous enseignez à vos élèves?… Comme paradoxe!

Elle se levait. Mais, entendant Régis Boisselot demander à M. Vignabos «A propos d'instinct sexuel…» ce qu'il pensait de *l'Introduction à la Psychanalyse* de Freud, elle prêta l'oreille, amusée.

Tandis que le vieux maître, ayant changé sa calotte d'inclinaison, entamait une réponse dont il ponctuait chaque phrase d'un tiraillement de sa barbiche, elle contemplait ces trois hommes, si différents de ceux qu'elle était accoutumée de voir.

Des trois, le plus sympathique était, sans conteste, M. Vignabos, malgré son dos un peu bossu, ses petites jambes au pantalon trop court et tire-bouchonné, et ce visage de marron sculpté!… Il avait, dans le regard, un tel pétillement de clairvoyance et de bon sens, et dans le pli des lèvres une si indulgente finesse que tout l'être en était comme illuminé.

Quant aux autres, ce Boisselot, dont elle se souvenait avoir lu un curieux roman, âpre et cependant émouvant: *les Cœurs sincères*,—il avait eu beau, sur la jalousie et sur l'amour dans le mariage, dire des choses intelligentes,—(elle les jugeait telles parce qu'elles correspondaient à son propre sentiment),— jamais elle ne pourrait se faire à ce manque total d'élégance. Tout en muscles, haut sur pattes, des mains noueuses et une face ravagée aux yeux étranges ouvrant leurs prunelles de chat sur une sclérotique jaune, le teint bilieux dans un hérissement de barbe rousse,—Régis Boisselot donnait l'impression d'un carnassier, tourmenté par un cœur tendre. Bonhomme curieux, avec lequel on pouvait sympathiser.

Quant au beau parleur!... Mince, petit, distingué, un glabre visage de jeune évêque,—celui-là, Monique n'encaissait pas son air professoral, son affectation de sérénité sceptique. Un raseur à fuir, ce Blanchet! Généreux? peut-être, en théorie. Mais suant l'égoïsme disert. En dépit des idées avec lesquelles il jonglait, et qui, quoiqu'elle en eût dit, rejoignaient souvent les siennes, elle jugeait une inconvenance, une offense personnelle son opinion sur le sort des mariages en général, et le sien, en particulier. Oui, elle ferait exception, quoique ce bellâtre en pensât! Sous ses concessions oratoires, il était évident qu'il n'avait rien deviné d'elle. De quelle sérieuse, tenace volonté, elle saurait édifier, défendre son bonheur!...

Elle tressaillit, la voix de M. Vignabos tombait.

—En résumé, dit Boisselot, il me suffira, pour être documenté sur Freud, de lire l'étude de Jules Romains?

—Et vous en saurez autant que moi sur la Psychanalyse, dit M. Vignabos, ou, pour être plus clair,—acheva-t-il en se tournant vers Monique,—sur l'analyse du contenu psychique de l'être humain. Quel pot de chambre, mes amis! A en croire du moins Herr Professor Freud, dans sa sagesse autrichienne, qui, d'ailleurs n'a rien inventé. Voir l'Ecole de Zurich. En science comme en lettres, nous sommes plus d'adaptateurs que de créateurs.

—Vous êtes toujours le même, admira tante Sylvestre. Simples, comme tous les vrais savants.

—Ta! Ta! Ta!

Il assurait que les plus grands, s'ils ne se spécialisent, aussitôt se dispersent, dans le champ infini de la connaissance. «On ne voit bien que ce qu'on décompose, au bout de son microscope. Et encore!... Bavarder *de omni re scibili*,—hier du Bergsonisme et aujourd'hui de l'Einsteinisme,—affaire aux gens du monde et aux critiques de pacotille!...» Cependant il était curieux des travaux des autres, se passionnait aux recherches des jeunes, et les signalait, à tout prétexte.

—Hein? qu'en penses-tu? demandait tante Sylvestre, dans l'escalier.

—M. Vignabos est charmant. Mais les autres…

—Tu es difficile! reprocha-t-elle, oubliant que sa vieillesse, détachée, ne voyait pas du même regard. Georges Blanchet aussi est charmant. Quant à Régis Boisselot, c'est un original. Avoue au moins qu'on a passé une bonne heure? Quand on pense que pour tant d'étrangers, et même de parisiens, il n'y a que Montmartre!

—C'est vrai. La butte leur cache le Collège de France.

V

Le rideau baissait sur le premier acte de *Méné*.

—C'est amusant, décréta Mme Lerbier, en se tournant vers sa fille.

—Peuh!

—Toi, tu as le génie de la contradiction.

Elle releva l'épaulette de sa robe qui avait glissé, découvrant la rondeur polie.

—Une belle salle, fit M. Lerbier, promenant sa lorgnette. On voit que c'est réveillon.

Récemment inauguré pour la représentation des opérettes internationales, le Cosmo-Théâtre, avec son orchestre en corbeille montante et son balcon de loges découvertes, resplendissait à pleins feux. Au gala de Noël s'ajoutait celui d'une première C, avec Alex Marly, dans Ménélas. Les hommes en habit. Les femmes décolletées. Ce n'était, sur la fleur fraîche des chairs comme sur l'étal des viandes faisandées, que gouttes de perles et rosée de diamants. Les corps les moins désirables comme les plus harmonieux s'exhibaient de l'aisselle au creux des reins, dans l'échancrure des robes légères. On eut dit un marché d'esclaves, sous l'œil expert des amateurs et des marchands. Ils calibraient d'un regard le galbe des torses, les bras heureux d'être nus, l'offre des seins, dans leurs niches. Le grand pavois des coiffures, du noir bleu au blond acajou, et le rehaut des fards donnaient à l'exposition des visages, portés beau, un apparat de masques peints. Tout cela remuait, scintillait, caquetait, dans la chaleur épanouissant, avec le parfum exaspéré des essences, un bestial relent d'odeur humaine.

De petits signes de la main, des inclinations s'échangeaient. Mme Lerbier désigna, à l'orchestre, Plombino tout en tignasse, la Générale Merlin et son mari qui, dépouillé de l'uniforme, semblait un vieil employé de bureau, Mme Hutier avec l'ancien Ministre incroyablement anonyme, les de Loth père et fille dont le nom prêtait à des insinuations, calomnieuses sans doute… Cecil Meere, plongé dans son élégante neurasthénie, en daigna sortir pour adresser à Monique un distant salut.

—Regarde! dit Mme Lerbier, là… la loge couverte, après la colonne… Mme Bardinot et Mme Jacquet… Michelle te dit bonjour. Qui donc est avec elles?

L'homme se retournait. Monique sourit:

—Max de Laume.

—Antinoüs!… Qu'est-ce qu'il fait là?… La cour à Michelle?… Non! Elle va épouser d'Entraygues… A sa mère peut-être, pour le prix George Sand?… Non!… Il est sûr de l'avoir… A Ponette alors! Eh! Eh!… Je vois bien

Ransom, dans la loge d'Abraham de Rothschild. Mais je ne vois pas Léo… Est-ce que notre coureuse nationale songerait réellement à changer de cavalier?…

Elle sourit à sa méchanceté. Elle n'aimait pas, tout en la choyant, «cette grande Juive»… Agréable oui, avec ses yeux de gazelle et son air penché… L'habitude de plier l'échine!… Mme Lerbier jugeait répugnantes la platitude et l'adresse inlassablement apportées par *la* Bardinot à pousser, par tous moyens, son mari. Petit fonctionnaire aux Finances, il avait, avec une rapidité scandaleuse, fait l'escalade du surnumérariat au Cabinet, et du Cabinet à une sous-direction. Puis, sans arrêt, secrétaire particulier du Ministre, directeur du personnel, inspecteur général. Il était maintenant question qu'il quittât l'administration de l'Etat pour celle d'une grande Banque, dont la présidence allait devenir vacante, et dont, avec l'appui de Ransom…

«C'est effrayant,—ricanait Mme Lerbier quand on parlait, entre amies, de «cette chère Ponette»,—le chemin qu'elle a pu faire faire à son mari, rien qu'en se mettant à genoux!» Ou encore: «Elle a une façon de tendre la main, à laquelle les hommes ne résistent pas…» Mais Bardinot avait réussi. Résultat qui émoussait les pires allusions.

Mme Lerbier rappela le mot qui avait couru, lorsque Ponette avait entendu parler, pour la première fois, d'Antinoüs… «En quoi?»…

—Elle doit être fixée, maintenant.

—Ce que tu es potinière, maman! dit Monique… Allons! je vais voir Michelle.

—Rappelle à sa mère que je l'attends demain, avec Hélène Suze, pour goûter au Claridge.

Monique, de son pas alerte, arpentait les couloirs, indifférente aux coups d'œil qui la déshabillaient. Elle avait le dégoût de ces réunions «bien parisiennes» dont l'éclat de surface ne lui cachait pas le cloaque… Corps à vendre, consciences à acheter!… Heureusement il y avait encore,—comme disait Georges Blanchet, cet après-midi,—des exceptions! Mais, elle-même, un Lucien, un Vignabos, une tante Sylvestre, on les comptait!

Monique rit à la tête que celle-ci eût faite devant le double spectacle, scène et salle, si elle eût écouté sa sœur qui voulait absolument l'entraîner à *Méné*!… Quelle bonne idée la tante avait eue, en allant passer tranquillement à Vaucresson sa nuit et sa journée de Noël, chez Mme Ambrat…

Encore une amie du genre Vignabos! Une féministe, et militante. Mme Ambrat, professeur au lycée de Versailles, trouvait encore le temps de diriger, après l'avoir fondée, l'œuvre des Enfants Recueillis. Ce qui ne l'empêchait pas d'être, pour son mari ingénieur, une compagne admirable… Monique les imaginait tous trois, attendant minuit, en causant sous la lampe, pour arroser d'un verre de Vouvray (M. Ambrat était Tourangeau) l'oie farcie et le boudin. Elle envia leur vie d'intelligent labeur, leurs joies simples… Elle aurait dû,— puisqu'elle ne devait pas revoir Lucien,—accompagner tante Sylvestre, finir avec elle cette journée, qui avait été excellente.

Elle récapitula: la visite rue de Médicis; le manteau de petit-gris et la cape de martre commandés chez le fourreur; Lucien retrouvé boulevard Suchet pour choisir les meubles indiqués par Pierre des Souzaies (pas mal le cartonnier et la bibliothèque!)… et puis, toujours sous le regard lumineux de l'excellente vieille, le thé, au Ritz.

En les quittant, Lucien lui avait répété si gentiment son chagrin de ne pas l'accompagner au théâtre et de devoir souper sans elle… Mais aucune possibilité, décidément, les Belges lui ayant encore téléphoné le matin même. Elle lui avait de son côté promis, si elle ne le voyait pas avant la fin du spectacle, de rentrer directement. Si ses parents tenaient à aller faire la fête, comme il en était question, avec Mme Bardinot et, croyait-elle, Ransom et Plombino, eh bien! la bande irait sans elle, voilà tout.

—On peut entrer?

—Viens vite! s'écria Michelle, en l'apercevant.

Petite, potelée et d'un blond si pâle qu'on l'eût dit décoloré, Michelle, dans le fond de la loge, était en train de conter à Max de Laume une histoire brûlante, à en juger par leurs regards luisants.

—Attends, fit Monique, que je salue l'ancêtre!

Mme Jacquet,—déposant en son honneur le face-à-main au travers duquel elle passait l'assistance en revue, comme une souveraine ses troupes.—agita gracieusement sa perruque blanche. Mme Bardinot s'arracha, un moment, aux postillons dont la criblaient avec persistance les galanteries édentées de Ransom. Il lui faisait sa petite visite réglementaire. Imperturbable, elle était accoutumée, depuis des années, à la recevoir.

«Juste rançon, se dit Monique,—tiens! un mot!—du banquier et de sa pluie d'or…» Ransom était, avec Bardinot, le seul homme dont la présence durât, autour de Ponette. Tous les six mois elle changeait d'amant. Ses autres foucades, variant de la semaine au jour, ne duraient que le temps d'en extraire ce qu'elles pouvaient rendre, en avantages divers.

—Je ne vous demande pas de nouvelles de monsieur Bardinot. Je sais qu'il est à la Conférence.

Ponette avait obtenu du Président du Conseil, (dont elle avait conquis, par l'intermédiaire de Plombino, la sympathie), que son mari fît partie, comme expert financier, de la délégation française à la vingt-septième réunion du Conseil Suprême…

—Eh bien! mes enfants, dit Monique, en revenant au fond de la loge, vous ne vous embêtez pas! Il n'y a qu'à regarder de Laume.

—Il est de fait! avoua-t-il…

Et montrant Cecil Meere qui exhibait à l'orchestre, avec un habit feuille morte, son air de spleen, plus dégoûté encore qu'à l'ordinaire:

—C'est sa mine funèbre qui nous fait tordre.

Monique constata:

—Il n'a jamais été plus bas.

Ils s'esclaffèrent. Michelle triompha:

—Tu peux le dire!

Et comme Monique s'enquérait, elle recommença son récit, sans se faire prier:

—Figure-toi que je prenais le thé cet après-midi chez la fille de Loth. On était cinq ou six… Plus les petits jeunes habituels. Toute la troupe enfin, excepté Ginette. Invitée, paraît-il, avec Hélène Suze, à un concert chez Anika Gobrony. Musique de chambre, je vois ça d'ici!… Nous avions donné rendez-vous à Cecil, en lui faisant croire qu'il retrouverait Sacha Volant. C'est son dernier béguin… Il est venu, naturellement. Alors, pour lui faire prendre patience, on a repris le jeu… J'adore ça, les jeux innocents!

—Si l'on peut dire, observa Max de Laume.

—Vous voyez le mal partout! Qu'est-ce que ça a de choquant d'être sur la sellette, les yeux bandés, les mains derrière le dos?… Il faut deviner la personne qui s'assied sur vos genoux, et qui vous embrasse. Voilà tout. Tant qu'on se trompe, le tour continue.

—Et alors?

—On s'est arrangé pour coller Cecil sur la sellette. Le mouchoir noué, nous avons fait signe aux petits jeunes de rester tranquilles. Des hommes, ça lui aurait fait trop de plaisir! Et nous avons commencé à l'embrasser, l'une après l'autre, le mieux qu'on a pu. Simone s'était mis de l'étoupe sous le nez, pour faire moustache. Quand par hasard il disait le vrai nom, on criait: «C'est pas ça!» Et on s'appliquait de nouveau… Dans le cou, sur les lèvres… A la fin, il devenait fou. On l'a relâché! Et sais-tu ce qu'il a eu le toupet de nous dire? «Petites garces! Vous ne m'avez pas eu…» Mais Simone—qui s'était assise sur lui, après moi—a bien su lui répondre. D'ailleurs, rien qu'à voir ses drôles d'yeux et son air aplati, je suis sûre aussi qu'il mentait!... On aurait juré un de ces machins en baudruche dans lesquels on a soufflé, et qui achèvent de se dégonfler en faisant: couic!

La sonnette de l'entr'acte tinta.

—Tenez, vous me dégoûtez! dit Monique. Au revoir.

Elle se sauvait, écœurée. Que pouvait penser de cette inconsciente, et d'elle-même, un homme comme Max de Laume, intelligent, qui avait fait la guerre, et dont le métier était d'observer les mœurs, en critiquant les lettres? Monique en était sûre, il l'englobait dans le même mépris.

A peine le dos tourné, Michelle, obligeamment, y travaillait.

—Mijaurée, va! Ce sont toujours celles-là qui en font le plus. Parce qu'elle va se marier!... Eh bien quoi? Moi aussi.

—Vous permettez, ma chère enfant? s'excusa Ransom, qui, le ventre en brouette, gagnait la porte... Et à tout à l'heure, au Rignon.

—Ça dépend de maman...

Son sourire d'Agnès s'acheva en un pan de langue, tirée à l'adresse du gros homme.

—Oh! j'irai... Heureusement que vous avez accepté! dit-elle en coulant un regard admiratif à son compagnon qui, délicatement, se tamponnait le front... C'est vrai, on étouffe ici. Le joli mouchoir! Montrez...

Elle le respira:

—Mâtin!

Il contenait une imperceptible houppette dont elle se poudra les joues, et le lui rendant:

—Tenez, coquette!

Mais elle se ravisa, d'un geste si brusque qu'il en demeura pantois. Vivement, dans la poche de son pantalon, elle renfonçait le mouchoir-prétexte, en l'accompagnant, jusqu'au bon endroit. Il ne put s'empêcher de lui saisir la main.

—Qu'est-ce qui vous prend? demanda-t-elle, d'un air trop naïf pour qu'il n'en perçât pas la ruse.

—Rien, murmura-t-il.

Il se rassit à côté d'elle, alléché. Le rideau se levait sur Alex Marly, faisant une scène à Hélène plus qu'à demi-nue, et qui, pour l'amadouer, se dénudait encore. Max de Laume donna un regard au dos graisseux de la mère Jacquet et à celui, tentant, de Ponette. Dire que c'était pour elle qu'il était venu! Puis, d'un coup d'œil vers l'énigmatique Michelle, assise à sa droite, il constata qu'elle avait les jambes croisées si haut que les mollets et l'un des genoux s'offraient, dans leur gaine de soie.

Alors, ayant avancé sa chaise entre celles de l'ancêtre et de Ponette, ainsi bloquées, il feignit d'écouter, avec la plus profonde attention, Alex Marly qui nasillait, en dansant: «*Je suis Méné, Méné... par le bout du nez!*» Il enserrait en même temps une des fines chevilles, captait la rondeur des mollets, puis du genou... Il s'arrêta, incertain, puis glissa, d'un attouchement léger, plus haut que le jarret, et comme, à ce geste précis, Michelle décroisait comme par hasard les jambes, il suivit son chemin, lentement. Ses doigts frôlaient, après la soie irritante, une peau si douce qu'il en eût voulu baiser la tiédeur...

Il était troublé au point que le cœur lui battait à grands coups. Nulle résistance. Alors hardiment il froissa les linons qui s'ouvrirent, palpa, dans son nid de mousse, le fruit mystérieux. Il comprit qu'il en était le maître, et le caressa, savamment. Mais soudain les jambes se resserrèrent en étau. Il lâcha prise et n'eut pas besoin de se retourner pour s'assurer que Michelle, raidie, venait d'éprouver une aussi complète sensation que celle qu'elle avait infligée, quelques heures plus tôt, à Cecil Meere.

Quand enfin nue (moins le cache-sexe et une draperie qui, en travers du corps, lui voilait un sein et le ventre), Hélène, aux applaudissements surexcités, eut reconquis Ménélas, Max de Laume se décida à affronter les yeux de sa partenaire. Il n'y lut que le naturel de la plus innocente camaraderie. Rien ne s'était passé. Il eut le bon goût de ne pas insister et se demanda seulement, avec modestie: «A quoi ou à qui diable pouvait-elle bien penser, tout à l'heure?... A d'Entraygues peut-être?... Grand bien lui fasse!... Il en verra de jaunes, avec cette petite chatte vicieuse!»

Et sans remords, il se pencha sur la nuque de Ponette, où les bouclettes brunes s'émurent, sous son souffle. Elle frissonna: «Vaudrait-il mieux que Léo?» Elle recherchait, avec une espérance inlassable, et toujours déçue, l'étreinte qui secouerait, pour tout de bon, ses sens blasés.

—Allons! dit-elle après le deuxième acte, venez! il faut que je m'acquitte de la commission de Ransom près des Lerbier. Plombino et lui tiennent absolument à ce qu'ils soupent avec nous... Vous m'excusez, chère amie?

Mme Jacquet découvrit avec grâce son râtelier, tandis que Michelle adressait à Sacha Volant, aperçu à l'orchestre, son plus charmant sourire. Dehors Mme Bardinot, incapable de rien garder des secrets qu'elle aimait à surprendre, confiait au beau Max:

—Je crois qu'il y a une manigance sous roche, avec John White, pour l'achat du brevet Lerbier.

—Et Vigneret?

—Il doit en être, naturellement! Et vous, ça vous amuserait-il d'entrer dans la combinaison?

—Me prenez-vous pour un boyard?

Elle sourit... qu'allait-il chercher!

—Il y a toujours des parts, pour les amis...

Il se cabra:

—Oh! moi, vous savez, je ne mange pas de ce pain-là! Je ne suis pas Léo.

Ponette ne détestait pas la cravache. Cette rudesse lui plut. Max de Laume gagnait sa vie par son seul talent. Supériorité sur Léo! De plus, si tous deux portaient la croix de guerre, Max du moins ne l'avait pas volée... Devant la loge des Lerbier, comme il allait ouvrir le battant de porte, elle lui retint la main:

—Vous me plaisez!

Il reçut le choc, en habitué. Sa curiosité pour Michelle, avivée par son premier succès, ne l'empêchait pas d'être sensible aux avances de Mme Bardinot, maîtresse enviable. Cocufier jusqu'au bout d'Entraygues, avant la lettre, avait son charme. Dégommer l'ami Léo n'en avait pas moins. Il s'enquit:

—Alors Mercœur?

—Quoi, Mercœur?...

—Disparu? Qu'est-ce que vous en faites?

—Je crois qu'il m'a lâchée, ce soir, pour Hélène Suze... Ou pour Ginette Morin.

—Et ça vous est égal?

Elle le regarda droit, avec une tendresse soumise:

—Bête!... Ça me fait plaisir.

Il répondit d'un clin de paupière. Pacte conclu.

Une heure après, l'auto des Lerbier stoppait devant le Rignon... Malgré sa déclaration et sa répugnance, Monique avait dû céder aux instances de ses parents, et, surtout, aux supplications de Michelle. Mme Jacquet n'avait autorisé la présence de celle-ci au souper offert par Ransom que si l'amie de sa fille y assistait. Quant à elle, elle avait passé l'âge de ces divertissements...

Mme Lerbier, en rentrant, lui ramènerait la petite, puisqu'elle voulait bien s'en charger.

Max de Laume et Mme Bardinot étaient déjà arrivés, avec Ransom et Plombino dont les Voisin douze cylindres démarraient justement pour faire place, sous la marquise.

—Tu sais, dit Monique à Michelle, c'est bien à cause de toi que je suis venue!

Elle s'en voulait d'être là, après sa promesse à Lucien. Jamais elle n'y aurait manqué si elle n'avait craint, en s'obstinant, de peiner son père. Elle avait encore à l'oreille l'âpreté de son invective: «Fais-le pour moi! Non? Eh bien va te coucher, puisque tu es dénuée à ce point de l'esprit de famille!...» Pauvre père! Est-ce que vraiment ses ennuis d'argent étaient si graves?...

Michelle prit le bras de son amie:

—Laisse donc! On s'amusera. D'abord, moi, je danse!

Elle fredonnait déjà, avec un balancement de tout le corps, les mesures du tango qui arrivaient par bouffées, à travers les portes de glaces tournantes. Monique donna, avant d'entrer, un coup d'œil hostile au flot des arrivants. Portières claquantes, ils paradaient à la descente des autos. Les hommes avec leurs hauts de forme en arrière, leurs cache-nez de soie ouverts sous leurs pelisses de fourrures... Les femmes drapées de chinchilla ou de vison, agitant leurs coiffures d'aigrettes ou leurs torsades étincelantes.

Elle allait prendre la file quand elle crut reconnaître l'auto de Lucien. Mais, au lieu de s'engager sous la marquise, la voiture tournait au coin de la rue, stoppait une vingtaine de mètres plus loin, à l'entrée particulière des salons.

—Va, fit-elle à Michelle. Je veux voir quelque chose.

Elle se disait: «Il aura prêté sa voiture à un ami, comme il me l'a envoyée à moi-même cet après-midi...» Elle resta atterrée. Lucien ouvrait la portière, descendait, tendait la main à une jeune femme, drapée dans une cape de martre semblable à celle qu'elle venait, elle-même, de commander chez le fourreur!... Vivement, comme des amoureux en bonne fortune, et qui évitent d'être vus, le couple s'engouffrait, sous le porche.

Elle voulut en avoir le cœur net. Le souvenir d'un récent déjeuner, avec lady Springfield, lui rappela que du restaurant un escalier intérieur conduisait au premier... Elle s'élança, rejoignant Michelle. Devant elles, M. et Mme Lerbier se hâtaient, entre le salut des maîtres d'hôtel, vers la grande table ovale où les banquiers debout leur faisaient signe. Assis à côté l'un de l'autre, Max de Laume et Ponette flirtaient déjà, tranquillement...

Monique entendit vaguement Ransom déclarer: «On sera mieux que dans un salon, c'est plus gai», et sa mère lui dire: «Qu'est-ce que tu as? Tu n'ôtes pas ton manteau?…»

Elle murmura:

—Tout à l'heure. Je reviens…

D'un trait, elle filait, montait l'escalier. Elle arriva juste à temps pour apercevoir, du palier, Lucien devant une porte ouverte, que désignait un garçon. Il débarrassait de sa cape sa compagne, décolletée jusqu'à la taille… Brune, l'air méchant, sous le sourire félin… Cléo, évidemment!

Monique se cramponna au palier de la rampe. Ses jambes fléchissaient. Hallucination? Non! Réalité qui, en la frappant d'une hébétude, l'emplissait d'horreur. Le garçon, qui venait de refermer la porte du salon sur l'effarante vision, s'approcha, obséquieux:

—Madame désire?…

Elle balbutia: «La table de M. Plombino…» Et elle pensait: «Mais alors, la lettre anonyme…»

Au nom fameux, le garçon plongea:

—C'est en bas, madame. Si madame veut que je la conduise…

—Non, merci!

Comme une folle elle tourna le dos, et, pour remâcher toute sa douleur, prit si rapidement l'escalier par lequel Lucien était monté que le garçon ne put que lui crier:

—Pas par là, madame!… Pas par là.

Elle était déjà dans la rue, longeait la file des autos. Les chauffeurs causaient entre eux. Elle passa devant la Vigneret. Marius l'aperçut, et, surpris, souleva machinalement sa casquette:

—Mademoiselle!

Alors,—comme si elle avait eu besoin de cette dernière preuve,—elle réalisa seulement, et soudain, toute sa révolte et toute sa douleur. Elle revint sur ses pas, croisa de nouveau Marius. Mieux avisé cette fois, il fit mine de ne pas la voir. Elle reprit l'escalier des salons, eut la présence d'esprit de dire au garçon qui, soupçonnant quelque événement insolite, la regardait, ahuri:

—J'avais oublié quelque chose dans l'auto.

Et, d'un pas d'automate, elle redescendit au restaurant. La tablée l'accueillit par des ah! enthousiastes. Plombino lui désignait sa place… «A côté de moi!» Mais, sans s'asseoir, elle se pencha vers sa mère et lui dit à l'oreille.

—Je ne suis pas bien. Je rentre.

Elle eut un frisson visible, le visage si altéré que Mme Lerbier s'alarma.

—Qu'as-tu? Je t'accompagne.

—Non! Non! Reste, ordonna-t-elle nerveusement. Je te renvoie l'auto. Tu reconduiras Michelle après le souper. Je vais me coucher.

Elle dit encore:

—Ce n'est rien, je t'assure. Un mouvement de fièvre. Ne vous occupez pas de moi.

Et sans un mot de plus, sans un regard à personne, elle referma son manteau et partit, tête haute.

VI

Dehors, elle alla devant elle, dans la nuit.

Le gel durcissait l'asphalte. Un ciel d'étoiles apparaissait vaguement. Le halo lumineux de la ville, le rayon des rues, tous réverbères allumés, reculaient très haut, très loin un catafalque d'ombre. Une foule musait encore, badaude, sur les boulevards peuplés comme en plein jour. Sortie des théâtres, entrée des réveillons. Des flots de gens heurtaient, croisaient leurs courants... Désert où elle avançait sans voir et sans entendre, d'un pas mécanique, en pleine solitude. Le tumulte intérieur auquel elle était en proie l'absorbait au point que rien d'autre n'existait. Elle était le centre bouleversé du monde.

Par moments, elle essayait de raisonner, de se ressaisir. Aussitôt la vision surgissait, implacable: elle n'éprouvait plus que douleur aveugle, incompréhension sourde. Tout en elle avait chancelé, s'abattait. Avec son rêve d'amour broyé, sa foi pantelait, sous les ruines. Elle ne souffrait pas encore dans son orgueil, tant la stupeur l'accablait. Elle n'était qu'une seule meurtrissure. Elle eût voulu pouvoir sangloter, crier.

Puis, avec la conscience à demi réveillée, impérieusement l'envahissait une surprise d'enfant qu'on a frappé sans cause, et qui se révolte. Etait-ce possible? Pourquoi? Comment?... Elle entendait encore l'intonation de Lucien, au Ritz. Il attestait son regret, maudissait les Belges, leur coup de téléphone, ce matin encore... Il souriait en lui disant au revoir, bien tranquille après la promesse qu'elle lui avait faite de rentrer après le théâtre, de ne souper nulle part!

Elle se demandait, dans l'ingénuité de sa lamentation: «Après m'avoir prise!... Pourquoi m'a-t-il laissée? Pourquoi?...» Trahison inexplicable, mensonge incompréhensible qui, après l'avoir confondue, la ramenaient au contrecoup de la fureur. Plus encore peut-être que de la douleur de sa passion, assommée, elle enrageait d'une telle fausseté, comme du pire outrage.

Certes elle saignait, dans tout son être. Arrachement brusque d'un sentiment qu'elle avait cru incarner sa vie même. Et elle en saignait d'autant plus cruellement, qu'en elle se cicatrisait à peine la douce blessure de son abandon. Mais, dans son instinct d'absolu, elle se voulait détachée, instantanément et pour jamais, de ce qui, tout à l'heure encore, était sa raison d'existence. Partie d'elle-même amputée. Illusion pourrie,—chair morte.

Aimer Lucien? Elle? Non. Elle le détestait, et le méprisait. Jugement sinon sans dépit, du moins sans appel, parce qu'il était rendu par une inflexible pensée. Vierge hier encore, et n'ayant pas goûté toute l'ivresse physique de l'amour, Monique ignorait le plus puissant des liens. Nœud gordien de la volupté... L'esprit seul, à cette minute, délibérait en elle, et décidait.

Elle marchait depuis près d'une heure, insensible aux invites murmurées, aux cris plaisants, aux gestes même. Quand un peu de calme tombait, et que s'atténuait un moment la double torture: l'injure ignoble à son amour en même temps qu'à son sens viril de l'honneur, elle revoyait, à la table qu'ils avaient déjà quittée peut-être pour le lit, Lucien empressé auprès de sa compagne...

Il ne l'avait donc jamais aimée! Il avait joui d'elle, en passant, comme d'une fille,—comme de cette fille! Il la lui préférait!... Elle souffrait moins, à cette idée, qu'à l'humiliation et à la rancune de n'avoir été pour lui qu'un jouet. Pis! Un marchepied d'affaires!... De quelle boue une âme pareille pouvait donc être faite? Comment avait-elle pu, elle-même, s'aveugler à ce point?

Et demain, il faudrait le revoir, l'entendre mentir encore? Car sans nul doute il mentirait! Non pour nier le fait, il était là, mais pour le colorer de quelque excuse... Il n'y en avait pas, à de tels actes. Et si de pareilles goujateries en pouvaient trouver, aux yeux de Lucien comme à ceux d'autres hommes, c'est qu'alors il n'y avait plus ni amour, ni honneur! Il n'y avait plus qu'à vivre comme les bêtes. Inconsciemment. Impunément...

Demain! Et l'explication inévitable, et les justifications qu'il essaierait, les dernières bourdes qu'à cet instant même, la tête sur le sein de cette fille, il préparait et dont, avant de passer à leurs saletés, ils se gaussaient ensemble!... A cette image Monique se mit à rire si nerveusement qu'un sergent de ville, avec curiosité, s'approcha.

Elle prit peur, et, traversant, alla à un taxi. En même temps qu'elle en ouvrait la portière, une main, gantée de blanc, s'allongeait vers la poignée.

—Oh! pardon, madame!

L'homme, élégant, un visage fin dont elle aperçut vaguement le contour nerveux, la dévisageait avec une surprise amusée... «Une grue? Une femme du monde? Jolie en tout cas! Qu'est-ce qu'elle fichait, seule, un jour pareil, et à cette heure?»

Elle hésita, avant de jeter son adresse, et de monter. Il perçut son trouble, flaira le hasard miraculeux de l'aventure, et sans perdre une seconde s'installa, d'autorité, à son côté.

Elle dit:

—Vous êtes fou. Descendez! ou j'appelle...

Une imperceptible dissonance, dont, avec son instinct de mâle en chasse, l'inconnu saisit l'involontaire indice, signalait le trouble du sentiment, sous la netteté des mots. Il répondit:

—Oh! madame! Je vous en supplie… Permettez-moi tout au moins de vous déposer à votre porte, nous allons du même côté… Je ne me consolerai jamais de perdre, au moment prédestiné où je la rencontre, une compagnie telle que la vôtre…

Elle s'était rencognée dans l'angle opposé. Elle se taisait obstinément. Que pouvait-il lui arriver, après tout? Rien que ce qu'elle voudrait… Il parla, pas bêtement, finit par se présenter, fut galant, puis pressant… Elle n'écoutait pas. Les phrases expiraient à ses pieds comme un murmure de vagues. Elle voguait, sans âme, sur une mer mystérieuse. Il lui prit la main, qu'elle ne retira pas. Il voulut l'embrasser, elle le gifla.

—Ça! par exemple! fit-il.

Il lui saisit les poignets, et l'attirant de force, lui fouilla les lèvres d'un baiser brutal. Surprise, elle avait eu beau se défendre. Un écœurement presque doux la traversa, sous la violence: un jour encore obscur se levait dans l'ombre de sa chair, d'accord avec le soudain, irrésistible commandement de l'orgueil.

L'homme qu'elle aimait l'avait trahie. Elle prenait contre lui sa revanche. Revanche de liberté, et surtout de franchise. Demain quand elle reverrait Lucien, elle le souffleterait de tout. Elle aussi, elle aurait mis entre eux l'irréparable. Et il n'aurait rien, absolument rien à dire! Ne l'avait-il pas, de l'instant du parjure, rendue à elle-même?

Le reste se déroula, comme dans un cauchemar de ciné. Le changement d'adresse jeté au chauffeur, la bouteille de champagne bue dans l'ahurissant tapage d'une boîte de Montmartre, l'entrée machinale dans une chambre d'hôtel…

Elle n'avait aucune honte, et aucun remords. Elle accomplissait un acte logique, un acte juste. Elle n'avait, pour ou contre son compagnon d'une heure, ni attrait ni répulsion. Il n'avait rien promis. Il ne mentait pas… C'était quelque voyageur de passage, officier en permission… forme anonyme du hasard. Elle n'eut même pas l'idée de l'identifier, en lisant le porte-adresse de la valise, et se laissa déshabiller, sans répondre aux questions dont il la pressait.

Devant le visage contracté qu'animait une double et contradictoire expression, d'absence et de volonté, il crut à quelque drame du cœur. A moins que ce ne fût simple complication des sens? Vengeance de femme trompée ou perversion de curieuse, qu'importait? Elle était venue, sans se faire prier. Il se dit qu'il eût été bien bête de ne pas profiter de l'aubaine.

Il regardait, ivre d'une joie ahurie, ce corps magnifique, abandonné… Les jambes longues, la rondeur des hanches sous la transparence de la chemise courte, les bras croisés sur la poitrine nue… Avec la fraîcheur et la gracilité de la jeune fille, cette diablesse avait la plénitude de la femme! Que faisait-elle, dans la vie, cette passante dont il ne savait ni les pensées ni le nom, et qu'il entraînait, sans résistance, vers le lit?...

Etendue, les bras allongés, Monique se laissait faire comme une bête, une bête inerte. Elle avait les yeux clos, les mains si durement fermées que ses ongles lui entraient dans les paumes. Sous les caresses qui la parcouraient toute, ou soudain s'attardaient, aux seins tendus, au sillon secret, elle tressaillait parfois de réflexes nerveux. Alors elle serrait les dents, pour ne rien livrer d'elle, que sa chair. Un âcre plaisir de vengeance la transportait, si plénier que toute pudeur en était, au fond de l'être, abolie. Seule une angoisse la tourmentait à l'approche du pénible contact.

D'abord savants et doux, les baisers de l'homme s'exaspéraient. Et comme, farouchement, elle refusait ses lèvres, il perdit contrôle. L'instinct le rua. Sous l'aiguillon brûlant qui la pénétrait, elle poussa un cri si aigu qu'il s'arrêta. Mais comme elle se taisait, il l'enlaça plus étroitement, et tout en les faisant moins brutaux, accéléra ses coups. La tête enfouie dans le parfum des cheveux, il ne voyait pas les grosses larmes qui coulaient sur le visage supplicié. Soudain, comme la douleur était trop forte, elle le rejeta d'un effort si brusque qu'il lâcha prise, en jurant... «Juste au bon moment!...»

Il était debout près du lit, ne sachant quelle contenance tenir. Sa fatuité, son désir à la fois satisfait et raté cédaient à une inquiétude obscure. Monique s'était levée d'un mouvement irrésistible. Il ne sut que balbutier, devant cette face hagarde, des phrases sans suite.

Elle se rhabillait, avec une hâte machinale. Un silence tragique entre eux pesa, que ni ses essais de conversation, ni ses offres de la reconduire ne parvenaient à chasser. Brusquement, comme l'orage crève, elle se mit à pleurer, convulsive. Les larmes frappèrent, émurent l'homme. Elles coulaient intarissablement, à gros sanglots. Quand ceux-ci furent calmés, elles coulaient toujours, sur la face muette.

Il s'affola, mais n'obtint qu'un «Laissez-moi!» et qu'un «Adieu». Elle avait tiré la porte sur elle, avec un air si glacial, une décision si formelle qu'il ne tenta pas de la suivre. Il ébaucha, ennuyé, un «Après tout!» et rêveur alluma une cigarette, dispersa, philosophiquement, la fumée... Un souvenir de plus!

———————

Monique, en rentrant, trouvait de la lumière dans l'antichambre. Sa mère venait d'arriver et, trouvant l'appartement vide, se tourmentait. Elle accourut au bruit.

—Comment! Te voilà! D'où sors-tu?... Moi qui te croyais au lit!... Tu peux te vanter de m'avoir fait une peur!... Je viens de reconduire Michelle. J'ai laissé ton père au restaurant, avec ces messieurs. Ils causent affaires... Mais qu'est-ce que tu as?... Tu me terrifies, avec tes yeux de folle!...

Mme Lerbier prit les mains de Monique. Elle était sincèrement épouvantée:

—D'où viens-tu? Tu as la peau brûlante!

... Qu'est-ce que cette petite avait bien pu faire, depuis deux heures!

—Enfin me diras-tu?

Monique, à mots entrecoupés, conta sa rencontre à l'entrée du Rignon...

—Tu auras mal vu, c'est impossible!

Elle donna les précisions... l'auto... Lucien enlevant des épaules de la femme sa cape de martre,—«la même que celle qu'il m'a conseillé de prendre!...»—le salut gêné de Marius...

—Je comprends maintenant! Ma pauvre petite...

Elle voyait Monique errant dans les rues, désespérée. Quelle aventure stupide! Fallait-il que les hommes fussent bêtes! Bêtes et maladroits.

Elle la prit et la câlina:

—Mets ta tête sur mon épaule... Tu as de la peine?

Elle eût voulu l'adoucir, et ne savait quels mots trouver. Elle était à la fois furieuse contre son futur gendre, et animée d'un désir de conciliation. Quel avantage à pousser au tragique? Aucun. Elle affirma:

—Ton chagrin, ta surprise sont bien naturels... Mais, enfin, il n'y a peut-être dans tout cela qu'un malentendu... Je ne sais pas, moi! Attends une explication, ne te fais pas d'avance une idée peut-être disproportionnée... A ta place, je ne me tourmenterais pas autant!

Monique la regarda stupéfaite. Elle avait eu d'abord envie de crier, après ce qu'elle avait vu, ce qu'elle avait fait. Son désespoir et son dégoût s'étaient élancés vers la compréhension maternelle, avec le besoin d'être entendus... d'être plaints...

Mais, devant la compassion banale qu'elle lisait aux yeux qui lui étaient chers, devant le ton presque indulgent de cette voix dont elle attendait l'indignation comme un réconfort, elle eut le cœur aussi serré qu'à l'instant où elle sortait de la chambre de l'hôtel...

L'impression de solitude et d'abattement qui l'avait alors aplatie se doubla d'une autre douleur. Elle se sentait comme éloignée, à un point qu'elle n'eût pu croire, de cet être qui doucement lui souriait, qui était sa mère, et en qui, tout à l'heure encore, elle voyait la confidente et la consolatrice...

—Enfin, reprit Mme Lerbier, étonnée du silence de sa fille, ce que Lucien a fait est très mal, évidemment... Ça n'a pas le sens commun. A la veille de son mariage, venir se fourrer, avec sa maîtresse, sous les yeux de sa fiancée! C'est inconvenant, godiche, tout ce que tu voudras... Mais de là à te rendre malade, comme tu le fais!... Sois raisonnable, aussi!... Voilà un garçon qui t'aime certainement. Ce souper, tu peux en être certaine, c'est une rupture avec son passé. Une rupture définitive. Quand vous serez mariés, ce sera le garçon le plus fidèle. A condition que tu saches le prendre, naturellement...

Monique secoua la tête:

—Non. C'est fini.

—Ta! ta! ta! L'exaltation, avant le mariage, tant que tu voudras! Après, il faut mettre chacun du sien. Vivre ensemble sans se faire souffrir, ce n'est pas une petite affaire. C'est même la grande affaire de la vie! On n'y parvient qu'à force de concessions réciproques...

Monique sentait chaque phrase entrer, dans la révolte de sa souffrance, comme une pointe de feu... Un fossé d'âme entre elle? Non, un abîme. Elle découvrait, sous les broussailles de l'affection quotidienne, la profondeur du précipice. Et, en même temps, elle se blottissait dans son mutisme, comme dans un refuge. Elle tendit le front:

—Nous causerons demain. Je n'en peux plus.

—Tâche de dormir!

Seule, elle courut à sa baignoire, se plongea, longtemps, dans une eau si chaude qu'elle finit par s'y amollir. Le saisissement de la douche froide acheva de détendre ses nerfs. Si elle souffrait encore dans sa chair déchirée, elle n'éprouvait, de son action même, nul regret. Sa première sensation de souillure s'était effacée, au bienfait de l'eau lustrale. Elle n'éprouvait, avec une horreur indistincte pour la sauvagerie de l'homme, qu'une haine collective contre tout ce qui, personnes, mœurs et lois, venait de la torturer si cruellement. Lucien, son amour, l'avenir totalement modifié tombaient au rang des contingences. Une sorte de courbature morale la jetait bas. Elle finit par s'endormir...

Au réveil, à nouveau, tout dansa dans sa cervelle. Si encore elle avait eu, pour penser tout haut, la bonne tante, sa pitié, sa tendresse agissantes! Elle eût pu vomir partie au moins de ce qu'elle avait sur le cœur, puisque, de la fin de la soirée, elle s'était résolue à ne rien dire à sa mère, avant de s'être expliquée avec Lucien...

—Il est navré, il va venir, fut le premier mot que Mme Lerbier, en entrant dans sa chambre et en l'embrassant, prononça.

Elle avait, sitôt jour, téléphoné à Vigneret pour lui révéler les conséquences de son exploit. Elle avait aussi averti son mari à l'usine où M. Lerbier,—qui y avait une chambre avec rechange de vêtements,—s'était rendu directement, après le souper. Il avait poussé les hauts cris. Surtout que Monique n'envoyât rien promener! Qu'elle attendît de l'avoir vu!

Mme Lerbier, soucieuse de l'avenir matériel, y pensait plus qu'au chagrin de sa fille.

—Comme tu te tourmentes, mignonne! Il a tort, oui... Mais il paraît que cette femme a un caractère de chien! Elle exigeait, pour se tenir tranquille, une somme énorme. Un vrai chantage! D'où ce souper. Voilà au moins ce que Lucien m'a dit, en quelques mots, au téléphone. Il fallait transiger, la convaincre...

Monique secoua la tête.

—Non. Il fallait oser tout m'avouer, franchement, avant de...

Elle hésita. A quoi bon révéler intégralement l'étendue de son grief? Jamais sa mère ne comprendrait à quel touchant mobile elle avait obéi, en se donnant à Lucien, avant le contre-seing social... Une imprudence, oui, mais dont seule elle avait à connaître, puisque seule elle était victime.

—Ne crois pas surtout que ce soit dans ma jalousie que je souffre! Je ne suis pas jalouse, parce que je n'aime plus.

—Alors tu n'aimais pas!

Mme Lerbier regarda sa fille avec une autorité doctorale, l'espérance aussi que dans ces conditions tout n'était peut-être pas encore perdu. Du moment que l'amour tout court n'était pas en cause, on ne rompait pas, par amour-propre, des accordailles officielles.

—Il faut n'avoir jamais aimé pour croire qu'à la première tromperie un sentiment véritable peut disparaître, comme une allumette s'éteint.

—Tu fais erreur, maman. Ma douleur vient au contraire de ce que j'avais voué à Lucien un amour si confiant, si grand que tu ne peux même l'imaginer...

—Dans ce cas, lorsque cet imbroglio sera élucidé, j'espère que...

—Non, maman, c'est fini. Rien ne peut plus s'arranger.

—Pourquoi? Parce que ton fiancé t'a menti? Mais si c'était pour t'épargner un tourment inutile?... Un chagrin que sans ce hasard déplorable tu n'aurais pas eu? Tu lui reproches ce qui n'a été peut-être qu'une attention délicate... un ménagement qui le montre plus soucieux de ton repos, peut-être, que du sien...

—Tu ne comprends pas! soupira Monique avec une amère tristesse. Pour toi, le mensonge de Lucien n'est rien. Si! c'est presque une bonne sinon une belle action!... Pour moi, c'est une faute impardonnable... Pis qu'une escroquerie. Un meurtre!... Le meurtre de mon amour, de tout ce que j'y enfermais de pur, d'ardent, de noble! Je t'étonne. Oui?... c'est qu'entre la façon dont tu envisages le mot et celle dont je conçois l'idée, il y a une muraille de Chine! Nous vivions à côté l'une de l'autre, et je m'éveille à mille lieues... Sache-le, puisque ce qui se débat ici, c'est ma vie, et non la tienne!...

—Tu souffres... et tu exagères...

—Je ne t'ai pas encore dit tout ce que je pense!

Mᵐᵉ Lerbier haussa les épaules:

—Tu t'exagères en tout cas la portée du faux-pas de Lucien. Crois-moi. Si toutes les femmes abordaient le mariage avec l'esprit d'intransigeance que tu affiches, il n'y aurait guère de publications de bans! En revanche, il n'y aurait pas assez de registres pour les transcriptions de divorce! Mais pas un mariage, ma petite, pas un n'y résisterait. Il faut te faire une raison, avoir un peu de bon sens. Oui, le romantisme, les comédies de Musset, *A quoi rêvent les jeunes filles!*... Et tu dis que tu t'éveilles? Eh bien! ouvre les yeux, regarde autour de toi, sois moderne.

—Le rêve de Ginette et de Michelle n'est pas le mien.

—Le rêve de toutes les jeunes filles est le mariage. Une association sans rapports obligatoires avec l'amour. Et le mariage est... ce qu'il est... Prétends-tu réformer d'un coup la société?...

—Non certes! pas plus que tu ne dois prétendre à me faire voir dans le mariage autre chose qu'un besoin d'union absolue, une mise en commun de tout l'être, sans restriction d'aucune sorte! Le mariage sans l'amour n'est pour moi qu'une forme de prostitution. Je n'aime plus Lucien, et je ne me marierai jamais!

Mᵐᵉ Lerbier ouvrit des yeux ronds.

—Par exemple!

—Dès que le calcul s'en mêle, ton association n'est plus qu'un accouplement d'intérêts, un contrat réciproque d'achat et de vente! Une prostitution, je te dis, une prostitution!

Elle pensa soudain à l'inconnu, revit la chambre d'hôtel, l'heure de vertige et rougit jusqu'au cou. Mais une certitude orgueilleuse lui fit repousser toute analogie de son acte avec les syllabes qu'elle martelait, comme une flétrissure. Elle reprit fiévreusement:

—Toutes les bénédictions du Nonce et du Pape n'empêcheront pas le marquis d'Entraygues, en épousant les millions de Michelle, d'être ce que Ponette a dit de Mercœur, et ce que nous pensons de Bardinot... Et Ginette, avec toute son adresse, ne m'apparaît pas plus recommandable, dans sa pêche au mari, que la dernière pécheresse, dans la boue du ruisseau!

Mme Lerbier, sifflet coupé, entendait le tonnerre gronder. Elle se ressaisit, et volubile:

—C'est inimaginable! Ah! la tante et toi vous vous ressemblez bien! Je reconnais toutes les billevesées dont elle t'a bourré le crâne...

—Si tu m'avais élevée toi-même...

—J'ai toujours regretté de n'avoir pu le faire! Ta santé...

—Ou la convenance?

—Me voilà récompensée!... Une fille bonne pour Charenton, avec ses principes révolutionnaires! Te doutes-tu que tu piétines toutes les conventions sociales? Mais avec ta vérité, puisqu'il n'y a que la tienne qui compte, ce n'est pas seulement le mariage, c'est la vie qui deviendrait impossible!... Voyons! Voyons! Revenons à la réalité. Un peu de tolérance, un peu de largeur d'idées...

Monique regarda sa mère. Le sol des habitudes sous elle se dérobait, comme un fond de vase. Elle piétinait, mais elle enfonçait. Elle voulut se raccrocher à l'apparence, se suspendre à l'image que dans l'éloignement, et depuis son retour d'Hyères, elle s'était faite, en dépit des passagères dissonances, de celle qui l'avait enfantée et, malgré leur séparation, gâtée à sa façon. Elle cria, comme on appelle au secours:

—Mais toi, maman, tu as aimé papa! Vous vous êtes mariés pauvres, avant que ses découvertes aient fait de l'usine ce qu'elle est devenue? Tu ne peux pas penser autrement que moi! Tu méprises Ponette! Malgré son argent et son salon tu n'admires pas vraiment la mère Jacquet? Tu n'as pas d'estime pour Hélène Suze qui ne s'est donnée à un vieux et sale bandit comme son ex-mari que pour troquer, en divorçant, son étiquette de Mademoiselle contre son estampille de Madame? Et je cite celles-là au hasard. Il y en a des centaines comme ça?... Tu ne t'es pas conduite comme elles, tu ne les approuves pas!

Mme Lerbier éluda:

—Tu vas toujours d'un extrême à l'autre! Non évidemment, je ne te donne pas nos amies comme des saintes. Mais que veux-tu? Quand on vit dans le monde,—et non seulement nous y vivons, mais nous en vivons, il faut bien accepter... oh! pas ses vices, non, mais certaines coutumes, certaines nécessités. C'est comme ça… Nous n'y changerons rien. Ah! si tu avais mon expérience, tu verrais qu'il peut y avoir des actions qui te paraissent aujourd'hui incompréhensibles, révoltantes même, et qui ont leurs circonstances atténuantes, leurs excuses, leur fatalité! Allons, allons! tout peut s'arranger encore, entre Lucien et toi.

—Renonce à cet espoir! Il y a une chose que tu ne me feras jamais admettre: Le mensonge entre êtres qui s'aiment. Je n'ai jamais menti à Lucien. J'avais droit à la réciprocité.

Mme Lerbier sourit, avec supériorité.

—Le droit! Le droit des femmes! air connu… Tante Sylvestre, Mme Ambrat!… Mais, mon enfant, il y a des cas où le mensonge lui-même peut devenir un devoir. Ne me regarde donc pas comme cela! Tu as tes yeux d'hier soir, tu me fais peur.

—Le mensonge, un devoir!

—Calme-toi!

—Non et non! Le devoir, maman, c'est de dire la vérité. Et puisque je la dirai tout à l'heure à Lucien, autant que tu la saches, toi aussi!… Et tout de suite! Rien ne peut plus s'arranger, rien, parce qu'hier soir, en te quittant, j'ai couché, tu entends, *couché* avec quelqu'un.

—Oh!

Cette fois la foudre était tombée. Mme Lerbier, sidérée, regardait sa fille en tremblant. Et soudain, hors d'elle, menaçante:

—Tu as fait ça? Tu as fait ça?

—Oui, et je le referais, si c'était à refaire!

—Petite imbécile!… c'est trop bête! Et avec qui?… Peut-on savoir?

—Non.

—Parce que?…

—Parce que, moi-même, je ne sais pas.

—Tu ne sais pas? Tu te moques de moi? Réponds… Un de nos amis? Non? Alors un passant, le premier venu?

—Oui.

—Ce n'est pas vrai! Ou alors tu es folle.

—C'est vrai. Et je ne suis pas folle.

Mme Lerbier plia, effondrée. La catastrophe! Elle était pourpre. De fureur plus encore que d'indignation... Elle bredouilla, tant la rage la travaillait:

—Ma... Malheureuse! Et si tu as un enfant?

Monique pâlit. Un enfant... de quel père? Elle souhaita, si la supposition se réalisait, que ce ne fût pas du misérable auquel elle avait cru... Un enfant?...

Elle pensa, tout haut:

—Et bien je l'élèverai, voilà tout.

—Ton inconscience dépasse les bornes! Tu n'es qu'une idiote, une...

Elle s'arrêta court. Une issue s'ouvrait, dans le cul-de-sac. Distinctement elle voyait poindre une lueur,—le tournant... Pas de preuve, en somme! Aucun signe à redouter, de quelque temps... Que Monique consentît à ne pas faire bravade de sa démence, et ce serait comme si rien ne s'était passé... D'ailleurs la violence, avec une nature comme celle-là, ne mènerait à rien. Elle essaya de la douceur. Et persuasive:

—Je ne m'attarderai pas à des blâmes sans doute superflus, puisque tu me diras que tu as ta conscience pour toi!... Le mal est fait. Restent les remèdes. Tu estimes que tu as bien agi? Soit, tu juges selon ta morale? Bien. Veux-tu que je te donne, en vieille maman qui t'aime, malgré tout le chagrin que tu lui fais, le conseil de la sagesse?... Garde pour toi le secret de cette escapade. Quand je te disais qu'il y a des cas où le mensonge est un devoir, je ne pensais pas que tu me donnerais raison si complètement, et si tôt! Parle comme tu veux le faire, te voilà dégradée, disqualifiée, et nous avec... Sans compter le ridicule! Au contraire, si tu te tais, ni vu, ni connu, le malheur est réparable.

—Oh! maman!

—Quoi? Des scrupules, vis-à-vis de Lucien? Un homme qui, le premier, t'a trompée? Tu t'en es vengée... N'as-tu pas satisfaction?... Dis-toi bien ceci, ma petite. Dans le monde, et par conséquent dans la vie, ce qui importe, c'est moins ce qu'on fait, que ce qu'on dit, et surtout ce qu'on en dit.

—Maman! maman!

—Comme on fait sa réputation, on fait son chemin!... Tu as commis une bêtise. C'est ton affaire... Au contraire, le jour où je ne suis plus seule, avec toi, à la connaître,—ton honorabilité, la nôtre sont jetées du coup en pâture à la méchanceté publique. Est-ce cela que tu veux? Non, certainement... D'ailleurs, rassure-la, ta belle conscience! Si, même mariés, il fallait, à chaque coup de canif qu'on donne, s'en faire part, tous les ménages seraient à couteaux tirés,—tous! Sapristi, tu n'as pourtant pas tes yeux dans la poche! Crois-tu que ton père et moi nous vivrions en si bonne harmonie, si chaque fois qu'il y a pu avoir entre nous un malentendu, nous avions été le crier sur les toits? J'ai été trompée, moi aussi. J'ai été trompée à telle enseigne que tu es sans doute la seule à ne pas savoir que ton père a pour maîtresse la petite Rinette, des Capucines! Je m'en suis consolée comme j'ai pu... Personne du moins n'a eu les échos de mes déceptions, et de mes chagrins...

—Toi, maman! Toi!

Mme Lerbier craignit soudain d'en avoir trop dit. Alors, détournant les yeux sous l'interrogation que dardait le regard bouleversé de Monique, elle ajouta:

—Mais tout cela, ce ne sont que des considérations générales! J'en reviens à ce qui te concerne... *Plus que jamais*, tu dois te taire. Et épouser Lucien, sans retard.

—Même en lui apportant, n'est-ce pas, l'enfant d'un autre!

—D'abord, ce n'est qu'une supposition.

—Et si elle devait être une réalité?

—Il ne le saura pas! Donc...

—Tais-toi! C'est ignoble...

—Tu vas te mêler de me donner des ordres, maintenant? De me juger?... Toi!... Regarde-moi: ou tu te tairas, et tu épouseras Lucien...

—Jamais.

—Ou je dis tout à ton père. Et il te chassera.

—D'accord.

—Monique, voyons, tu...

Elle n'acheva pas. Son enfant était devant elle, comme devant une étrangère. Une pâleur glaçait le visage douloureux. Les yeux baissés disaient un affreux désarroi. Mme Lerbier voulut l'embrasser, l'attirer contre son pauvre cœur corrompu, maternel quand même.

—Monique! répéta-t-elle.

—Laisse-moi.

Repoussée, et ne sachant que faire, Mme Lerbier prit le parti de se draper dans sa dignité.

—Tu réfléchiras, dit-elle.

Et sans insister, elle battit en retraite, noblement. Monique, la tête dans ses mains, ne la vit pas sortir. Un second écroulement venait de se faire en elle.

L'affection, le respect filial gisaient, parmi les décombres.

VII

—Monsieur Lerbier prévient mademoiselle qu'il l'attend au salon et la prie de venir l'y retrouver.

—J'y vais.

Seule, Monique donna un coup d'œil à sa glace:

—J'ai une mine affreuse!

Elle se mit de la poudre, se regarda encore et soupira. Une autre Monique, si différente de celle d'hier, lui faisait face... Oui, une nouvelle Monique! Elle songeait à l'ancienne, si proche, si lointaine, comme à une morte.

—Allons! fit-elle.

Elle avait déjeuné dans sa chambre, plutôt que d'affronter, dans l'apparat de la salle à manger, la présence de sa mère et la curiosité des domestiques. M. Lerbier avait téléphoné qu'il ne rentrait pas: toujours ses affaires, et qu'il passerait aussitôt après...

Du seuil, elle chercha son regard, ne vit qu'un dos préoccupé. M. Lerbier, en l'attendant, se promenait de long en large.

—Assieds-toi, dit-il, en lui désignant un siège, en face de lui.

Elle pensa: le banc de l'accusée! Il prit lui-même un fauteuil, et redressant sa huppe, il prononça, sévèrement:

—Ta mère m'a tout dit. Je ne m'attarderai pas plus qu'elle à te faire ressortir l'imbécillité et l'ignominie de ta conduite. Je sais que nous nous adressons à un caractère buté. Laissons donc les commentaires. Aussi bien la «faute» de Lucien n'est-elle plus rien, à côté de la tienne!...

—Si tu m'as condamnée, père, à quoi bon plaider encore?

Il observa sèchement:

—Je ne plaide pas. Quant à ta condamnation, puisqu'en effet, dis-le-toi bien, je suis ton juge sans appel,—elle n'est pas prononcée encore. L'avenir dépend de toi... de ton intelligence, et de ton cœur. C'est à eux que je fais appel, à ce qu'il peut rester de sain, de normal en toi... Tu es vive, mais tu n'es pas méchante. Tu me l'as encore prouvé hier, à propos de ta dot...

—Cet argent est le tien, père, et rien ne te forçait à me le donner.

—C'est vrai. Mais, moi, je t'aime bien! Et d'autre part, je dois l'ajouter, étant honnête: ne pas te doter, dans ma situation d'affaires, impossible! Le mariage d'une fille, pour un grand industriel, c'est, à tous les sens du mot, un placement. Il doit correspondre à l'importance du bilan, et renforcer le crédit.

La dot n'est pas seulement, dans notre monde, un usage qui fait loi, c'est, pour l'opinion, un critérium. La cote d'une fortune. En acceptant, comme tu l'as fait avec Lucien, de ne recevoir qu'une dot fictive, tu m'obligeais donc, plus que tu ne penses... Et je t'en remercie encore.

Elle ne broncha pas. A l'élan de son affection acceptant de se dépouiller, avait succédé le dégoût de n'avoir été dans ce négoce que denrée inerte, et tarifée. On se la passait de main en main, non pour sa valeur propre, mais pour simple évaluation marchande.

—J'ai déjeuné ce matin avec Lucien. Je voulais vider son sac... savoir ce qu'il y avait sous cette histoire de réveillon... Bon! bon! je n'y reviens pas, bien qu'il soit nécessaire que tu saches: cette femme...

—Maman m'a déjà dit. Chantage, sinon scandale, *et cætera*... N'y reviens pas, c'est inutile.

—C'est qu'il va venir, lui!... Ta mère ne m'a révélé ton beau coup qu'à la minute... Et je ne savais plus où le prendre, au téléphone...

—Je l'attends.

—Permets! Ou tu es raisonnable, et il n'y a pas d'inconvénient, au contraire, à ce que vous vous rencontriez. Ou tu es irréductible, et alors tu ne le verras pas. J'arrangerai les choses comme je pourrai, de mon mieux... Décide.

—Je le verrai.

Le visage de M. Lerbier s'éclaira:

—J'en étais sûr. Au fond je ne doutais pas de toi!... L'orgueil, quand il n'est pas une vertu féconde, est un travers funeste... Tu as réfléchi, tu as bien fait... Au-dessus des misères et des petitesses, il n'y a qu'une chose qui compte réellement, l'affection, la tendresse!... Et la famille!...

Il s'arrêta, parce que ses phrases tombaient, dans un silence de gêne, et aussi, parce qu'il était tout ému de son éloquence: il croyait sincèrement la mettre au service des intérêts de Monique, quand il ne défendait que les siens...

Elle releva, enfin:

—La famille!... Non, papa, n'espère pas que Lucien Vigneret en soit, jamais.

—Prends garde, si ce n'est ta propre exclusion que tu cherches...

—Tu n'auras pas à me chasser de la maison!

—Parce que tu en sortirais de ton plein gré?

Ils se défiaient du regard, s'affrontaient, comme des ennemis.

—Oui.

M. Lerbier s'exclama:

—C'est de la folie, de la folie!

Et mordu aux entrailles par la crainte de l'affaire compromise, voyant Vigneret et son association perdus, les paiements suspendus peut-être à l'usine, la curée enfin des acquéreurs à bas prix, sur les lambeaux de son brevet, il gémit avec une sincérité si complète qu'elle en devenait émouvante:

—Ecoute! Tu sais mon travail acharné, ma vie consacrée à la recherche de l'invention que je viens enfin de mettre au point! Une invention qui ne nous enrichira pas seuls, mais qui peut faire, qui fera, tu m'entends, la prospérité du pays!... La terre de France, grâce à mes engrais azotés, peut rendre dix fois plus qu'elle ne donne actuellement. Deux belles récoltes seulement, et c'est le change équilibré, les ruines de la guerre relevées! C'est, pour notre peuple entier un prodigieux essor... Seulement, je te l'ai dit avant hier, je suis au bout de mon rouleau. Demain, si je ne suis renfloué, j'échoue au port...

—Oh! dit Monique, il ne manquera pas de requins pour haler la barque, White, Ransom, Plombino...

—Justement! Les requins m'auraient déjà dévoré, si je n'avais trouvé en Vigneret l'associé qui, spontanément, m'a fait confiance. Ils me dévoreront demain, si, toi refusant d'épouser Vigneret, il me lâche...

—Ou ton invention vaut, dit Monique, et il ne te lâchera pas. Ou elle ne vaut pas, et alors... Il haussa les épaules.

—Elle vaut! et non pas une, mais dix, vingt fortunes!

—Alors tu es tranquille, dit Monique.

Il trouva mauvaise l'ironie. Sans doute la perspective de garder Vigneret, sinon comme gendre, du moins comme associé, n'était pas absurde et permettait même, d'autre part, si cette petite toquée persistait dans son refus, une ouverture nouvelle... Il réfléchit, au souvenir d'un phrase lâchée la veille au souper, par Plombino, après la sixième bouteille de champagne... Oui, peut-être!... une combinaison qui, en assurant l'affaire sur des bases élargies, sauverait, pour peu que Monique s'y prêtât, la face... Il reprit avec dignité le ton du réquisitoire pour tourner, presque aussitôt, à la complainte:

—Je ne sais ce qui l'emporte chez toi, de l'inconscience ou de l'ingratitude!... Tu refuses d'épouser Lucien? C'est irrévocable?... Bien. Admettons... Admettons même qu'après les plus graves soucis, causés par ton coup de tête, et ensuite, par ton incompréhensible obstination, je parvienne à mettre ordre à mes affaires. Qu'arrive-t-il? Tu sors de là déshonorée...

Elle haussa les épaules. Il cria:

—Deshonorée. Et tu nous entraînes dans ta boue!… Nous qui n'avons eu pour toi que de bons traitements! C'est affreux! Penses-y!… Pense un peu à ton vieux père, à ta maman qui t'aiment, malgré tout… Monique, ma fille, pense à nous, au lieu de ne penser qu'à toi… Tu n'as pas les mêmes idées que nous, je le sais!… Oui, tu as ta petite conception du monde, et nous avons la nôtre… T'avons-nous jamais contrariée, cependant? Aujourd'hui où tu pourrais, en te sauvant toi-même, nous rendre si heureux, tu ne songes qu'à achever ta perte, sans te soucier de consommer la nôtre! Pourtant, si tu voulais, il y aurait peut-être un moyen…

Elle pliait la tête… Pauvres gens! Si distants qu'ils fussent, et si vains que lui semblassent les motifs de leur peine, elle eût voulu, après avoir tant souffert d'eux, apaiser, si c'était possible, leur désarroi. Comment?… Elle répéta:

—Un moyen? Lequel?

—Eh bien! voilà… Ne parlons plus de Lucien. Tu vois, je n'insiste pas, oui, je m'incline… Restent (et cela ne doit à aucun prix sortir d'entre nous) la situation où tu t'es mise… et ses… conséquences possibles. As-tu mesuré le risque qu'une grossesse comme celle-là te ferait courir? Le danger auquel elle nous expose? Car ici, que tu le veuilles ou non, la famille est solidaire. Il ne s'agit plus seulement de ses intérêts, mais de son honneur…

Il emplit, d'un mouvement emphatique, tout le salon.

Elle murmura:

—L'honneur…

—Parfaitement. Nous sommes perdus, si tu ne saisis pas le recours que je t'offre. Une occasion magnifique, inespérée, de nous tirer tous de là…

—Voyons.

Il toussa.

—Hem!… Le baron Plombino a toujours eu pour toi un sentiment très vif. Quand il m'en a parlé, tu étais déjà engagée avec Lucien. Mais hier soir précisément, il est revenu à la charge… «Si jamais ce gaillard-là ne faisait pas le bonheur de votre fille, je retiens la place… No 1…» C'est tout ce qu'il y a de plus sérieux…. Qu'en dis-tu?

—Tu as fini?

Le cœur soulevé, Monique évoquait le juif à l'affût, avec sa gueule d'hippopotame. Elle sentait s'abattre sur elle la lourde patte, molle et moite…

—Non! Je te rappelle que si, par certains côtés, le baron ne représente pas… l'idéal, tu n'as pas le droit, tu entends, *pas le droit* de te montrer difficile!

Mariée, baronne, et plus d'un million de rentes, cela vaut mieux que d'être fille-mère, ou de te faire avorter… Cela concilie tout: avantages et morale.

Monique était pétrifiée: son père, ce trafiquant immonde!… Il attendait, complaisamment, avec la conviction d'avoir énoncé une vérité sans réplique. Elle dit enfin, à voix basse, mais en le regardant en face:

—Tu me dégoûtes!

Il sursauta, et se précipitant sur elle:

—Tu dis!

—Que j'en ai assez! Ça, le mariage! Ça, la morale! Adieu. Nous ne parlons pas la même langue.

—Tu n'es qu'un monstre! Je te renie! Tu n'es plus notre fille…

—Alors, lâche-moi.

Il l'avait saisie par le poignet, la secouait brutalement… Il était le maître,—l'homme, et le père, chef de famille.

—Et d'abord, tu céderas. Tu n'es pas majeure! Tu nous dois obéissance.

Elle secoua la tête, en criant:

—Lâche-moi! Tu n'es qu'une brute! Je partirai, avec tante Sylvestre… Ici je ne suis pour ma mère qu'une poupée… On en joue, et puis on la casse! Et pour toi! pour toi!… Moins encore: un bétail qu'on vend!… La famille! C'est du propre. Je n'ai besoin de vous ni de personne. Je travaillerai, je gagnerai mon pain.

Il ricana, transporté de rage:

—Avec tes fleurs peintes, peut-être?… Ou en raccrochant, hein? Ça te connaît… A ton aise. Bonsoir. Que je ne te retrouve pas à l'heure du dîner!

—Sois tranquille!

Une sonnerie tinta. Ils s'arrêtèrent.

—C'est Lucien! dit Monique.

M. Lerbier courut à la porte du salon, mais elle le devança, ouvrit sans qu'il eût le temps de la retenir:

—Sacredieu! jura-t-il, je te défends…

Déjà, humble, l'air à la fois suppliant et tendu, Lucien était entré. M. Lerbier déconcerté le regarda, regarda sa fille, et voyant tout perdu, cria:

—Elle est folle! mon cher! Folle!... N'écoutez pas un mot de ce qu'elle va vous dire... Je vous verrai ensuite. Venez dans mon cabinet. Nous causerons...

Monique avait pris Lucien par le bras. Son père parti, et sitôt seuls, elle le lâcha. Un peu de son exaltation avait soudain disparu. Le plus cruel était souffert. Restait l'explication pénible. Mais, à sa lassitude désespérée, une sorte de sombre satisfaction se mêlait. Et calme d'apparence, sous le tumulte:

—Ecoutez-moi.

Pressé de se justifier,—car il croyait l'aimer, moins dans la mesure de son désir que dans celle de ses projets, auxquels elle était liée,—il s'écria:

—Il faut me pardonner, Monique. Je ne suis pas coupable, bien que toutes les apparences soient contre moi... toutes, jusqu'aux soins même que j'ai pris pour vous éviter tout soupçon! Ne vous prouvent-ils pas, cependant, à quel point je tenais à ne pas vous tourmenter, surtout si inutilement! Car, maintenant, c'est liquidé! Jamais plus vous n'entendrez parler de cette fille! Sachez seulement que nous avons été sous la menace d'un esclandre terrible, coups de revolver, etc...

Elle le laissait aller, ironique, comme si elle eût percé ces derniers mensonges, deviné l'entente conclue entre sa maîtresse et lui... Il l'avait assez facilement apaisée, par le don d'un collier de perles et l'offre d'une mensualité, avec promesse de rendez-vous fréquents... Il se tut et leva les yeux: l'insolent visage le décontenançait, par son expression de douleur contenue.

Monique fit appel à toute sa volonté.

—J'admets la sincérité de vos intentions. J'admets même la sincérité de votre amour.

Il protesta:

—Oh! Monique, moi qui...

Elle l'interrompit:

—Quoi? Votre désintéressement? Ma dot? C'est à cela que vous pensez?... Oui, hier j'avais pris votre renonciation pour la preuve que vous ne n'aimiez, en effet, que pour moi. Aujourd'hui...

Elle eut un geste infiniment las.

—Pouvez-vous douter que?...

—Je doute de tout, maintenant.

Il s'écria, sincère:

—Excepté de moi, Monique, et de vous!

L'idée de la perdre, et avec elle l'imminente réalisation de l'affaire à bon compte, le retournait jusqu'au tuf: l'intérêt. Elle le regarda, gravement. La voix sur elle avait glissé, sans l'émouvoir, la voix qui hier encore la pénétrait, l'exorcisait. Il continua, encouragé:

—Je n'ai fait, je vous le jure, qu'un seul calcul: dans quinze jours, nous serons mariés. Nous partirons pour Cannes. Ce sera la grande semaine d'aviation… Ou si vous préférez quelque nid perdu du côté d'Hyères, nous n'aurons que l'embarras du choix. Les Maures sont pleins de ravissantes promenades d'auto… Au retour, une bonne petite vie, bien gaie, dans notre appartement des Champs-Elysées… Pierre des Souzaies m'a signalé ce matin, chez Maxim's, où nous avons déjeuné avec votre père, une petite table Louis XV pour la chambre à coucher. Nous la mettrons à côté de notre amour de lit de repos, sur lequel on est si bien…

Il sourit avec fatuité, à l'allusion, en même temps qu'elle tressaillait, avec horreur, au souvenir… La minute de trouble divin, la foi, l'espoir souillés! Elle s'arracha au dérisoire embrassement. Comme elle était une autre Monique, un Lucien nouveau était devant elle, qui vainement parlait, avec les phrases d'autrefois. Car elle en était sûre,—il mentait, ils mentaient, tous, tous!… La colère la prit. Elle ne dominait plus ses nerfs. Et durement:

—Notre amour!… N'en reparlez plus jamais.

—Franchement…

Elle éclata de rire:

—Franchement? Savez-vous seulement ce que ce mot veut dire?… Eh bien, soit! Franchement, tout est fini entre nous… Non! Non!… Inutile. Ne croyez pas à quelque ruade de jeune animal, qu'on apaise en le caressant! Je ne me marierai jamais. Ni avec vous, ni avec un autre. Hier en quittant le restaurant, j'ai laissé derrière moi pour toujours, entre vos mains, la Monique que j'étais… Que sa dépouille vous soit légère!… Maintenant, ce n'est plus la jeune fille, c'est la femme qui vous parle. Vous entendez! Une femme…

Il la regardait, sans deviner. Alors elle cria:

—Je me suis donnée à un autre. Oui, avant de rentrer ici, où ma mère m'attendait…

—Monique!

—Ne m'interrompez pas, ou je vous laisse. Pourquoi j'ai fait cela? Parce que nous n'avons plus rien de commun. Pourquoi je vous le dis? Pour qu'il y ait entre nous, désormais, une barrière infranchissable!

Il esquissa un geste. Elle trancha:

—Le passé, vous l'avez pourri, comme tout le reste. Mon abandon d'enfant crédule? Qu'importe! Et surtout que vous importe? Vous ne m'avez jamais aimée... Moi? Je ne vous hais même pas. Mais si vous saviez comme je vous méprise!... Non, laissez-moi, j'achève. Ce qu'on en dira, c'est cela, n'est-ce pas? Les conséquences?... Je m'en moque. La société? Je la récuse. Je romps avec elle pour vivre comme une indépendante, selon ma conscience! Pour vivre, moi femme, comme... tenez! ce que vous ne serez jamais: un honnête homme. Adieu. Elle gagnait la porte. Il lui barra le passage:

—Je ne veux pas que nous nous quittions ainsi. Je tiens à vous, et je suis prêt à vous disputer à vous-même. Il y a, dans votre explosion, trop de véhémence pour ne pas cacher quelque... déformation. Heureusement!

—Aucune.

—Alors, deux questions...

—Parlez.

—Jurez-moi que ce que vous me dites avoir fait hier soir, vous l'avez fait, réellement.

—Je le jure...

Elle lut dans son regard un doute. Elle ajouta:

—Je le jure sur la tête de ma tante Sylvestre. Et vous savez si je l'aime.

Il s'écria, saisi de rage:

—Peut-on savoir le nom de votre complice?

La stupéfaction, l'amour-propre indigné l'outraient moins que le regret de la combinaison manquée...

—Mon complice? C'est bien le mot bourgeois que vous deviez dire!... Le complice de ma *faute*, n'est-ce pas?... Un duel? Vous pouvez rengainer votre fureur. D'abord, je ne vous suis rien, je n'appartiens qu'à moi... Ensuite... Je ne le connais pas.

—Vous ne le connaissez pas?

Elle eût souri, si elle l'avait pu, de son ahurissement. Mais tout, en lui, se rebellait. Il haussa les épaules: elle inventait!... Alors, impitoyable, avec une espèce d'apaisement farouche, elle donna des précisions. Elle jouissait de voir se crisper, blêmir à son tour celui de qui elle avait attendu le bonheur de sa vie, et qui l'avait, en une minute, précipitée à l'inconnu...

Lucien Vigneret souffrait sans comprendre. Caractère, éducation, tout en lui faisait obstacle, entre le fait et son appréciation. Il la haïssait, et pourtant la regrettait. Un moment même il balança si, faisant taire sa rancœur, il ne lui proposerait pas la continuation de leurs projets: mariage compensé par une liberté réciproque. Mais avec un numéro pareil!... Mieux valait simplement rattraper l'affaire, sous quelque autre forme, avec le père. Peut-être, somme toute, l'avait-il échappé belle! Il n'en gardait pas moins un sentiment trouble. Perdue,—et de toute manière,—elle lui semblait désirable encore. Autrement, et, peut-être même davantage...

Elle s'en rendit compte, écœurée à l'étrange lueur de son regard, et voulut sa revanche entière:

—Regardez-moi! Oh! ce n'est pas de votre jugement que je me soucie! Je voudrais seulement que cette leçon vous serve... J'aurais pu vous pardonner une erreur... Mais la conception que vous avez de la vie, des hommes, des femmes, votre pensée, toutes vos pensées!... Le mépris qu'elles témoignent de moi... Cette méconnaissance du cœur et de l'intelligence, voilà ce qui est impardonnable. Voilà ce qui nous fait aussi étrangers l'un à l'autre que si nous étions des êtres de race et même de couleur différente. Voilà ce qu'il vaut mieux, croyez-moi, avoir mis à nu, tout de suite. Les souffrances d'un jour nous épargnent des années de malheur.

—Que fallait-il faire?

—Tout m'avouer... avant!

—Vous n'auriez pas admis...

—Qui sait, si vous m'aviez expliqué!... Je vous aimais, j'aurais tâché de comprendre.

Il vit, du fond de sa chute, le pont effondré. Mais se défendant encore:

—Peut-être!... J'aurais dû sentir que vous ne ressemblez pas aux autres... que vous êtes une créature unique!

—Ne le croyez pas. Nous avons toutes soif de franchise et de propreté.

Il réfléchit:

—Pourtant, il y a des cas—le mien!—où le mensonge est une intention pieuse... D'autres où il est une précaution nécessaire.

Elle railla:

—Vis-à-vis des femmes?

—Et des hommes, compléta-t-il.

—Allons donc! Vous mentiriez à un de vos associés, en affaires?

—Ce n'est pas la même chose.

Elle oublia sa propre souffrance. Elle s'élevait jusqu'à la douloureuse compréhension de l'immense drame qui oppose, depuis des siècles, l'esclavage des unes au despotisme des autres… Toute la révolte féminine s'indignait en elle. Elle s'exclama:

—C'est cela! Vos deux morales! Une à l'usage des maîtres. L'autre bonne pour les servantes.

—Il y a une différence…

—Il y a cette différence que pour nous le mariage et l'amour sont plus importants que pour vous la plus grande affaire. C'est toute notre vie!

—Il y a une mentalité différente, si vous préférez…

—Notre pauvreté d'esprit? Notre futilité?… Quand cela serait? N'est-ce pas votre œuvre? Mais non! Cela n'est pas forcément, et toujours… Seulement vous continuez à vivre sur le même éternel préjugé, sans vous apercevoir que tout change.

Il ricana:

—Le progrès?

—Simplement les conditions d'existence, qui nous forcent à évoluer…

—Vers l'égalité, dites-le!… En avant les grands mots!

Elle répéta, avec une conviction profonde:

—Oui, vers l'égalité… L'égalité que nous n'aurions peut-être pas souhaitée si vous ne nous l'aviez imposée vous-mêmes, et dont nous avons besoin aujourd'hui, comme du pain… comme du soleil!… Comprenez-vous maintenant? Comprenez-vous?

Ils s'affrontaient, haussés au-dessus d'eux-mêmes.

Il la regardait sans répondre, troublé malgré lui. Jamais elle n'avait été si belle!… Il sentait, à sa rage de tout à l'heure, succéder une tristesse si grande qu'il en eût pleuré… Il la refréna, cependant. Il y avait dans son désarroi un peu du désespoir de l'enfant qui voit soudain son joujou brisé, et aussi un peu de l'effroi du catholique que le doute, brutalement, envahit… Toute l'armature de son éducation craquait, sous la secousse.

Devant cette révélation tragique d'une âme poussée au désespoir, et que l'ordre même des choses, dont il avait été l'exécuteur, venait de condamner à l'anarchie, il descendait avec un peu d'effroi en lui-même. Il apercevait confusément tout ce que pouvait avoir de dangereux et d'inique l'exercice des privilèges dont on inculque à l'homme, dès l'enfance, l'instinct de souveraineté. Mais aussitôt l'orgueil des sens humilié, la vanité blessée aveuglaient ce faible jour. Il prit son chapeau qu'il avait posé sur une console.

—Je comprends que j'ai fait, sans le vouloir, le malheur de ma vie et de la vôtre. La leçon me servira. Adieu, Monique.

—Adieu.

Il sortit, sans la regarder, pas fier.

Elle resta assise, longtemps. Elle avait mal partout. Elle rêvait qu'elle était redevenue toute petite, et qu'elle venait de tomber, du haut de la grande roche du pensionnat, d'où elle dominait le monde. Elle était étendue, gisante aux récifs que l'eau battait, furieuse, sous un ciel noir. Et elle appelait, d'une voix faible: «Tante Sylvestre!...»

Combien de temps avait-elle passé ainsi? Elle se le demandait, tout d'un coup, en sursautant. Un bruit de voix, de pas, inusité, venait de l'antichambre...

—Monique! criait sa mère, Monique! Viens vite, c'est affreux... Et ton père qui est sorti, avec M. Vigneret!

Une vieille femme, qu'elle ne connaissait pas, et dont elle devait revoir toujours l'air de polichinelle effaré, sous un chapeau à plumes, contait à Mme Lerbier, en haletant:

—Quand j'ai entendu ce cri!... Mon sang n'a fait qu'un tour... Je l'ai vue comme je vous vois. J'étais sur le trottoir, devant la pharmacie, au carrefour de la rue du Havre, gare Saint-Lazare. Pauvre dame! Elle traversait en courant devant un autobus, elle a buté et alors... Le chauffeur a bien fait tout ce qu'il a pu, pour arrêter. Elle était déjà sous les roues... on a trouvé dans son sac, que voilà,—il est intact,—une enveloppe avec son nom et votre adresse... Quand on l'a portée à la pharmacie, elle respirait encore... Elle a demandé qu'on la transporte... L'ambulance municipale est en bas. J'ai tenu à l'accompagner, pour vous prévenir...

Monique, aux derniers mots, s'était précipitée. La civière était au pied de l'escalier, dans le vestibule. Elle souleva, avec une épouvante sacrée, le voile qui recouvrait le visage. Elle crut qu'elle devenait folle. La mort, lacérant le ventre et les jambes, avait respecté les traits chers. Ils semblaient, endormis, vivre encore.

—Tante chérie! appela Monique, secouée de sanglots... Tante!

Une angoisse atroce la pénétrait. Une sueur glacée mouilla son front. Elle sentait en même temps toute sa jeunesse achever de mourir. Et se baissant vers le cadavre, pour l'étreindre, elle défaillit sous le coup suprême.

Deuxième partie

I

Monique Lerbier à Mme Ambrat, Route des Acacias, à
Vaucresson, 14, rue Chaptal.

> Paris, le 1er mars.

Merci, madame, pour votre offre si obligeante. Mais une
place de secrétaire, auprès de vous, en ce moment, je ne
pourrais pas. J'ai la sensation de promener dans la vie un
corps vide. Il me semble que jamais je ne pourrai plus rire…
Mes parents quittés, ma tante disparue, cela a été un
bouleversement si brusque!

Je voudrais mourir, puisque tout est manqué pour moi. Cet
après-midi, en sortant de chez le notaire après l'ouverture
du testament, je pensais, dans le salon de thé où je me
reposais, à la pauvre chère tante, j'enviais son sort…

Il y avait, à la table près de la mienne, une grand-mère avec
deux enfants en deuil, une fillette de quatorze ans déjà petite
femme, et son frère, un garçonnet de six ans. Je songeais
que je ne serai jamais mère, que je resterai une inutile… Je
vieillirai comme tante Sylvestre, seule…

Je suis seule désormais! Seule dans ma maison, seule dans
mon cœur… sans attaches sociales, sans foyer!…

Merci encore d'avoir bien voulu penser à m'accueillir au
vôtre… Mais je sens que de longtemps je ne pourrai me
trouver au milieu d'enfants. Je suis trop grave pour leurs
petites âmes, ils seraient trop joyeux pour moi… Je vous
embrasse bien affectueusement.

> MONIQUE.

Monique Lerbier à Mme Ambrat.

> Paris, le 15 juillet.

Chère madame,

Il y a longtemps que je ne vous ai donné de mes nouvelles.
Je suis confuse de mon silence après votre bonne lettre…
Aujourd'hui, je souffre moins, je peux vous écrire…

Il me semble que ma douleur s'est un peu engourdie. Je regarde, sans qu'un sentiment quelconque me dicte de la peine ou de la joie. Je vois le soleil pâle de cette matinée, le jardin si profond sous mes fenêtres, des prêtres qui passent. Je végète seulement.

Vous ai-je dit qu'après le règlement de la succession de la pauvre tante, j'ai quitté la rue Chaptal, si noire? J'habite maintenant sur la rive gauche, rue Vaneau. Mes trois fenêtres ouvrent sur le parc des Missions Etrangères...

Mais je suis toujours près de me réveiller dans la souffrance. Il faut si peu pour que mon désespoir revienne... Ah! ne plus penser... Il paraît qu'on se console, ou au moins qu'on s'habitue à son mal, à tous les maux. Être encore heureuse, un jour? Cela pourrait-il être? je ne l'imagine pas...

Votre reconnaissante.

MONIQUE.

Monique Lerbier à Mme Ambrat.

22 novembre.

Chère madame,

Ce que je deviens? Une bien pauvre chose, mal résignée à son sort. Merci de vos bonnes paroles. Hélas! je ne me consolerai jamais... J'avais placé mon idéal si haut que n'y pouvant atteindre, je n'ai plus maintenant qu'à descendre assez bas pour ne plus jamais l'apercevoir... Peut-être alors m'habituerai-je à n'y plus penser. Je vis en attendant, comme une malade se soigne, sans goût d'entreprendre, ni d'espérer...

Pourtant je sens bien que c'est dans le travail, et dans le travail seul que je trouverai un allégement au boulet que je traîne!... Peut-être vais-je donc essayer de revenir, avec plus de continuité, à mes essais d'autrefois... Vous vous souvenez peut-être des petites compositions auxquelles je m'amusais, du temps que je n'avais rien à faire? J'ai repris mes ébauchoirs, mes pinceaux... Je dessine même quelques modèles d'ameublement, je peins des étoffes...

On me conseille, comme un métier pas trop encombré encore, la décoration… J'ai envie aussi d'y adjoindre, grâce à l'argent de ma tante, un magasin d'objets d'art anciens… Je crois que je trouverai là, en même temps que de quoi achever de gagner ma vie, une occupation,—et, qui sait? un divertissement.

A remâcher toujours mon chagrin, je deviendrais folle.

J'espère, aux premiers jours de printemps, profiter de votre aimable invitation et venir déjeuner, un dimanche.

MONIQUE.

II

Le jazz-band éployait, sur le dancing en folie, ses rythmes sauvages. Les couples se balançaient dans un éclairage bleu.

Michelle d'Entraygues poussa du coude Hélène Suze, qui, à petites gorgées, dégustait au bout d'une longue paille son *ice cream sherry*.

—Oh! regarde!

—Quoi?

Penchée au bord de la loggia, Michelle désigna:

—Là, à côté du professeur et de la petite anglaise... ces deux femmes... elles passent sous le lustre.

—Sans les cheveux courts, et acajou, on dirait Monique.

—C'est elle! N'est-ce pas, mon petit Max?

Le critique, ayant ajusté son monocle, déclara:

—C'est bien elle. Ce que ça la change par exemple, cette coiffure! Aujourd'hui, pour la femme, c'est le symbole de l'indépendance, sinon de la force. Jadis Dalila émasculait Samson, en lui coupant les cheveux. Aujourd'hui elle croit se viriliser, en raccourcissant les siens!

—Elle a dix ans de plus, s'écria généreusement Hélène Suze.

—Mettez cinq! Et comme elle en paraissait dix-neuf quand elle en avait près de vingt et un, ça ne lui fait jamais que son âge, puisqu'il y a deux ans au plus qu'elle a fait le plongeon!

—Vingt-trois ans? Elle en paraît trente!

—Allons donc! Elle n'a jamais été si bien... Toujours le même éclat, avec un petit quelque chose de mystérieux, de meurtri... Moi, je la trouve épatante... Aïe!

Il se retourna furieux, vers Michelle, et la menaça:

—Toi, si tu recommences, la tripotée! Mais elle déclara, avec son air de chatte gourmande:

—J'adore ça.

Elle avait, depuis le soir de *Méné*, attaché Max de Laume à sa personne, pour les soins particuliers. Vite délaissé par Ponette, qui s'était elle-même éprise de Sacha Volant après son triomphe du circuit de l'Isère, Max avait, de son côté, trouvé goût à la mitoyenneté avec d'Entraygues. Absorbé par son écurie de courses et l'éducation des jeunes jockeys, le marquis jouissait de la dot, et lui de la femme. Mme Jacquet, depuis le prix George Sand, l'avait adopté et cuisinait pour lui, à ses jeudis, le grand prix du Roman (Académie Française, 30 000 francs). Une réplique à la concurrence du grand prix Balzac (20 000 francs, Z. Makarof, fondateur).

Les dernières mesures du shimmy s'égrenaient. Les couples se dénouèrent. Michelle braqua son face-à-main:

—C'est vrai tout de même! Monique a un caractère étonnant... Par exemple, la cavalière! Quel genre!

Max de Laume la reconnut:

—Mais c'est Niquette!

—Non? Ce que ça la change, d'être teinte!

—Elles sont donc toujours ensemble? s'étonna Hélène Suze.

Curieusement ils dévisageaient Monique Lerbier, décoratrice, et sa fameuse amie,—Niquette, l'étoile de Music-Hall, depuis trente ans célèbre. Paris raffolait de sa voix aigre et ses jambes parfaites, spirituelles autant qu'était agile sa langue, toujours frétillante au coin des lourdes lèvres. Laide, avec son nez retroussé, n'eussent été les yeux d'escarboucles...

—Il n'y a pas à dire, elles ont du cran, constata Max de Laume.

Niquette et Monique venaient de se rasseoir à leur table. On eût dit un ménage amoureux. Tendrement Niquette se pencha, enveloppa de son écharpe de fourrure le cou de Monique.

—C'est touchant, blagua Hélène Suze.

—Ne t'excite pas, Suzon! dit Michelle. La place est prise.

Hélène Suze, dont les goûts lesbiens s'affichaient de plus en plus, haussa les épaules. Elle avait toujours gardé rancune à Monique d'avoir repoussé, autrefois, les avances qu'elle lui avait fait faire par Ginette Morin, avant que celle-ci,—en remplacement de Mme Hutier, enlevée par une embolie,—ne devînt Vice-Présidente de l'Œuvre des Mutilés, et, bientôt, ministresse dans le cabinet Pertout.

Ginette!... Hélène Suze donna un souvenir à son roucoulement de colombe, quand on lui baisait la bouche. C'était le temps des bonnes soirées chez Anika Gobrony. Pas bégueule au moins, Gi, comme cette sainte-n'y-touche de Monique!...

Hélène Suze était de celles qui avaient accueilli sans contrôle toutes les horreurs qui d'abord avaient couru: Vigneret avait surpris sa fiancée dans une chambre d'hôtel avec un négociant roumain dont elle était enceinte. Les parents l'avaient chassée. La tante s'était suicidée de chagrin...

Aujourd'hui, à retrouver leur ancienne amie relancée, avec éclat, dans la circulation parisienne, Max de Laume et Michelle d'Entraygues,—oublieux de leurs récents dédains,—lui souriaient, indulgents. Hélène Suze alla même jusqu'à déclarer:

—Après tout, elle est bien libre! Avec du talent et de l'argent, on peut tout se permettre.

Froidement lâchée par tous du jour au lendemain, Monique, un an après sa disparition, avait fait sa rentrée en ouvrant, rue de la Boëtie, un magasin. Art ancien et moderne. Pierre des Souzaies, rencontré peu avant,—comme elle venait de réaliser la petite fortune de sa tante (cent cinquante mille francs d'économies et autant du pensionnat vendu),—l'avait orientée vers la profession dont il tirait lui-même sa matérielle.

Dans son dégoût de l'existence, elle avait trouvé en lui, en même temps qu'un associé dévoué, un indicateur et un guide d'autant plus précieux qu'il était, hors le point de vue commercial, désintéressé. Des cartes élégantes avaient notifié, aux relations d'antan, le faire-part de résurrection: Monique Lerbier, *au Chardon Bleu.*

Mais tout le monde avait boudé. Monique,—qui, en dehors de Mme Ambrat, le dimanche, ne voyait plus personne,—avait alors passé des jours noirs. Le marasme général des affaires ajoutait à sa neurasthénie. Elle restait des semaines à se morfondre, sans voir que des passants: ils marchandaient beaucoup, et déboursaient peu. Les ressources, passées presque entières aux achat de fond, diminuaient si vite qu'elle commençait à désespérer.

Cependant, l'autorité mondaine de Pierre des Souzaies, doublement réputé comme antiquaire amateur et comme inverti, était grande. Sa clientèle ordinaire se refusant, il avait un jour rabattu Niquette sur Monique, et, du coup, la rue de la Boëtie avait trouvé un achalandage artiste et cosmopolite. Les installations de Mlle Lerbier devenaient à la mode.

Une personnalité neuve avait alors surgi, qui, différente et entourée d'une atmosphère de succès, faisait oublier la «déclassée» de naguère. Poussé par le bouillonnement des ondes nouvelles, le cercle purulent des vieux potins achevait de s'effacer, sur la grande mare.

Niquette sentit posée sur Monique et sur elle, comme une piqûre de mouche, l'attention d'Hélène Suze. Elle la dévisagea:

—Qu'est-ce qu'elle a à nous reluquer, celle-là? Tu la connais?... Regarde... Dans la loggia, à gauche.

Monique repéra aussitôt, et dédaigneusement:

—D'anciennes amies.

Elle les nomma. En même temps, Hélène Suze mimait: «Bonjour!» d'un air de surprise joyeuse. Monique y répondit par un vague salut. Elle mesurait, à son indifférence totale, tout le chemin parcouru, dans l'éloignement du passé... C'était la première fois qu'elle rencontrait ces revenants. Témoins de son existence antérieure, ils ne l'émouvaient pas plus que si elle leur eût dit au revoir la veille.

Elle sentit, à ce signe, la plaie en train de se cicatriser... N'avait-elle pas, un mois plus tôt, aperçu déjà son ancienne rivale, Cléo, à une répétition générale, sans rien éprouver qu'une curiosité platonique?

Les seuls êtres dont la vue eût été capable de la faire souffrir encore,— comme souffrait son souvenir chaque fois que, de plus en plus rarement, elle ressassait les jours abominables,—c'étaient ses parents et Vigneret. Elle n'avait jamais retrouvé celui-ci sur son chemin. Et elle avait obstinément refusé tout rapprochement avec les siens, malgré les invites que Mme Lerbier depuis quelques mois lui avait faites, à diverses reprises: Monique, étant quelqu'un, commençait à revaloir quelque chose...

L'orchestre, attaquant une «scottish espagnole», coupa court la mauvaise humeur de Niquette. Elle grognait, en enlaçant sa danseuse, qui se laissait faire ainsi qu'une dormeuse debout:

—Hélène Suze?... Attends donc. J'ai entendu parler d'elle, par un type qui fumait chez Anika... Il paraît qu'un soir de réveillon, il y a deux ans, ils ont fait dans son atelier une de ces bombes!... Oui, ta Suze, et une pucelle à la mords-moi le doigt, qui aurait épousé, depuis, un ministre... Mais ce jour-là il n'y en avait que pour ces dames! Pourtant il y avait aussi là un journaliste qui regardait... Attends! Tu ne connais que lui!... Celui qui fait les maisons de couture... un blond, la bouche en cœur...

—Mercœur?

—C'est ça! Je savais bien qu'il y avait du cœur là-dedans, si l'on peut dire!... Du joli monde!

—Et le nôtre?

—Au moins, s'il a du vice, il ne s'en cache pas!... Pourri dessus, et sain en dedans!... C'est plus propre. Au lieu que celles-là! Hypocrite et Cie!

Tout en parlant, elle modelait sur sa souple carcasse le corps docile de Monique. Dans une sorte d'inconscience, celle-ci s'abandonnait au rythme impérieux des mouvements de Niquette.

Un feu brûlait, inextinguible, dans les os de la quinquagénaire, si prodigieusement conservée, par la gymnastique et l'hydrothérapie, qu'elle n'accusait pas, à la ville comme à la scène, plus de trente-cinq ans, sous le secret des fards… Plume et poil, tout était bon à son ardeur célèbre. Elle n'en avait pas moins gardé quinze ans un danseur-chanteur, élevé par elle à la grande vedette, et venait de le quitter, il y avait six mois, pour Monique. Amours en titre, qui n'empêchaient ni les béguins de sexe différent, ni les affaires…

Insoucieuse de l'affichage, Monique se laissait aller aux bras dominateurs… Le bien, le mal? Mots vides de sens! Ils tintaient à ses oreilles comme des grelots fêlés. Elle était là parce que son métier et le hasard l'y avaient conduite, et que son insensibilité s'en accommodait. Avec l'apparence de la guérison, elle demeurait comme une malade, anesthésiée encore sous le chloroforme de la table d'opération. C'est ainsi qu'elle savourait, les yeux mi-clos, l'ivresse de tournoyer silencieusement.

Les premières caresses de Niquette, en réveillant en elle une sensualité froissée à l'instant de naître, avaient laissé scellée, au fond de son cœur, la sentimentalité d'autrefois. Bien morte, croyait-elle. Elle aimait, pour cette analogie, les vers du pauvre et profond Seurat, un des jeunes poètes fauchés par la guerre. Ame tendre qu'elle chérissait…

Cœur de plomb où l'amour pourrit avec l'orgueil.

Sous les raides linceuls de bois jaune et d'ébène…

Mais elle était, en même temps, riche de trop de sève pour que ce qui ne bourgeonnait plus d'une sorte, ne jaillît pas d'une autre. Ainsi le plaisir l'avait amenée, peu à peu, à une demi-révélation de la volupté. Minutes brèves, et au fond décevantes. Pourtant ces baisers, où la tendresse apitoyée se mêlait au trouble attrait d'une découverte, ne lui répugnaient pas. Sous le visage de la consolation, celui de la jouissance était confusément apparu. Monique gardait à Niquette la reconnaissance de ne lui avoir apporté l'une qu'après l'autre, en ne lui découvrant que petit à petit, sous la délicatesse de l'amie, la fougue de l'amoureuse…

Elle tournait, le regard perdu. Elle était si étroitement enlacée que serrant une jambe de Niquette entre les siennes, elle sentait onduler en elle le mouvement de la danse. Un Argentin qui les croisait, narquois, eut un clappement: «Eh bien!»… Niquette éclata de rire:

—On se passe bien d'eux!

Monique approuva, d'un abaissement de cils. Cependant, tout en éprouvant toujours, aux heures de leur abandon, le même agrément, elle commençait à

ouvrir sur le monde des sens une pensée moins restreinte. Les hommes!...
Après en avoir eu d'abord, et farouchement le dégoût, puis le dédain, elle
commençait à les prendre, de nouveau, en considération. Mais elle les voyait
exactement sous le même angle qu'un garçon les filles: sans aucun vague à
l'âme. Curiosité qu'elle ne s'avouait pas encore, dans cette inertie d'âme où
elle flottait comme une épave,—mais qu'elle n'écartait pas, lorsque d'aventure
elle levait les yeux sur quelqu'un qui n'était pas, *a priori*, déplaisant.

—Zut! dit Niquette, en consultant sa montre-bracelet comme elle se
rasseyaient, il est dix heures, et mon *sketch* passe à onze!... On file?

—Tu as le temps, Beauté! dit Monique.

Le Casino était porte à porte avec le Dancing.

—Le temps de m'en refaire une, oui!... Tu viens?

Mais Monique ne se sentait pas ce soir en humeur de traîner, comme
d'habitude, dans l'asphyxie de la loge étroite et la promiscuité de l'habilleuse.
Tous les parfums de Niquette ne parvenaient pas à dompter, dans ce couloir,
l'odeur des cabinets proches.

—Je te rejoindrai.

—Toi! tu as envie de me faire cocue...

Menaçante, Niquette chercha des yeux Hélène Suze dans sa loggia. Elle était
vide... Une frime, pour se retrouver ailleurs? Et soupçonneuse:

—Vous avez rendez-vous, hein?

Monique trouva la supposition si cocasse qu'elle s'exclama, en souriant:

—Je te le dirais!

—Que je t'y prenne!... Tiens, bonjour, Briscot.

—Bonjour, ma Reine.

Niquette serrait la main du fameux comique. Ils se connaissaient depuis
toujours, ayant gagné sur les mêmes planches, grade à grade, leurs étoiles.
Monique ne détestait pas la fantaisie de Briscot et, sous l'air voyou, sa bonne
bille ronde.

—Tu ne joues donc pas? demanda Niquette. Et la Revue?

—Répétition pour les lumières...

—Alors tu vas me garder cette petite fille, qui a envie de danser encore!... Et
vous venez me prendre au Casino, tous les deux, après mon *sketch*, pas?...
On ira ensuite souper n'importe où.

Briscot fit le salut militaire, et Niquette partit tranquille... Ayant réclamé un *irisch and soda*, il s'était assis, à la place chaude. Il cligna de l'œil:

—Dites donc, en passant rue de la Boëtie cet après-midi, j'ai vu votre décoration de studio, turquoise et mandarine. Ça chante!...

—Vrai? Pourquoi n'êtes-vous pas entré?

—Pas mèche!... J'pistais une de ces Américaines... Tenez, dans vot' genre! Rose, les cheveux acajou... Et un de ces sautoirs! Les perles lui tombaient aux genoux.

—Vous en avez fait autant?

Il apprécia:

—Drôle. Ah! Niquette ne s'embête pas...

—Et vous?

—Moi non plus. Pour s'embêter dans ce bas monde, il faut être dingo! Courte et bonne...

Il eut un rictus allusif:

—A votre service!

—Merci, je n'en use pas. Gardez ça pour l'Américaine...

—Histoire ancienne. A une autre!...

—Non! comme ça? Au premier regard?

Il confia:

—Elle m'avait reconnu!

—Tout s'explique.

Cet étrange prestige des pitres, et parfois des plus laids, Monique ne l'avait jamais compris. A quels désirs cédaient celles qui les choisissaient? Elle regarda attentivement Briscot, et fut surprise de le faire sans répulsion. Il avait un air de santé paysanne, et, embusqué sous la paupière un peu tombante, l'éclair d'une malice tendre.

Il grommela:

—C'est ça! fichez-vous de moi... J'allais justement vous dire quelque chose de gentil... Une idée qui m'est venue, en regardant votre machin turquoise... Mon ami Edgard Lair...

—Le comédien?

—Oui. Il va jouer une pièce de Perfeuil... Mise en scène, et tout. Deux décors: des intérieurs... Si ça vous amusait de meubler ça, je pourrais lui en parler...

—Sans blague?

—Ça vous plaît? C'est fait.

—Merci.

—Bah! entre copains!

Il la regardait à son tour; et réclamant un autre *irisch and soda*.

—C'est vrai. Vous n'êtes pas comme les autres. D'abord, de plus appétissante... on peut courir! Et puis, vous avez des façons de parler, d'agir... Carrément. Proprement... Bien que vous n'en fassiez d'ailleurs qu'à votre tête, hein?... Mais avec vous, ce n'est tout de même pas comme avec l'Américaine?... On doit rester camarades...

Un tango déroulait, comme un lien, ses premières mesures. Il se leva:

—Allons! Pour faire jaunir Niquette.

—Mais Briscot, si jamais cela me faisait plaisir d'imiter l'Américaine... Eh! là! bas les pattes! Je n'ai pas dit: avec vous,—pourquoi Niquette ne le saurait-elle pas? On n'est pas mariées, d'abord. Et si on l'était, raison de plus pour être francs!

Elle avait mis machinalement une main dans celle de Briscot, l'autre sur son épaule. Il enserra, discrètement, la taille ronde. Elle ployait au balancement du rythme. Il sentait, contre sa poitrine, la ferme tiédeur des jeunes seins blottis.

Souvent, depuis qu'elle faisait ménage, et le meilleur, avec Niquette, Monique avait dansé avec des hommes. C'étaient les seuls partenaires que lui permît, en dehors de quelques amies éprouvées, une jalousie dont elle s'amusait, comme d'une marque d'affection. On n'a de tendresse exclusive que dans un sentiment sincère. Elle ne songeait pas à s'offenser d'une vigilance qui ne pouvait être blessante, étant données leurs conventions de réciproque aveu, si quoi que ce soit le motivait...

La seule éventualité que la tolérance de Niquette, rassurée quant au danger masculin, n'eût pas prévue, c'est qu'à la longue pouvait naître, de ces frôlements renouvelés, quelque combinaison d'électricités inattendue. Cent fois Monique avait tourné au bras de cavaliers charmants, sans penser à prendre d'autre plaisir que celui d'un enfant qui s'agite, innocemment. Il était fatal qu'un jour, dans ce vertige de mouvements, de sons, de clartés, dans cette ivresse particulière que charriait, aux veines les plus lentes, l'atmosphère âcre et surchauffée, un instant vînt où le contact, d'instinct, s'établirait.

Ce fut Briscot qui, sans même le vouloir, déclencha le courant. Il n'avait attaché, tout à l'heure, aucune importance à ses plaisanteries. Mais au balancement de la mesure, qui, après la marche des corps jumelés, inclinait le va-et-vient, sur place, du *corte*, à ce simulacre crûment évocateur de l'acte, Monique sentit contre sa chair,—imperceptiblement d'abord, puis avec une précision telle qu'elle faillit s'arrêter, rompre l'étreinte,—son danseur se roidir. Sous la légèreté des étoffes, la chaleur du sang brûlait en eux. Un engourdissement la pénétrait. Elle ferma les yeux, et se serra davantage. Bras tendus, ils serpentaient, noués... Leurs doigts joints s'entremêlèrent, paume à paume, et, du coup, l'imagination de leurs nudités...

Il avait d'abord affecté un air détaché. Puis voyant que loin de se défendre elle s'abandonnait, il plaqua fortement à son déhanchement la croupe nerveuse. Il était affolé de sentir remonter de son épaule à son cou, la caresse inconsciente d'une main crispée. Ils roulaient, l'un sur l'autre, puis tanguaient, dans un flux et un reflux mécaniques, accomplissant, avec lenteur, la répétition du geste héréditaire...

Le tango cessa net. Leurs bras se délièrent. Ils se contemplaient avec une espèce de stupeur, comme si, revenus d'un voyage lointain, ils se retrouvaient en face l'un de l'autre après l'absence, sans se reconnaître...

Il eut l'esprit de ne faire aucune allusion au coup de folie qui venait de les secouer. Habitué à feindre des sentiments qu'il n'éprouvait pas, il emportait cependant, de l'aventure, celui que ce jeu valait autant que la réalité. L'idée d'avoir trompé Niquette faisait luire, gaiement, son regard...

La simplicité de Monique, en le déconcertant, le ramena au bon sens, et l'aguicha, définitivement. Elle constatait:

—Vous dansez très bien! On recommencera.

Rouge encore et les yeux brillants, elle ne témoignait, dans sa satisfaction, d'aucune fausse pudeur. Elle se disait: «Après tout, ce n'est qu'un exercice de gymnastique... Mais tout de même, bien agréable! Je ne l'aurais pas cru.»

Le lendemain, au *Chardon Bleu*,—où à côté du studio turquoise et mandarine Monique avait installé, le matin même, un boudoir aubergine, avec des bois d'érable moucheté,—elle écoutait, avec déférence, Edgard Lair. Amené par Briscot, il proférait des paroles définitives, à l'ébahissement de Mlle Claire.

C'était la première vendeuse de Monique, Mlle Tcherbalief, une jeune fille de l'aristocratie russe, déracinée par la tourmente révolutionnaire et qui, après avoir fait du ciné pour vivre, se trouvait heureuse, dans son abri momentané.

—Pour le un, où l'amour naît, je vois des tentures hanneton écrasé. A grands plis... Rien d'autre. Les limbes!... Pour tout meuble, une Récamier et un guéridon de laque noire. Et des coussins, des coussins, des coussins...

Niquette, modern style, approuvait. Briscot, désintéressé, battait du bout de sa canne une marche redoublée, sur le ventre d'un bronze hindou.

—Aah! rugit Edgard Lair, avec une furie subite... Finis! tu m'exaspères.

Les vitres tremblèrent. Il enleva, jeta sur un fauteuil le vaste feutre dont il ombrageait son front génial, puis, d'un minuscule mouchoir de soie verte, pendant de la poche de son veston, il s'épongea. Sous la coupole crânienne, son visage de bouledogue fronçait un petit nez écrasé, au-dessus d'une lippe pendante.

—Il est fou, pensa Monique, ce coco-là!

Le comédien reprenait d'une voix posée:

—Au deux, l'amour est né. Coup de la passion. Rouge. Rouge et or! Du sang, du sang! Tous les rouges. Les plus violents... Que ça gueule! Voilà.

Monique réprima son envie de rire.

—L'indication est excellente... Je vois. Et pour les meubles?...

—Pas de meubles, des tapis. Et des coussins, des coussins, des coussins!...

Mᴵˡᵉ Claire, qui un crayon à la main notait, s'exclama:

—Magnifique!

Edgard Lair salua, avec dignité. Et se tournant vers Monique:

—Compris, Mademoiselle? Les maquettes dans trois jours.

—Je ferai de mon mieux.

Il laissa tomber, condescendant, après un regard circulaire:

—Vous avez du talent. Et quand vous aurez travaillé avec moi...

Il ouvrit, d'un rond de bras, l'avenir illimité, et se couvrit, avec la fierté d'un grand d'Espagne. Puis, se tournant vers Briscot: «Tu viens, vieux?... Mesdames!...» il exécuta, majestueusement, sa sortie.

Monique leva les yeux au ciel et Niquette s'écria:

—Est-il beau, l'animal!

—Dans son genre...

Niquette, dextrement, le déchiquetait:

—L'orgueil, à ce point-là... Attends que je l'annonce: «Messieurs, l'Empereur!...» Il entre, et défait son cache-nez: on dirait qu'il enlève le grand cordon!... Il arpente le plateau... Pan, tous les acteurs à plat ventre!... Car auprès de lui, Antoine, Gémier, Guitry, de la gnognotte!... Aah! Il a rugi: les décors tremblent, et l'auteur s'est évanoui... Avec ça, rigolo, s'il jouait au Music-Hall... Mais Briscot le mettrait encore dans sa poche...

—Il est gentil, Briscot! murmura Monique.

Elle lui était reconnaissante de son entremise. La pièce de Perfeuil, bien présentée, pouvait être une réclame utile. Travail intéressant en tout cas. Elle songeait, amusée, à leur soirée achevée autour de quelques douzaines d'huîtres et d'une bouteille de champagne, au Prieuré...

Les deux grandes vedettes, à la prière publique, avaient chaloupé une de leurs anciennes valses. Le restaurant n'avait jamais connu pareil enthousiasme. Les étrangers, debout sur leurs chaises, acclamaient avec frénésie la gloire de Paris, à travers ces célébrités mondiales... Monique, ayant avoué en plaisantant son infidélité à Niquette, celle-ci l'avait prise en riant. Même, avec quelques gouttes du verre de Briscot, de son doigt mouillé, elle les avait baptisés, derrière l'oreille. Et, je-m'en-fichiste, elle leur avait donné sa bénédiction en ajoutant:
—Mais si tu couches avec ta madame Suze, je t'étrangle...
—Pas de danger, ni avec Hélène, ni avec Briscot!
Monique était tranquille comme cela... Pourtant, en repensant à son engourdissement de la veille, au plaisir quasi-anonyme pris dans le tourbillon de la danse, une perspective moins sombre s'étendait... Repos de se laisser vivre, sans penser, en pleine torpeur. Naissance obscure, aussi, d'une sensation nouvelle...
Elle regarda Niquette, qui se mirait dans une glace à main... C'était un de ces bibelots persans,—rectangles plats dont, sous un volet de fine mosaïque, le tain brouillé garde une profondeur d'eau morte. Monique songea aux lointains visages qui s'y étaient penchés... Elle se dit qu'un jour aussi viendrait où, dans son souvenir, celui de Niquette bientôt peut-être s'effacerait, comme les images d'ombre au miroir ancien...
On ne pouvait être plus liées qu'elles n'étaient, et pourtant elle sentait, soudain, la comédienne aussi étrangère à sa pensée que ces inconnues dont les yeux interrogateurs s'étaient posés, jadis, sur un reflet disparu...
—Ah! dit Niquette mélancoliquement, en poussant le volet couleur de rouille sur le rectangle d'oubli... Elle n'embellit pas, ta glace! Allons, je file... A ce soir. Où?
Monique répondit, sans hésiter:
—Au dancing, si tu veux. Comme hier.

III

Toute une saison, sa journée d'intelligent labeur accompli, Monique avait ainsi donné à la danse ses soirées et partie de ses nuits.

Seule, avec des camarades qu'elle s'était faits petit à petit dans les milieux d'art et de théâtre avec lesquels son métier l'avait mise en relation, elle avait tour à tour élu cinq ou six endroits où, à heure fixe, se déchaînait pour elle l'étourdissant vertige.

Elle avait été une de ces mille faces pâmées, qui, au son criard des orchestres, sous les soleils aveuglants de minuit, se trémoussent dans un tourbillon de lumière et de bruit. Elle avait été une de ces pauvres petites apparences humaines agitées, au balancement de l'instinct, par un va-et-vient irrésistible. Vaguelette de l'universelle marée, dont le flux et le reflux ont le même rythme inconscient que l'amour.

A cette incessante représentation de l'acte sexuel, auquel le dérèglement des mœurs convie, dans les music-halls, les dancings, les thés, les salons et jusque dans les restaurants, une foule toujours grandissante, Monique, fatalement, avait pris goût. La passion de Niquette et l'espèce d'accoutumance docile avec laquelle elle y avait elle-même répondu, s'était relâchée, insensiblement, au fil des mois...

De cet entrecroisement passager, elles restaient camarades, étonnées, lorsqu'elles se revoyaient, d'avoir pu être plus qu'amies. Faute d'un autre aliment que celui du plaisir physique, la violence de leurs sensations passées s'était vite consumée tout entière. Il n'en demeurait qu'une tiédeur, encore douce sous les cendres... Et déjà, quand elle rencontrait son ancienne maîtresse escortée de quelque nouvelle compagne, Monique éprouvait, à la profondeur de son indifférence, que le souvenir en était presque totalement refroidi...

Glace où s'étaient de même résolus, avant que de s'évanouir,—dissipés jusque dans sa mémoire,—tous les feux passagers que le désir avait allumés en elle, depuis la révélation voluptueuse que lui avait apportée Briscot.

Monique, par la rapide simplicité avec laquelle elle avait donné suite et fin à la passade, avait ébahi le comique. Si blasé qu'il fût sur l'inconstance des femmes, c'était la première fois qu'ayant lui-même le béguin, il se voyait semé de la sorte. En retrouvant le lendemain même, au dancing, sa conquête abandonnée aux bras d'un bel Américain, il n'en avait pas cru ses yeux.

Mais, sous le clair de lune violâtre, puis l'incendie orange dont les lumières changeantes enveloppaient son balancement rythmique, le tango ramenait lentement devant lui, avec la chaîne des couples, l'anneau des deux corps enlacés. Monique, levant les yeux, aperçut Briscot au passage, et lui jeta un signe amical.

La danse achevée, elle le croisa, rejoignant la loge où tenait cercle Pierre des Souzaies, avec lequel elle était venue. Briscot serra, d'un air vexé, la main qu'elle lui tendait, en camarade.

—Compliments! railla-t-il, en désignant l'Américain qui se perdait dans la foule... Vous ne vous embêtez pas!

Elle avoua avec tranquillité:

—Ma foi, non!

Et riant, au spectacle de sa moue à la fois ironique et pincée:

—Voyons, Briscot! C'est donc si extraordinaire qu'en matière... d'amour,— (elle hésita, ne trouvant pas d'autre mot,)—une femme pense et agisse comme un homme? Il faut vous faire à cette idée, et me prendre pour ce que je suis: un garçon!

Il eut, au bout des lèvres: une garce, et par politesse, acheva le mot:

—Une garçonne, je sais. *La* garçonne!

Mais, en dépit de son indulgence à tout faire, sa vanité regimbait. Il n'en risqua pas moins:

—Je vous retrouve, à la sortie?

—Impossible, je regrette. Mon associé doit me présenter tout à l'heure Lucienne Marnier, avec qui nous avons rendez-vous.

—Ah! Ah!

Elle haussa les épaules, devant le sourire qui insinuait.

—Vous m'avez bien fait connaître Edgard Lair pour la pièce de Perfeuil! Et je n'ai pas couché avec lui. Lucienne Marnier... Vous la connaissez?

Parbleu! qui n'avait entendu parler de cette originale? Belle et riche à millions (ceux que possédait son entreteneur en titre, banquier belge), elle se targuait d'être amatrice d'art.

—Elle doit me parler d'une décoration, pour la fête hindoue qu'elle va donner en l'honneur de sa dernière découverte, Peer Rys, le danseur nu...

Briscot conclut:

—Tout indiqué pour un tango. Bien du plaisir!

Cette surprise de l'amour-propre masculin, devant ses détachements instantanés, avait grandement amusé Monique, aux trois ou quatre expériences qu'elle avait tentées depuis. Sans les rechercher d'ailleurs, mais en n'hésitant pas à les pousser à bout, chaque fois qu'elles s'étaient trouvées.

Bien que, familiarisée maintenant avec le plus normal et le plus sain des gestes, elle en ressentît, (du moins quand son partenaire le lui savait donner), tout le plaisir que lui avait rageusement souhaité Briscot,—elle n'allait jamais au-delà de sa propre satisfaction, presque toujours ressentie avant que celle de l'autre ne s'achevât.

Alors, du même instinct brutal qui la première fois,—dans cette chambre d'hôtel où elle s'était donnée, à un passant,—lui avait fait rompre prématurément l'étreinte, elle repoussait l'homme, décontenancé. Elle voulait, non subir des maternités hasardeuses, mais n'avoir d'enfants que du père qu'elle aurait, entre tous, choisi... Même lorsqu'elle eût volontiers prolongé le jeu, il suffisait qu'elle perçût l'approche du spasme créateur pour que, volontairement, elle s'y dérobât, d'une secousse adroite.

Jusqu'ici,—après ces rencontres dont le péril, après avoir été un piment de plus, commençait à la décevoir,—elle n'avait gardé qu'une indifférence un peu moqueuse pour ceux qui en avaient été moins le sujet que l'objet. Elle souriait, à la surprise ou à la mauvaise humeur dont, remerciés sans retour, ils accueillaient le congé.

Ce renversement des habitudes et des rôles,—car Monique ne leur laissait aucun doute sur leur utilité secondaire,—leur causait une humiliation ou une irritation qu'ils déguisaient mal. Il leur fallait bien, devant leur fuyante adversaire, s'avouer battus, et, la proie perdue, la regretter. Petites revanches qui, d'abord, avaient flatté sa tenace rancœur...

Elle avait fait, résolument, deux parts de son existence. Celle des distractions,—la plus courte et la moins absorbante—et celle du travail, sa vraie vie. Si tard ou si tôt que ce fût, elle rentrait, toujours seule, rue de la Boëtie.

Jamais elle n'avait laissé franchir le seuil de son logis personnel à d'autres qu'à de vrais amis, comme Mme Ambrat ou le professeur Vignabos, qu'elle invitait parfois, de temps à autre. Tous les matins, même quand parfois elle découchait, elle descendait, à dix heures, de l'entresol où elle habitait, au magasin que Mlle Claire avait déjà fait mettre en ordre et paré, pour la vente quotidienne.

Le *Chardon Bleu*, depuis l'éclatant succès de la pièce de Perfeuil, était lancé. Cent cinquante représentations et la réclame du programme avaient multiplié celle que méritait la décoration inventée par Monique, sur les indications sommaires d'Edgard Lair. Sa renommée avait été, du coup, définitivement consacrée…

Monique Lerbier: sur l'entablement de marbre vert, qui étalait au-dessus des spacieuses vitrines, encadrées d'ébène, sa fastueuse enseigne, le nom désormais adopté du Tout-Paris étalait seul, au lieu de l'inscription primitive, ses fines lettres d'or. Après les mois pénibles du début, où elle avait vu son capital disparaître sans que la clientèle se montrât, voilà qu'en moins d'un an, la vogue aidant, la fortune commençait à venir…

Ce jour-là,—c'était le troisième printemps depuis son départ de l'avenue Henri-Martin,—une journée magnifique s'annonçait.

Le corps frais, reposée par la douche glaciale dont elle accompagnait ponctuellement son quart d'heure de culture physique, Monique jouissait, sans arrière-pensée, de l'équilibre heureux de sa force.

Elle déployait, aidée par Mlle Claire,—lieutenant vigilant et précieux,—des étoffes lamées, en faisait jouer les plis lumineux, dans la splendeur matinale… Lucienne Marnier, au dernier moment, avait voulu changer le rideau de fond sur lequel les danses de Peer Rys devaient découper, le soir même, leur nudité sculpturale. Au lieu du velours uni,—dont le bleu lavande, dans l'encadrement des tentures corail brochées d'ors de couleur, faisait un repoussoir un peu fade,—elle souhaitait quelque étoffe plus somptueuse, pour enchâsser le bijou vivant.

—Non, pas de rose, ni de rouge! déclara Monique. Restons dans les complémentaires… Ça, peut-être?…

Elle essaya un lampas bleu de roi, tramé d'argent… «Pas mal!»—puis désigna un rouleau de brocart vert empire, tout feuillage de palmiers vermeils.

Et avec autorité:

—Ça doit aller. Montrez!

Mlle Claire étala le princier tissu. A la fois éclatant et sombre, il gardait, dans ses lourdes cassures, une souplesse. Monique, les yeux fermés, y regardait se mouvoir la blancheur du beau corps… Elle était revenue, émerveillée, d'une des dernières répétitions.

—Ça va! trancha-t-elle.

A l'échantillon corail, elle compara, pour plus de sûreté, les deux étoffes, dans le petit salon réservé aux éclairages nocturnes.

Mlle Claire s'exclama:

—Le vert est parfait. Mlle Marnier sera contente.

—Prenez un taxi, et allez vous-même, avec M. Angibault, lui présenter les deux. Elle choisira... Nous avons suffisamment de l'une et de l'autre?... Bien. Vous mettrez en mains, aussitôt. Prêt pour six heures.

Militairement, Mlle Claire et M. Angibault,—le factotum de confiance, accouru à l'appel,—s'inclinaient, partaient.

Une discipline souriante, mais ferme, régnait au *Chardon Bleu*. Il suffisait que «la patronne» parût, ordonnât. Les huit employés que comptait maintenant la maison ne prononçaient «Mademoiselle» qu'avec un respect religieux. Ils la considéraient, parce que, sévère, elle était juste...

Monique, le dos tourné à la porte d'entrée, examinait quelques faïences antiques qu'on venait d'apporter, avec des verres irisés. Achat de la veille, à l'Hôtel des Ventes, collection Monestier. Une jarre à huile, au col trapu sur trois anses intactes, rutilait, dans le lot, comme une turquoise géante... Quelle lampe! Elle combinait un abat-jour de mousselines abricot et bleu-de-lin, quand une voix, grasseyante, à côté d'elle, la fit tressaillir...

—Ma chère enfant...

Elle se retourna: Plombino! Il plongeait, de son épaisse tignasse, devenue grise, et de ses larges épaules. Et relevant un visage embarrassé:

—Oui, c'est moi. Je fous prie d'accueillir mes respects.

Elle le contemplait, insolente:

—Ils ont vieilli, depuis quatre ans!

Il dissimula sa grimace dans un sourire, et répliqua:

—On n'en peut dire autant de fotre beauté.

—Je ne suppose pas, cependant, que ce soit au simple besoin de ce madrigal que votre visite soit due?...

—Mais si, pour beaucoup!... C'est par discrétion, sachant fotre fierté, que je m'étais abstenu, jusqu'ici... aux heures... difficiles que fous avez traversées. Je n'aurais pas voulu que fous puissiez voir, dans une démarche peut-être importune, le moindre mobile... intéressé.

Il mentait. Et elle le savait bien, ayant brutalement repoussé les offres indirectes d'argent qu'il lui avait fait faire, à plusieurs reprises, au lendemain du jour où elle avait quitté l'avenue Henri-Martin... Sans doute, pour qu'il osât se présenter en personne après ce long effacement, avait-il quelque raison pressante? Il prit son silence pour une invite et continua, d'un ton pénétré:

—Aujourd'hui où fous n'avez plus besoin de personne, je me sens plus à l'aise pour fous assurer que mon affection n'a pas varié, et que mon admiration a grandi.

Elle lut, dans ses yeux d'hippopotame cuit, la même vaseuse sincérité qu'aux jours lointains où elle était encore une jeune fille à marier... Quelle nouvelle apportait-il, ou quel marché pouvait-il lui vouloir proposer?

—Au fait, monsieur le baron, fit-elle, poliment hautaine. Que me voulez-vous?

Plombino, en la revoyant, sentait se réveiller, plus vivace que jamais, sa marotte. La manière dont il avait été éconduit, la préoccupation de ses entreprises, sans cesse élargies au point de rayonner maintenant sur les deux mondes, de longues absences enfin avaient seules pu le détourner, momentanément, de sa poursuite. Monique, revue à un souper de centième, s'était réemparée, à son insu, du millionnaire vieillissant. L'idée fixe de la revoir,—et de l'avoir, à n'importe quel prix,—depuis le hantait.

Il déclara, avec onction:

—Eh! bien, voilà! fous savez les relations d'affection quotidienne que j'entretiens avec fotre père, depuis...

Il hésita, espérant qu'elle lui viendrait en aide... Mais elle le regardait fixement, avec un air moqueur... Oui, elle savait!... L'association conclue, entre son père et Vigneret d'abord, elle partie, et comme si de rien n'était... Puis l'augmentation du capital, transformant, avec les millions de Plombino lui-même, de Ransom et de White, la petite société primitive en une formidable affaire internationale... Elle savait même qu'elle serait, un jour, une riche héritière, et que cette fortune dont elle ne voulait pas, deviendrait celle des Enfants Recueillis, en comblant, par une donation inattendue, les humbles rêves de Mme Ambrat. L'or d'une mauvaise action deviendrait, de la sorte, le levier d'une bonne œuvre.

—Passons, dit-elle.

Plombino eut un geste approbateur. A quoi bon, en effet, remuer de pénibles souvenirs?

—Fous avez raison. Ne parlons pas de tout cela. Voilà pourtant ce qu'il faut que je fous dise... La santé de fotre mère, éprouvée déjà l'hiver dernier, n'est pas sans donner quelques inquiétudes... graves, oui. Le cœur... Lerbier m'a dit, hier, qu'elle aurait une grande joie à fous revoir, et qu'ils seraient bien heureux tous deux si fous consentiez à aller dîner, un de ces plus prochains soirs, avenue Henri-Martin... Quelle réponse dois-je leur porter?

Monique pâlit, interdite. Elle évoquait, dans le vestibule, l'heure tragique, et sa vision d'horreur. Le cadavre de tante Sylvestre s'allongea, étendu sur la civière... Le visage de sa mère, malade, se mélangeait dans l'éloignement avec celui de la douce vieille... Elle écarta leurs fantômes.

Non! Jamais elle ne retournerait avenue Henri-Martin!... Et cependant, au souvenir de l'affection que s'étaient portée, malgré tout, les deux sœurs, au mirage confus des heures d'autrefois, quand elle-même était une enfant encore, Monique s'interrogeait, non sans trouble. Si la démarche de Plombino n'était pas seulement, comme elle le supposait, un chantage à la réconciliation? Si, réellement, l'état de sa mère?... Non! En dépit de la rupture, qui, des siens, avait fait pour elle deux étrangers,—elle éprouverait, instinctivement, quelque émotion, au lieu de cette insurmontable méfiance.

—Je réfléchirai, dit-elle enfin.

Elle regardait Plombino, sans le voir. Sa pensée errait, du jardin d'Hyères, à la villa de Trouville. Les jours vécus brusquement tramaient, dans l'ombre de sa mémoire, leurs fines toiles d'araignée... Lui, sous le regard distant qui le chauffait comme un rayon de soleil, se dilatait, heureux. Il insista, affectueusement:

—Fous ne leur refuserez pas cette joie!

—Ma mère est alitée?

—Elle se lève depuis une quinzaine. Elle sort même un peu, l'après-midi...

—Eh bien, fit-elle, rassurée,—ébranlée pourtant... Dites-lui qu'elle me téléphone... Nous verrons.

Plombino lui saisit les mains si prestement qu'elle n'eut pas le temps de se mettre en garde, et dévotieusement y appliqua ses lourdes lèvres. Elle eut un recul violent. Mais rien ne rebutait le gros homme, excité par la chair fraîche. Il bredouilla:

—Merci, ma chère enfant... Et permettez-moi de fous féliciter. Quelles merveilles!

Il tournait en soufflant, au milieu des bibelots anciens. Et désignant les sièges de laque, aux belles courbes:

—Le style Lerbier! Il faudra que fous me fassiez la grâce de remeubler le rez-de-chaussée de mon hôtel du parc Monceau. Je ne veux que du moderne.

Il ne décollait pas. Elle dut prétexter un travail, et respira quand, remonté en auto, elle cessa de l'apercevoir, saluant toujours à la portière.

Travailler pour ce métèque? Plus souvent!... Elle haussa les épaules, avec mauvaise humeur. Plombino venait de lui gâcher toute sa journée. Un nuage en même temps passait sur le soleil... En elle, autour d'elle, tout s'était brusquement assombri.

Elle n'était pas encore revenue de son mélancolique voyage aux pays de la souffrance passée, quand,—après une après-midi enfermée chez elle, avec ses souvenirs, puis une tasse de thé et un toast solitaires,—neuf heures, tintant au cartel de sa chambre, la rappelèrent à la réalité. La soirée de Lucienne Marnier, et, à minuit, l'exhibition de Peer Rys! Elle n'avait que le temps!...

Elle recourut au remède habituel de ses fatigues et de ses neurasthénies: la bonne eau froide, et son coup de fouet... Nue, dans son cabinet de toilette tout en céramique blanche et en glaces, elle s'étirait après la friction de la bande de crin.

La réaction salubre l'avait rassérénée. Son accès de sauvagerie douloureuse cédait au besoin d'oubli. Comme d'ordinaire elle sortait de sa rêverie avec un âpre besoin d'action, quelle qu'elle fût. Crises dont l'acuité s'espaçait, mais où la plaie, crue chaque fois cicatrisée, s'était rouverte tout entière, au plus profond...

Elle donna, à l'image que le haut miroir lui renvoyait, un regard qui la satisfit... A quoi bon se tourmenter de la sorte! Elle s'en voulait de cette faiblesse, se persuadait: on ne peut rien, aux faits accomplis, que d'en tirer, courageusement, la leçon!

Elle caressait, d'un mouvement machinal, ses seins fermes, leurs pointes dont le rose, sur la rondeur veinée, avait foncé jusqu'au carmin. Puis, descendant le long du torse musclé et du ventre plat au galbe des hanches, dont les longues jambes élançaient l'amphore, elle suivit, comme si elle le dessinait, le contour des cuisses. Elle évoquait, dans une souriante comparaison, les lignes si pures du danseur nu.

N'avait-elle pas, comme lui, un corps de gymnaste d'où la Beauté naissait, d'un rythme naturel? Elle ne connaissait pas plus que lui les vaines complications de la pudeur... Masque de la laideur, ou de l'hypocrisie... Mais, supérieure à lui, elle portait, dans sa chair de bel animal, une âme qu'il n'avait pas...

Une joie orgueilleuse la soulevait, à l'idée de son dédoublement... Les hommes!... Elle sourit, dédaigneuse. A force de l'avoir voulu, elle était devenue, physiquement et moralement, leur égale. Et cependant elle avait beau ne pas se l'avouer, il y avait, dans l'âpreté de sa revanche, un sentiment informulé... Solitude? Stérilité? Elle n'en ressentait pas encore, précisément, l'atteinte. Mais le ver invisible naissait, dans la magnificence du fruit.

Une lente, minutieuse toilette, et à onze heures,—vêtue seulement d'une robe-chemise en lamé d'argent, d'où le buste et les bras émergeaient, offerts, tandis que la lourde étoffe sur tout le reste plaquait,—elle était prête. L'auto de Pierre des Souzaies cornait, justement, sous ses fenêtres...

Ils firent une entrée sensationnelle. Lui long et mince dans un habit puce, avec son visage fardé de mignon, aux méplats à la Clouet. Elle entourée aussitôt, par une véritable cour. Lucienne Marnier venait au-devant d'elle, royale, dans son éclat roux de dogaresse... Un turban de diamants et de perles, emblème de la fête hindoue, évoquait, sur la chevelure vénitienne, les splendeurs de l'Asie. Elle associa gentiment Monique à son triomphe.

On s'écrasait dans les salons. M\ :sup:`lle` Marnier n'avait pourtant convié qu'une intimité: mais elle allait de la finance belge au gratin parisien, en passant par toutes les notoriétés de l'art et des lettres cosmopolites. Monique, à travers cohue et brouhaha, avançait, happée au passage par ses admirateurs.

Il n'y en avait pas de plus chauds que ses anciens amis.

La bande, qui semblait s'être donné là rendez-vous, se faisait reconnaître, avec force protestations. Il semblait que Ginette Hutier et Michelle d'Entraygues n'eussent jamais cessé de la chérir. Ce n'était qu'une voix sur son talent, sa grâce, son éclat...

—*Et cætera*, fit-elle en serrant sans chaleur la main de la Générale Merlin, qui s'empressait.

Mais les lumières, brusquement, s'éteignirent. Tout bruit s'apaisa comme par enchantement, après un ah! prolongé. On voyait, au bout de l'enfilade, s'éclairer le sanctuaire: les rideaux de corail et d'or s'entr'ouvraient lentement. Le désert de verdure et de palmiers vermeils parut. Un grand tapis noir étendait, sur toute la scène, son velours ras.

Alors une étrange musique s'éleva. L'orchestre invisible lançait son chant nostalgique. L'Orient s'éploya, mystérieusement. Puis les rideaux retombèrent, en même temps que déclinait la mélopée... Soudain, au dernier soupir des flûtes aiguës et douces, ils se relevaient au milieu de l'impressionnant silence.

A genoux, les bras allongés et le dos immobile, le danseur nu, prosterné, touchait du front le sol de ténèbres. Sa blancheur se détachait, pure, sur le fond de rêve. Soudain, comme reprenait la cadence des arpèges, le marbre s'anima: le beau corps harmonieusement se redressait. Dans une gravité d'invocation, tout l'être haussé d'un élan sans fin, Peer Rys tendait vers un ciel imaginaire sa splendeur de jeune dieu. Il était si beau qu'il paraissait chaste.

L'orchestre déroula le thème éternel, des murmures du désir aux cris de la passion déchaînée. A travers les sables, la forêt, l'eau, le feu, la Danse multiforme bondit, de la fraîcheur du matin aux tièdes nuits d'étoiles. Mais, au monotone rappel des flûtes et des lyres, enfin s'imposa l'azur implacablement bleu.

Monique, suspendue aux mouvements du danseur, évoquait, déroulée autour du Bacchus indien, toute la théorie des cortèges antiques. Elle surgissait avec son ivresse sacrée, au fond de toute les âmes. Minute intense où Peer Rys incarna, à lui seul, tout le délire orgiaque.

Quand il s'abattit, épuisé, un tumulte d'applaudissements et de clameurs crépita. Les rideaux retombés aussitôt s'entrebâillèrent, le triomphateur parut. Il saluait en souriant, très maître de lui, et sans nul signe de fatigue. La frénésie des bravos était telle que l'enthousiasme de Monique en fut gêné. Les femmes, debout, criaient: «Encore! Encore!» Ce n'était plus le danseur nu, pas même un gymnaste, c'était un homme à poil, l'athlète complet que visiblement elles acclamaient. Mais Peer Rys se dérobait avec modestie à l'ovation…

Comment, trois heures après, dans l'atelier d'Anika Gobrony, Monique se retrouvait-elle en train de souper, assise entre Peer Rys et Ginette Hutier, tandis qu'en face de la violoniste trônait M. le ministre des Transports, flanqué d'Hélène Suze et de Michelle d'Entraygues? Max de Laume, Pierre des Souzaies et Cecil Meere complétaient cet ensemble inattendu…

Elle ne se le demandait pas, tout à l'amusement de découvrir en son voisin, redevenu le plus correct et le plus élégant des Argentins, un compagnon d'une gaieté et d'une simplicité d'enfant.

Anika, tandis que M. Hutier faisait silencieusement sauter, avec une gravité de maître d'hôtel, le bouchon de la neuvième bouteille de champagne, s'était levée pour aller éteindre le lustre central et jouer au piano une marche tchèque. Les cheveux courts, avec son brun visage ardent et sa gorge plate, elle faisait, dans son immuable sarrau de velours incarnat, songer à quelque ange démoniaque.

Hélène Suze et Michelle d'Entraygues, ayant réclamé un shimmy, aussitôt s'enlacèrent. Pierre des Souzaies et Cecil Meere, suivant l'exemple, tournoyaient en sautillant. Max de Laume, la bouche à l'oreille de Ginette, lui contait de telles horreurs qu'elle en gloussait d'aise, tandis que Son Excellence, laissée à elle-même, buvait coup sur coup, d'un air béat. M. Hutier, tout en considérant avec sympathie le couple suggestif que formeraient Antinoüs et sa femme, souriait au souvenir de la fustigation qu'il s'était fait administrer la veille, chez Irène, par une solide gaillarde… Les verges de bouleau, alternant avec une fine cordelette à nœuds, il n'y avait que cela!...

Monique, renversée sur sa chaise, écoutait avec douceur les galanteries que lui débitait Peer Rys, un peu ivre. Elle avait la tête lourde et n'entendait que le son cuivré de sa voix. Elle se souciait peu du sens des mots. Elle n'était pas désireuse qu'il eût de l'esprit, même elle préférait, pour ce qu'elle en voulait faire, qu'il ne fût que ce qu'il était: une belle machine à plaisir.

Il l'avait prise par la taille. L'inconscient travail, qui, depuis quelques jours se poursuivait en elle brusquement venait de se matérialiser en un projet qui, peu à peu, se précisait...

Le piano s'était tu. Dans un angle obscur de l'atelier, Hélène Suze, Michelle et Anika Gobrony gisaient étendues, sur un amoncellement de coussins. Une lampe turque éclairait vaguement, d'un feu rouge, l'entrelacs de leur groupe indistinct... Monique, du même regard indifférent, constata que Cecil Meere et Pierre des Souzaies avaient disparu, et que Ginette et Max de Laume s'étaient levés de table, suivis par M. Hutier. Elle l'aperçut affalé dans le tombereau d'un fauteuil anglais, l'œil oblique, non loin du divan où la ministresse venait de s'allonger, en entraînant son cavalier...

Si avertie qu'elle fût de la corruption de ce milieu, qu'elle avait autrefois traversé comme une salamandre la flamme, Monique trouva que les anciens amis «allaient fort». Peer Rys, avec son profil de médaille antique, lui parut, au contraste, plus frais encore, et reposant. Elle répondit, d'une longue pression de mains, à sa prière...

Après tout, pourquoi ne jouir qu'à demi de la minute éphémère? Pourquoi cette crainte absurde d'un risque, dont, indépendante à tous points de vue, elle ne devait compte à personne?... Oui, pourquoi pas un enfant?... Un enfant qui tiendrait d'elle, et de son éducation, avec un corps robuste, l'âme qui façonne l'existence!... Un enfant qui de ce père, oublié demain, n'hériterait que des dons magnifiques: la santé, la force...

L'amour? Elle n'y croyait plus. L'art, tel que son habileté le pratiquait, qu'était-ce? Une distraction, oui... L'illusion de n'être pas tout à fait une inutile... Tandis qu'un enfant! Créer de l'action, de la pensée,—de la vie!... Orgueilleusement elle salua la lueur d'aurore, l'idée rédemptrice... Un enfant! Une compagnie et un but de toutes les heures!...

Monique jeta un dernier regard sur la vaste pièce où le jour froid de l'aube se mêlait à la lueur des lampes voilées. Une ombre grise enveloppait l'immobilité des groupes à demi nus qu'une ondulation, un soupir, par moment, agitaient.

Elle se leva brusquement, entraînant son compagnon.

—Viens!

IV

Ce furent quelques semaines d'entier bonheur. Avec fierté, Monique jouissait de sa liberté plénière, enfin conquise. Le plaisir sans restrictions qu'elle commençait à connaître donnait à sa jeune soif de volupté un apaisement jamais las.

Jusqu'ici un sentiment confus d'infériorité, une rancune de soumission lui avaient, dans les bras qui l'avaient cru posséder, gâché la violence de ses sensations, si vive qu'elle avait pu être.

Ces hommes dont elle avait accepté ou désiré l'étreinte, elle s'en était toujours, au moment suprême de l'abandon, sentie la sujette, puisque d'eux, plus que d'elle, dépendait la possibilité créatrice à laquelle elle se refusait encore.

Minutes enivrantes, mais précaires, auxquelles sa volonté de s'arracher, parfois même avant l'instant de leur perfection, non seulement enlevait de leur prix, mais ajoutait une amertume insatisfaite. Elle se sentait profondément humiliée à l'idée que de ces passants, dominateurs d'une seconde, toute sa personne dépendait, jusque dans l'avenir...

Et ce n'était pas que sa propre vie, dont si elle n'y avait pris garde ils eussent été, même disparus, les durables maîtres! C'était celle que neuf mois elle devrait pétrir de sa chair, animer de son souffle. C'était le prolongement, la survivance d'elle-même!...

Un tel risque, n'était-ce pas, de toutes les servitudes féminines, la plus mortifiante, la pire? La maternité n'avait de raison d'être, et de grandeur, que consentie. Mieux: voulue.

Certes, elle eût pu, comme tant d'autres, éluder par quelque artifice préalable cette loi de la nature... L'Ecole de Malthus, comme avait dit un jour Georges Blanchet, qui lui avait tant déplu, était ouverte à toutes... Mais elle ne se voyait pas priant par exemple Briscot de coiffer, avant de l'approcher, une de ces calottes qu'avant de devenir marquise d'Entraygues, Michelle avait toujours de précaution dans son sac! Monique avait beau sourire à cette idée qui, autrefois, n'avait fait que l'indigner. Le ridicule spectacle n'en soulignait que davantage l'hypocrisie et, à ses yeux, l'abaissement. Quant à se munir pour elle-même,—en même temps que de son rouge ou de sa houppette à poudre!—de quelque préservatif, non, vraiment! Cela la dégoûtait...

Le choix volontairement fait de Peer Rys, pour collaborer au grand œuvre dont elle demeurerait ainsi le principal artisan, reléguait au néant, avec tout sentiment de dépendance, les petites préoccupations misérables... Elle revenait aux lois naturelles, joyeusement acceptées. Elle y revenait, en égale.

Au délice de s'abandonner toute à la jouissance physique, s'ajoutait celui de l'amour-propre, doucement caressé. Pour la première fois Monique épanouissait complètement sa personnalité. D'avoir élu entre tous le plus beau, pour les Noces charnelles, et d'être, à l'Elévation, celle qui vraiment incarne, donnait à son orgueil, flatté d'asservir l'homme à son tour, une exaltation divine.

La reconnaissance du plaisir reçu, qui de tant d'autres achève de faire des esclaves éperdues, attendrissait d'une douceur gamine l'involontaire, mais constante manifestation de sa supériorité. Elle avait, de celle-ci, une telle conscience et, malgré elle (car elle n'avait jamais été vaniteuse) elle la laissa si souvent percer que, bientôt fatigué d'être réduit au rôle qu'il assignait d'ordinaire aux femmes, Peer Rys, gâté par d'innombrables succès, marqua vite son mécontentement.

Le sang sarrasin,—qui fondu à celui de toutes les races européennes, prédomine, en dépit du composite amalgame, aux veines du peuple argentin,—n'inclinait que trop sa fatuité native, enflée en cours de route, à se rebeller contre une maîtresse qui se mêlait de vouloir l'être. Sous son pseudonyme scandinave et son hérédité latine, Peer Rys, fils d'Italien, n'était au fond qu'un Maure d'Espagne.

Au bout d'un mois Peer, traduction de *Pietro*, en avait assez. Danseur nu, il ne concevait une compagne que sédentaire et voilée. Monique, sans prétentions, lui eût semblé la plus délicieuse des camarades. Autoritaire, et (dans le désir où elle était qu'il lui fît un enfant) le confinant à une besogne d'étalon, elle devenait insupportable. Un fils?... Il en avait fait à d'autres, sans tant de façons!

Un répit, cependant, ensoleilla la dernière quinzaine de leur passionnette. Pâques tombait à la fin d'avril. Peer se trouvait, d'autre part, dénué d'engagement jusqu'à mi-mai, où il devait partir pour Londres. Les salons aristocratiques l'y réclamaient, sous condition, cependant, d'un cache-sexe... Monique, après l'hiver laborieux, avait de son côté soif de repos et de solitude. Il se laissa enlever,—une fugue au soleil... En route pour Clairvallon!

Le merveilleux printemps de Provence les accueillit. Ils aimèrent le tranquille palace ouvert sur le golfe sambracitain. Les pins parasols découpaient sur l'azur leurs grandes ombrelles noires. Le romarin avait passé sa robe de fleurs, et, bleu pâle, embaumait dans l'air vif. En face d'eux, la mer étale comme un lac resplendissait. On eût dit un seul saphir, enchâssé dans l'émeraude des collines, qu'au centre bouclait, de ses anciens remparts, Saint-Tropez semblable à un fermoir d'or roux.

Ce fut, dans leur flambée finissante, l'ultime sursaut de flamme.

Monique commençait alors à craindre que son souhait ne pût s'accomplir: elle n'avait pas évité le retour mensuel qu'elle redoutait. Passionnément désireuse de devenir mère, un instinctif calcul de tout l'être lui fit retrouver, dans l'ardeur de son besoin, le secret de plaire. La douceur câline de l'amante, en flattant «son Piètre», le ramenait au goût de l'acte qu'il avait fini par ne plus pratiquer que comme une fonction.

L'illusion d'être aimé pour lui-même lui rendit le naïf et le primesaut des sentiments. Ils se laissèrent vivre, au grand air salin, sans arrière-pensée. Leurs jeunesses se dilataient, magnifiques, avec des bonds d'animaux ou des torpeurs de plantes. Un rien, tout les amusait: les mille petites remarques de l'existence quotidienne, et leur simplicité comique... Leurs nuits nues n'étaient qu'une étreinte où le désir renaissait inlassablement de lui-même, jusqu'aux sommeils lourds et aux réveils légers du matin.

Monique connut l'insatiable soif des caresses. Les baisers de son Piètre avaient achevé, en lui révélant une volupté complète, l'initiation progressive. Elle s'était ouverte tout entière, avec l'ingénuité d'une rose qui pâme au soleil. De brusques élans la poussaient, soudain, vers les bras musclés. La barque où ils voguaient seuls sur la plaine marine,—au gré du gouvernail fixé et du moteur,—le sable chaud des calanques, les sentiers odorants de la montagne servaient de lit hasardeux au caprice de leurs désirs.

Elle criait, durant les minutes ardentes, l'ivresse qu'il lui donnait à coups furieux, les dents serrées. Ou bien, sous la lenteur savante de la pénétration, elle soupirait à voix basse la plainte heureuse des palombes. Elle crut alors qu'elle aimait. Et plus violemment encore elle souhaita, à l'instant de l'effusion partagée, qu'un fils naquît de leurs chairs confondues.

Un jour où, sans qu'elle s'y attendît, il l'avait prise brusquement dans les monts sauvages, elle avait voulu se persuader que son rêve se réalisait. Elle était en train de cueillir, sous les pins, les sombres lavandes violettes. A l'improviste, il avait profité de sa croupe baissée, relevé sa jupe, et elle avait senti le dieu brûlant la posséder... Elle avait poussé un gémissement de bête, puis, activement, s'était donnée. En eux se déchaînait librement, à la face du ciel, toute l'énergie de la nature, l'aveugle soulèvement des forces séculaires, qui, sans souci des chastetés apprises, travaillent instinctivement à la perpétuation de l'espèce.

Plus tard, elle se souvint longtemps, en un regret mêlé de douceur, de cette heure où elle avait cru communier avec l'âme de la terre...

—Mon bouquet! s'était-elle exclamée, avant de se remettre en route...

Elle ramassait les brins parfumés. Puis elle enlaça le cou brun de Pietro. Il contemplait, d'un air satisfait, le paysage. Elle lui en voulut. Il ne devait penser qu'à elle! Et lui mettant la touffe de lavandes sous le nez:

—Sens!

Il éternua, chatouillé. Alors elle se mit à rire…

—Je les garderai, ces fleurs! Elles ne se faneront jamais dans mon souvenir.

Deux mois après, à Paris, Monique retrouvait, avec un détachement amusé, une des tigelles, séchée entre deux poèmes du Samain qu'elle avait emporté à Clairvallon, et dont elle avait renoncé, dès le premier soir, à feuilleter à haute voix les pages, avec son compagnon…

La fin de son séjour avait été gâchée par une pénible déception. L'inexorable apparition périodique l'avait une deuxième fois persuadée qu'elle n'avait plus rien à attendre de son partenaire, en dehors d'un échange de sensations que tout autre gymnaste, propre et sain, était capable de procurer.

Peer Rys, aussitôt, lui était apparu dans sa véritable nudité: il était bête, ignorant et vaniteux. La fierté avec laquelle elle l'exhibait jusque-là, ainsi qu'un bel animal familier, se changea, devant les regards admiratifs dont le palace entier continuait à les entourer, en un insurmontable agacement. Partout, au restaurant, sur la terrasse, dans les couloirs, et jusque dans les sentiers de leurs promenades, les femmes suivaient, d'une œillade appuyée, ou honteuse, «le danseur nu». Il poitrinait, d'un air fat…

Ou bien, sortant un minuscule nécessaire qui contenait, avec le miroir de poche, un peigne et des feuilles à poudrer, il prenait soin, minutieusement, de son visage, durant qu'elle parlait. Elle haussait les épaules, avec commisération. Piqué, il avait cherché désormais toutes les occasions de dispute.

Les lettres dont ses admiratrices le poursuivaient la lui fournirent. Monique au début s'était intéressée à leur provenance. Moins par jalousie que par curiosité d'observation. C'était la grande distraction à l'heure du café. Ensemble ils décachetaient le courrier, commentaient… Habitude à laquelle, les derniers jours, dédaigneusement elle avait renoncé.

La veille du départ,—comme elle affectait de s'absorber dans la lecture de l'*Eclaireur de Nice*—Peer, ulcéré, toussa, en reposant ostensiblement sur la table une enveloppe parfumée.

Silence. Monique ne bronchait pas. Alors il éclata:

—Je ne vois pas ce que je fais ici, du moment que vous ne vous souciez pas davantage de ma personne! Heureusement, si vous vous en moquez, d'autres me rendent justice!

—Mais, mon cher, moi aussi. Vous êtes le plus beau des danseurs, c'est entendu.

—Et le plus bête des hommes, n'est-ce pas, comme vous la plus intelligente des femmes?

—C'est vous qui le dites.

Il se leva très pâle:

—En tout cas, des deux, c'est le plus bête qui est le moins inutile!... Je suis capable de faire des enfants, moi!...

Il montra les lettres:

—Tenez, tant que je veux! Ce ne sont pas les occasions qui manquent.

Elle le toisa, hautaine. Mais le sarcasme avait porté. Une inutile, oui!... Et le sentiment de sa stérilité soudain s'agrandit, en elle, du désert de sa solitude... Elle répondit, blessée:

—Soyez tranquille! Ce n'est pas moi qui vous retiendrai.

Puis, à la réflexion, elle avait ajouté, avec un sourire mélancolique:

—Tu as tort. Pourquoi se chamailler? Camarades on s'est pris. Camarades on se quitte...

Peer Rys! Il était à Rome, maintenant. Elle y songeait avec amitié, malgré ses défauts. Sans doute, dès le début, aucun ne lui avait échappé, mais ce n'était pas pour son ascendant intellectuel qu'elle l'avait aimé... Pouvait-elle réellement lui en vouloir de ce qu'il n'eût pas rempli, comme elle l'eût souhaité, toute son espérance?

Par une tenace volonté de ne pas désespérer encore, c'était lui, et non elle, qu'elle rendait responsable de l'insuccès. Dès lors, médiocrité à part, et n'ayant passé avec lui que de bons, puis délicieux, puis moins bons moments, quel reproche était-elle en droit de lui faire?

Elle ne s'attardait pas à l'idée qu'elle-même, et elle seule, était peut-être cause de sa désillusion. Elle ne se demandait pas non plus pourquoi si vite elle s'était blasée sur les qualités amoureuses dont, un instant, elle s'était éprise.

Elle était persuadée de sa supériorité morale sur les hommes qui l'entouraient, et gardait, de sa blessure cicatrisée, une horreur de l'amour tel qu'elle le voyait autour d'elle compris, la peur aussi d'en souffrir, si à nouveau elle se laissait prendre. Œillères qui limitaient, au sillon orgueilleux de sa recherche, le champ fécond de la vie.

Peer Rys rentré dans le cirque, Monique avait continué, avec confiance, sa propre route. Ce que l'un n'avait pu, quelque autre en serait capable. C'est ainsi qu'elle distingua, successivement, plusieurs reproducteurs.

D'abord un député du Midi, dont la ressemblance avec Mistral l'avait séduite. Rencontré à un grand dîner chez les Hutier, elle avait remarqué son fier et fin visage, puis écouté, avec amusement, son verbe sonore. Mais, amoureux pressé, l'homme au tu-tu-pan-pan n'avait, d'un Chanteclair, avec l'apparence trompeuse, que la crête et les ergots. Son ambition et sa suffisance l'avaient vite déçue.

Puis ç'avait été un ingénieur au masque romain, aux épaules carrées, grand constructeur de ports et de voies ferrées. Maniant les idées nettes et les entreprises hardies, il avait plu par sa franchise, une intelligence élargie avec l'horizon des voyages et du travail international. Mais, au bout de trois mois, les espoirs fondés sur sa membrure de taureau s'étaient évanouis. L'ingénieur n'était pas plus prolifique qu'un bœuf.

Un doute finit par inquiéter Monique. Si c'était elle la fautive? Elle prit la résolution de consulter, puis remit le projet de semaine en semaine. Les heures passaient avec une brièveté de plus en plus bousculée, à mesure que les affaires, l'une amenant l'autre, augmentaient le chiffre de revenus, et en même temps, la somme nécessaire d'efforts.

Il avait fallu étendre aux magasins voisins, dont elle avait pu s'assurer le bail, la longue plaque de marbre vert, et sur l'enseigne triomphale encadrer des mentions: *Décoration, Curiosités*, la firme aux sobres lettres d'or.

Monique avait, sans regret, mis trêve aux sorties quotidiennes du soir. On ne la voyait plus dans les dancings et dans les music-halls. Toujours au travail à dix heures du matin, elle veillait tard, dessinant, coloriant ses maquettes, chaque fois qu'elle n'avait pas dîné en ville ou avec l'ami, dont après le député et l'ingénieur, elle attendait toujours,—sans y compter maintenant beaucoup,—l'enfant qui recommencerait, en la réussissant, son expérience manquée.

De la victoire mondaine elle ne jouissait en effet qu'autant que celle-ci réalisait, en la consacrant, son indépendance matérielle. Le monde acceptait, de Monique Lerbier renommée et gagnant avec éclat sa vie, ce qu'il lui avait reproché, obscure et pauvre.

Ce consentement, fait de platitude et de servilité, ne lui apportait qu'une satisfaction: celle de pouvoir—(sans l'estampille d'un compagnon, et d'un répondant)—mettre au monde, librement, un être libre, et l'élever dans le mépris d'usages et de lois qui l'avaient fait si cruellement souffrir.

Enfant naturel? Et après?... Il porterait, le front haut, le nom de sa mère. Elle le libérerait, dès les premiers pas, de la prison sociale. Elle lui apprendrait à aimer, sans hypocrisie, tout ce qui en vaut la peine, comme à ne rien aimer qui n'en soit digne. Elle lui épargnerait ainsi, avec les mots superflus, les maux inutiles.

Oui, cela seul à ses yeux demeurait la raison vitale: un enfant, qui n'appartiendrait qu'à elle, et dont elle serait fière. Centre des jours solitaires et de ces heures vides que travail ni volupté, rassasiants à la longue, ne parvenaient à combler...

Cela, qu'elle ne s'avouait pas encore, n'en était pas moins le profond mobile: un besoin de tendresse et d'amour inassouvis, toute sa détresse de femme à l'abandon, jusque dans la solitude à deux de toutes ses tentatives. Monique élançait, vers son rêve de grossesse, la même frénésie de complément, la substitution sentimentale que tant d'épouses malheureuses recherchent, dans la maternité.

C'était de l'instant où son espoir avait cessé que le sentiment d'une nouvelle faillite s'était à son insu infiltré en elle. Elle gardait, de son quatrième essai, une tristesse qui tournait, peu à peu, à la neurasthénie. Bientôt elle rompit, au désespoir enragé de l'amant.

C'était un peintre de son âge, spirituel et bon vivant, qui maçonnait des paysages en rondelles et des portraits en cubes. Le tout dans une tonalité grenat, pointillée de blanc... Non qu'il jugeât ces conceptions logiques, mais il obéissait au goût d'épate révolutionnaire, propre à la jeunesse. Il n'était d'ailleurs jamais, entre eux, question d'esthétique...

Les vacances heureusement arrivaient. Monique dut, pour couper court à sa poursuite, partir en l'aiguillant sur une fausse piste. Tandis qu'il la cherchait en Suisse, elle alla se terrer sur une petite plage bretonne. Rosmenidec: un trou entre deux hautes falaises. Les arbres descendant jusqu'à la mer... Un village de pêcheurs où il n'y avait que cinq ou six villas et un pauvre hôtel.

Elle y vécut seule, un mois, refusant toute compagnie. Dès l'aube elle était dehors, avec son carnet à dessin et ses crayons, ne rentrait qu'à midi pour dépêcher son déjeuner à la table d'hôte, ressortait pour aller muser dans les roches, jusqu'à l'heure du bain... Et le soir, tard dans la nuit, elle rêvait, étendue sur la grève, ou bien errait dans la campagne.

Salubre reprise d'elle-même, où d'abord elle s'était retrempée. Mais, au contact de l'indifférente nature aussi bien qu'à celui de ses voisins,—relations réduites pourtant à l'inévitable,—elle se sentait, rapidement, plus seule encore qu'elle n'était à Paris dans l'agitation de son labeur et la foule apparue, disparue, des visages...

Le spectacle de la médiocrité humaine lui sembla d'autant plus affligeant, parmi la splendeur du serein décor,—cette terre, cette mer et ce ciel à travers lesquels sa détresse intime essayait vainement de s'éployer, comme une aile d'oiselet. Son impuissance avait alors envie de sangloter, devant l'infini qu'hier elle embrassait, animait de sa foi, et dont l'impassibilité, maintenant, l'accablait.

Alors, pour la première fois depuis son évasion, elle matérialisa, dans son cœur tourmenté, l'évidence. Elle n'avait rien conquis, avec la liberté. Son travail? A quoi bon, s'il n'alimentait que sa désolation? Elle n'avait trouvé dans le plaisir qu'un faux-semblant de l'amour. Si elle ne pouvait avoir d'enfant, que lui restait-il?

Se leurrer plus longtemps ne servait à rien: tel était, dans sa netteté cruelle, le bilan du passé. Ruine dont elle n'avait rien sauvé. Pas même ce lien qui rattache, dans le malheur, aux heures d'autrefois, au mirage du nid familial…

Sa mère? Elle l'avait revue deux ou trois fois, après la démarche de Plombino. Son père? Elle avait également consenti à le recevoir, rue de la Boëtie. D'abord, elle avait éprouvé à ces rencontres, après la gêne des premiers moments, une sorte d'émotion presque douce… Le lien tenace des souvenirs lui avait paru distendu, non rompu. Elle se retrouvait enfant, joyeuse… Mais, bien vite, elle avait senti qu'elle n'avait devant elle que des étrangers, hostiles sous le reproche de leur sourire.

Elle ne trouvait à leur dire que des banalités. Sinon elle se heurtait, aussitôt, au roc de l'incompréhension. Vite tous trois s'étaient lassés, eux trop vieux pour faire le pas nécessaire à la rattraper,—elle trop catégorique pour une simagrée superflue. A les reconnaître toujours ancrés dans leur ornière, plus puérils seulement sous leurs rides et leur cheveux blancs, elle avait tristement senti le détachement définitif… Plus rien de commun entre eux, pas même leurs souffrances,—si différemment senties, et supportées!…

Assise sur un coin de sable, le dos contre une roche, Monique machinalement prenait à poignées, puis laissait filtrer, entre ses doigts ouverts, la fine pluie sèche… Ainsi fuyaient les heures, coulant, coulant sans cesse, au renversement du sablier… Néant du passé!

Elle regardait, sur le reflux bruissant de la marée, des goélands voleter. Leurs ventres blancs rasaient l'eau, puis, l'aile tendue, un essor brusque les emportait en flèche. Le soleil couchant entassait au large des palais de nuées… Ils croulaient, à mesure. Elle se dit: l'avenir! Et découragée elle laissa retomber sa main… Elle ne voyait en elle et autour d'elle que solitude, et puis vieillesse.

Une chanson lointaine retentit. C'était quelque pêcheur ravaudant ses filets… La complainte égrenait ses notes graves, comme un chapelet de résignation. Toute la misère et tout le courage des vies de matelots, en lutte contre les éléments… Monique eut honte, et se secoua.

—Je suis folle, se dit-elle en se relevant. Ne penser qu'à soi, c'est comme être aveugle! D'abord, je ne suis pas sûre de n'être jamais mère. Et quand même?… Mme Ambrat vit bien, pour les enfants des autres!…

Le lendemain, elle rentrait à Paris. Septembre et la nécessité de préparer sa saison d'hiver l'absorbèrent au point qu'elle ne trouva qu'aux premiers jours d'automne le temps d'aller se faire examiner, comme elle l'avait résolu… Mlle Tcherbalief, dont une parente avait souffert l'année précédente d'une maladie de femme, lui avait recommandé le docteur Hilbour.

Elle s'y rendit avec simplicité, confiante dans sa science et l'autorité de son sacerdoce. Elle s'attendait à voir un monsieur d'âge, glabre, avec des lunettes, et trouva un homme jeune, la barbe bien taillée et les yeux souriants… Le motif de sa consultation énoncé, et si avertie qu'elle fût des obligations qui résultaient d'une telle investigation, elle regarda à deux fois le lit-table où, après avoir passé dans une salle ripolinée, le docteur l'invitait à prendre place… Mais elle voulait, coûte que coûte, être fixée.

Elle ferma les yeux, ne les rouvrit que lorsque, de sa voix chantante, Hilbour eut déclaré:

—Je vous remercie.

—Eh bien! docteur? questionna-t-elle, anxieusement, en se rajustant.

Il toussota:

—Eh bien! mademoiselle… Mais je ne sais s'il ne conviendrait pas, pour vous expliquer plus clairement…

Il désigna le tableau noir, et prit un bout de craie.

—Inutile. J'ai de suffisantes notions d'anatomie…

Il la regarda, sans songer à dissimuler sa surprise. Et, rondement:

—Alors!… Eh bien voilà: à moins de recourir à une intervention indispensable, et qui, je me hâte de vous rassurer, n'est pas grave… un peu… pénible tout au plus… Vous allez me comprendre: la conformation de votre matrice rend, aujourd'hui, toute conception impossible. Vous avez une particularité que bien des femmes vous envieraient: le col virginal… Avec cela, aucune crainte de fécondité, ou aucun espoir, cela dépend du point de vue où on se place!—ajouta-t-il avec un petit sourire… Les spermatozoaires les plus malins se cassent le nez. On ne passe pas!

—Et le remède?

Il désigna, sur une tablette de cristal, à côté du spéculum dont il venait de se servir, tout un petit arsenal: pinces graduées, tiges de laminaire:

—Frayer le chemin, par une dilatation progressive… Il y aurait aussi,—c'est le moyen radical,—l'intervention chirurgicale: anesthésie, curetage, et, toujours, dilatation. A vous de choisir.

Elle prit instantanément son parti:

—Essayons votre méthode. Je me fie à vous… Quand commence-t-on?

—Mais, quand vous voudrez… Aujourd'hui si vous avez le temps.

—J'ai le temps. Allez!

Et, avec décision, elle se recoucha, non sans s'être, sur invitation, mise à l'aise. Prudemment, et avec une discrétion dont elle lui sut gré,—le docteur procédait aux premiers soins. Bien qu'il fût de ces médecins que les appas de leurs clientes ne laissent pas insensibles, Hilbour avait pour principe de ne pas les effaroucher, au début. Il réservait ses surprises pour les visites suivantes, faites à domicile.

Courageusement, en dépit de la cuisante douleur, Monique s'était astreinte à suivre le traitement. Elle l'eut sans nul doute continué, si, à la troisième séance, son charme n'eût opéré sur l'opérateur. Prenant pour de l'effronterie ce qui n'était qu'une indifférente simplicité, le docteur s'était brusquement permis certain geste qui ne laissait aucun doute sur la suite de ses intentions.

Monique, à cette attaque brusquée, avait été soulevée d'un irrésistible dégoût. Avec colère elle avait mis le goujat à la porte.

—Un joli monsieur, votre docteur Hilbour! avait-elle dit simplement, quelques jours après, à Mlle Claire. Après tout, il a peut-être des clientes qui aiment ça!

La grossière salacité de la plupart des hommes, sans cesse excitée, la révoltait. Certaines bêtes au moins n'étaient en proie au rut que par époques!… Quelle idée ce maniaque pouvait-il se faire des femmes, et d'elle-même, en particulier? Elle n'était pourtant pas une chienne! Le procédé l'humiliait, comme la plus basse des injures.

Ainsi, à son chagrin de se savoir stérile, un écœurement nouveau se mêlait. Voilà ce qu'aux yeux de cette brute, en cela semblable à presque tous ceux qui de plus ou moins près la courtisaient, elle représentait: de la chair à plaisir! De ce qu'elle pensait et sentait, du meilleur d'elle-même, qui se souciait, personne? Qu'avait-elle à attendre, désormais, d'une vie où pas une affection désintéressée ne l'attendait? A défaut de la compagnie de tous les instants qu'un fils ou une fille lui aurait donnée, à défaut de l'absorbante tâche d'une petite âme à modeler, à qui, à quoi s'attacher? Quel homme en valait la peine? Quelle tâche comblerait l'abîme de sa vie?

L'idée que tous les médecins ne ressemblaient pas à celui-là, et que cette exception confirmait au contraire la règle de l'honnêteté professionnelle,— l'idée aussi qu'avec un peu d'endurance à la douleur physique elle conquerrait l'aptitude qui, momentanément, lui manquait, ces deux raisonnements qui, à une autre heure, l'eussent différemment déterminée, elle les écarta, tant réagissait en elle la période de dépression qu'elle traversait. Quant à l'intervention chirurgicale, quelle raison de la tenter, puisque personne ne l'aimait, et qu'elle n'aimait personne?

Dès lors, elle se trouva sans forces pour remonter le courant. Elle se rendait compte que chaque abdication de volonté multipliait sa faiblesse. Elle se laissait aller, en fermant les yeux, à la fatalité qui l'entraînait...

Un incident qui à la réflexion n'avait rien qui pût l'étonner, mais dont l'imprévu la surprit, acheva d'exacerber, jusqu'au point morbide, sa misanthropie.

Plombino, qui depuis sa démarche infructueuse n'avait cessé de la poursuivre, se trouvait, comme par hasard, à côté d'elle à table dans un grand dîner, donné par Mme Bardinot. Prétexte: fêter la nomination de son mari à la présidence de la Banque des Pétroles Réunis. Motif: faciliter au baron l'entretien dont sa hantise escomptait une solution heureuse. Sa passion contrariée tournait à l'idée fixe. Il eut la force de se contenir, jusqu'à la fin du repas. Comme on achevait le dessert, il n'y tint plus, et, congestionné, frôla la jambe de Monique, d'un genou insistant.

Elle avait tourné vers le pachyderme un visage résolu:

—Vous êtes malade?

Il renifla, les yeux fixés sur le décolleté d'où jaillissaient la rondeur des épaules, les bras de statue vivante, le dos velouté. On se levait de table, elle dut accepter de poser sa main sur le rond de coude qu'il offrait, gauchement. Alors, de sa voix molle, il s'était dégonflé, avec une émotion sincère.

—Ecoutez-moi! Je fous aime... Vous m'avez refusé de meubler l'hôtel du parc Monceau. Pourquoi?... J'aurais payé cet honneur deux cent mille francs d'honoraires et un million de crédit! Davantage, si fous l'aviez voulu. Je donnerais tout ce que j'ai, tout, pour fous plaire...

Elle eut un rire insolent:

—Je me suis trompée. Vous n'êtes pas malade, vous êtes maboul.

Ils pénétraient dans le salon. Elle quitta vivement le bras du baron. Mais il lui avait saisi la main, et l'attirant dans un coin de palmiers, fermé d'un paravent:

—Je sais que l'archent ne compte pas pour fous. Fous êtes riche, et fous le serez, plus tard, à ne savoir que faire...

—Détrompez-vous. Il y a des pauvres, en France! Et il y a, en Russie, des millions d'êtres qui crèvent de faim. Donnez-leur d'abord ce que vous m'aviez proposé. Nous verrons, ensuite, si je vous fais l'honneur de travailler pour vous.

La famine de la Volga, entassant aux portes des cimetières les enfants par monceaux de cadavres, la misère poussée jusqu'au cannibalisme, cette vision des atrocités qui ravageaient un peuple dont le sang fraternel avait coulé, deux années durant, dans la commune boucherie, fit pâlir Monique... Les yeux baissés, elle songeait aux galas d'antan, aux Tsars acclamés par Paris et aux Présidents de la République fêtés dans les Palais Impériaux... C'étaient les millions tirés par les Plombino, les Ransom, les Bardinot d'alors, du bas de laine paysan et du coffre-fort bourgeois,—les millions sur lesquels tous ces forbans s'étaient engraissés au passage et dont la créance avait sombré, au double gouffre de la guerre et de la révolution,—c'était cette gangrène qui avait pourri toute solidarité!

Sur ce débordement de catastrophes, Monique flottait, en plein désarroi... Cela, l'humanité, la vie?... Partout le mensonge et l'oppression! Et il y avait encore des gens qui osaient parler de principes?... attester l'Ordre, le Droit, la Justice! Quand ils ne pensaient qu'à s'emplir le ventre ou à soulager leurs génitoires!

Plombino personnifia soudain leur bande cupide, il fut la race entière des mercantis, gorgée de la misère des peuples. Au spectacle de cette bedaine majestueusement étalée, elle admira quelle patience il fallait, aux visages creux, à tous les crève-souffrances des taudis ouvriers, à cette foule entassée comme du bétail dans les trous à poux et à tuberculose...

Faillite de l'aveugle et lent bulletin de vote, dont la duperie avait pu permettre ces choses! Elle comprenait presque, à cette minute, la bombe de l'anarchiste, et son explosion de rage... Elle se raisonna:

«La bombe, éclair non moins aveugle! Fracas inutile,—nuisible même! Représailles que d'autres représailles matent. Rien à espérer, tant que les mitrailleuses, encore aux mains des gras, n'auront pas changé de maîtres...»

Plus d'une fois déjà,—au sortir des restaurants de nuit où des pantins et des marionnettes, portant des trésors en diamants et en perles, venaient en une heure de gaspiller devant elle de quoi nourrir, pendant un mois, tous les malheureux grelottant aux autours,—le spectre hâve, la vision révolutionnaire lui étaient apparus. Ils la hantaient ce soir avec plus d'insistance. Ils exaltèrent sa révolte quand, relevant les paupières, elle encercla le salon Bardinot.

Il y avait là le Ministre des Finances délégué par le Bloc National, sous couleur d'étiquette républicaine, au service des grandes Banques internationales. Il y avait des hommes d'affaires au bec de corbeaux, dans l'habit noir, ou aux bajoues lourdes de porcs gavés et travestis. Il y avait des politiciens suant le je-m'en-foutisme, des femmes déshabillées comme au lit. Enfin, devant elle, il y avait Plombino, dont le regard brillait.

—C'est promis, grasseyait-il. Et puisque fous ne voulez rien de moi, j'ouvre un compte de deux millions, pour la décoratrice…

L'idée de secourir, ne fût-ce que de quelques gouttes d'or, ces maux si grands qu'ils dépassaient l'imagination, la radoucit. Elle murmura:

—Peut-être. Mais vous savez, en dehors de l'artiste, rien de la femme!

Il gémit:

—Foui, foui… Ah! si fous vouliez!… Ne vous fâchez pas: seulement être baronne, vifre près de moi… fous feriez tout… (il appuya) tout ce dont fous auriez envie… Jamais je n'entrerais dans fotre chambre à coucher!… Jamais…

Elle lut, dans sa prière, toute l'étendue de l'offre. Des amants? Oui, il lui en amènerait, au besoin!… Et il regarderait par le trou de la serrure, comme Hutier!… Une nausée l'étourdit. Elle tourna le dos, sans répondre, avec un léger haussement d'épaules. Il la suivit, obstiné.

Alors elle lui jeta, en imitant son accent:

—Jamais, fous entendez, jamais je ne travaillerai pour vous, si vous me reparlez de cela!

Le gros homme verdit, et répéta:

—Seulement être moins loin de fous… pouvoir respirer votre parfum… Fous seriez libre… tout à fait libre…

Alors, sourdement, d'une voix basse et précipitée, elle lâcha:

—Vous êtes ignoble! Vous ne voyez donc pas à quel point tout ce que vous dites, et tout ce que vous ne dites pas, vous dégrade, et me salit!… Non, taisez-vous! Ce que vous représentez pour moi, vous et votre argent, c'est ce qu'il y a de vil au monde, c'est toute la bassesse et la férocité des hommes… Votre désir me souille, votre luxe me fait horreur! Vous êtes… (Elle s'arrêta)… Non, tenez, inutile, vous ne comprendriez pas!

Il soupira:

—Comme fous êtes dure!

Elle le regarda: bedonnant, lamentable.

—Oui, vous ne pouvez pas comprendre… Restons-en là. J'étais de triste humeur ce soir. Il y a des jours comme ça!… Il suffit d'une goutte de boue, la dernière, pour que le cœur déborde.

Il avala l'affront, et s'inclinant avec humilité:

—Je fous demande pardon!... Je ne foulais pas... Je ne savais pas... Malheureuse, fous? Comment se douter?... Soyez tranquille, je ne fous reparlerai jamais... de rien... Pour me montrer que fous m'excusez, promettez-moi seulement de fous occuper... quand fous voudrez, quand fous pourrez... de faire remeubler ma maison... par Mlle Claire, tenez, si cela fous ennuie d'y penser fous-même!... Que j'aie au moins, chez moi, quelque chose qui vienne de fous!... Non! non! Je ne dis plus rien... Je fous enverrai demain pour vos pauvres, un chèque de trois cent mille francs. Pourvu que nous ne soyons pas fâchés... que je puisse fous apercevoir, de temps en temps... Merci... merci...!...

Elle le considéra, sans pitié. Il bavait la peur d'être rabroué et, sous sa servilité, l'espoir quand même, sournois et persistant, du multimillionnaire pour qui, finalement, tout s'achète. Mme Bardinot accourait en souriant, soignant son entremise. Monique en profita pour prendre brusquement congé.

Ponette se récriait:

—Restez, voyons! Marthe Renal vient chanter, après l'Opéra...

Mais Monique secouait, farouchement, la tête:

—Non! non!... J'ai du travail. Tenez, pour le baron!

Le visage de Mme Bardinot s'éclaira, ravi. Elle flairait la grosse commission, sans distinguer, dans «l'au revoir» railleur qu'on lui jetait, le sarcasme de l'ironie...

«Du travail! se répétait Monique, en filant à l'anglaise... Collaborer au bien-être et à la vanité de ces mufles!... Ah! si cela ne devait pas servir à panser d'autres maux, pires encore que les miens!...» Elle n'en jugeait pas moins sévèrement son métier: œuvre superflue, en soi... Divertissement d'oisive. Travailler à ça, quelle fichaise!

Elle rentra, broyant du noir.

V

Elle ne fut plus, dès lors, qu'un instinct lâché. Toutes les heures coulèrent, également mornes, dans leur variété. Monique s'agitait dans une sorte de nuit morale. L'énergie qui la poussait à vivre n'était plus assez forte pour la guider, dans sa dérive. Après le rétablissement qu'elle était parvenue à faire, c'était de nouveau la chute, et cette fois, estimait-elle, irrémédiable. Réagir? Dans quel but? Elle ne croyait plus à rien. Cet obscur sentiment de la lumière qui est au fond de tous les êtres et qui subsistait en elle, parmi les ténèbres de l'inconscient, la soulevait pourtant encore à son insu, au-dessus de la boue où sans regrets et sans remords elle croyait enfoncer, définitivement.

Monique restait, malgré elle, de ces natures si foncièrement droites qu'un coup de barre les peut redresser, à l'instant où il semble qu'elles chavirent. Mais, de cette conviction, seuls étaient pénétrés les deux êtres qui la connaissaient bien et qui avaient gardé pour elle un peu de l'affection portée à la tante Sylvestre.

Mme Ambrat et le professeur Vignabos avaient vu avec peine Monique s'éloigner d'eux, espacer les occasions de rencontre. Mais, après un dernier déjeuner rue de la Boëtie, où elle avait, dans un élan soudain d'expansion, vidé la poche à fiel, ils avaient fini par en prendre mélancoliquement leur parti.

Elle-même, depuis, avait senti un besoin de fuir leurs visages attristés, parce que clairvoyants. Le jugement de ces vieux amis n'avait pas eu besoin d'être formulé. Elle en devinait le reproche, d'autant plus sensible à son amour-propre qu'ils lui rappelaient, avec le souvenir de la disparue, les bons et les mauvais jours passés…

Jamais plus maintenant elle ne se retournait vers ce cimetière. Elle vivait uniquement le présent. Changement d'ailleurs apprécié par la plupart. Elle s'était mise à l'unisson, roulait, à niveau de leur bassesse. Boire, manger, dormir, et, pour compléter le programme des réjouissances, tout ce qu'hommes et femmes ont imaginé, dans le possible des plaisirs et des vices. «Elle devient bonne fille», disait-on d'elle.

—Vous valez mieux que ça! lui avait dit Mme Ambrat un jour qu'elle s'était malgré tout décidée à entrer, en passant devant les fastueuses vitrines, maintenant livrées au seul goût, d'ailleurs raffiné, de Mlle Claire.

Celle-ci avait pris la direction effective de la partie artistique. Monique s'en remettait à elle jusque du soin de faire établir, après indications sommaires, toutes les grandes décorations. M. Angibault, chef de la partie commerciale, assurait devis et recouvrements.

Debout devant Mme Ambrat, dans le petit salon de réception, Monique, qui à deux heures de l'après-midi venait de se lever, répétait en soupirant:

—Mais non! je vous assure... C'est même amusant, au fond, cette existence-là!... Je l'avais prise au tragique, et puis au sérieux... J'avais tort. C'est une farce. En se plaçant au point de vue comique, et surtout en n'exagérant rien, car rien au fond n'a d'importance, on peut très bien s'accommoder!... C'est la sagesse... T'en fais pas!

Mme Ambrat contempla tristement le teint plombé, les bras pendants.

—Quelle sagesse! murmura-t-elle.

—C'est la meilleure.

—Et c'est une femme qui parle! C'est vous, Monique...

—Bien sûr. Pourquoi une femme, qui n'a ni mari, ni enfant,—qui n'a même pas de parents... car les miens!—s'embarrasserait-elle de scrupules que les hommes n'ont pas? Il faut vous résigner à ce fait, chère madame. Chacun sa vie! Et puis la mort, pour tous!... Et surtout n'allez pas me plaindre, parce qu'en attendant je mène une vie de garçon!

Mme Ambrat esquissa un geste impuissant. Il y aurait eu trop à dire! Elle avait embrassé Monique avec tendresse, car elle avait malgré tout foi en elle, puis était repartie, toujours courant. C'était une de ces maigres quadragénaires, sans âge et presque sans sexe, qui n'ayant jamais été mères, se vouent, de tout l'élan féminin insatisfait, au trompe-cœur de l'éducation. L'habitude de professer lui avait donné une autorité un peu sèche, sous laquelle une sensibilité ardente couvait.

Monique, en bâillant, écoutait les explications que lui donnait Mlle Claire: Le baron Plombino était enchanté de son nouveau fumoir, en érable veiné et velours cendre... Il présentait ses hommages à «Mademoiselle». Les maquettes des décors pour la nouvelle pièce de Fernand Dussol seraient prêtes ce soir... Madame Hutier avait déjà téléphoné deux fois. Elle redemanderait la communication, un peu plus tard...

—C'est bien, merci, Claire.

Monique étouffa un nouveau bâillement. Rien ne l'intéressait plus... La journée s'étendit monotone, au regard de son ennui. Elle jeta, en s'arrêtant devant une glace qui reflétait un savant éboulis d'étoffes, croulant et cascadant en flots violet et or, un regard mécontent...

Quels yeux! Pas étonnant, après une nuit pareille!

Elle l'avait passée tout entière à fumer, seule avec Anika Gobrony. Heures délicieuses aux sens engourdis, mais qui lui laissaient le lendemain, avec une sensation de vide, le dégoût de tout ce qui n'était pas l'oubli apaisant de la drogue. Heures de nirvana, coupées de longues causeries, entre les pipes. Heures blanches, où toutes deux, fraternellement allongées de chaque côté du plateau, évoquaient d'interminables histoires, sans aucune espèce d'intérêt… Potins misérables, reflétant l'atonie du cercle où lentement s'enlisaient, avec le talent de la grande violoniste qu'avait été Anika Gobrony, les jolis dons de l'artiste et de la femme, en Monique.

Elle tressaillit. L'appel impérieux du téléphone retentissait. Elle avait maintenant une phobie de ces sonneries brutales, comme d'une intrusion d'importuns, dans son marasme.

M. Angibault montra son visage carré de Lorrain méthodique:

—Madame Hutier.

—J'y vais.

Monique soupira. Les distractions que d'ordinaire lui proposait Ginette ne la divertissaient guère. Mais, après tout, autant cela qu'autre chose!

Elle s'était petit à petit laissée reprendre aux camaraderies d'autrefois. Hélène Suze et Michelle d'Entraygues étaient, avec Mme Hutier et Ponette, redevenues de ses intimes. Même elle trouvait, à les revoir quotidiennement, un agrément qu'elle n'avait pas connu lorsque, contrastant du tout au tout avec leur mentalité, elle réprouvait cette veulerie et cette corruption dont, imprégnée elle-même aujourd'hui, elle partageait l'habitude.

Un peu de mélancolie, irraisonnée mais douce, l'ajoutait à ces amitiés qui l'engluaient, comme un fond de vase. Rappels inconscients du passé,— l'image de la Monique qu'elle avait été, aux jours de l'illusion, quand elle appareillait vers le bel avenir…

Elle écoutait, le récepteur à l'oreille, et soudain sourit, d'un air ambigu:

—Non, impossible ce soir. Je dîne avec Zabeth, et je dois la mener ensuite chez Anika…

—…

—Oui, elle n'a jamais fumé. Ça l'amuse.

—…

—Justement! La lucidité, le détachement d'esprit que cela donne… Ça va très bien avec la théosophie.

—…

—Oui, et avec le spiritisme! On voit double.

—...

—Eh bien! chérie, puisque tu y tiens tant, voilà ce qu'on pourrait faire. Passez nous prendre, après dîner... Où? Au restaurant indien, vous savez? A Montmartre... Oui, c'est cela. Ensuite, on verra. Après tout elle sera peut-être enchantée. L'éducation se complète à tout âge... C'est ça!... Au revoir, chérie.

Elle raccrocha. A ses yeux las, l'étincelle que la proposition vicieuse avait allumée s'éteignit. Monique promena un regard d'ombre sur le petit salon, où naguère elle aimait à travailler, entre les visites. Les dessins inachevés gisaient, sous l'abattant du bureau Louis XV fermé. La pièce lui parut vide, vide comme la journée qui s'annonçait. Vide, comme l'existence...

Alors, bâillant plus fort, elle sonna. Mlle Tcherbalief montra son visage de slave volontaire, aux yeux d'acier.

—Je remonte, Claire. Ne me demandez pas. Je vais sortir, jusqu'au dîner.

—Mais le rendez-vous, avec Mlle Marnier?

La dogaresse amatrice,—ayant troqué son argentier belge et son appartement rue de Lisbonne contre un *businessman* américain et un hôtel avenue Friedland,—renouvelait entièrement son mobilier.

—Vous lui direz... ce que vous voudrez. J'approuve tout d'avance. Bonsoir.

Elle regagnait, d'un pas traînant, son entresol, où—depuis Peer Rys, le député, l'ingénieur et le peintre,—aucun homme n'avait pénétré. La consultation du docteur Hilbour l'avait guérie des liaisons inutiles. Menant, comme elle l'avait dit à Mme Ambrat, la vie de garçon,—garçonnière comprise,—elle couchait, aux hasards de l'aventure. Le plus souvent dans les deux petites pièces qu'à double fin elle avait aménagées à Montmartre. Au sortir des music-halls et des boîtes de nuit, où de nouveau elle se montrait assidue, c'était commode, cette salle de bains et ce salon, meublé seulement d'un immense divan.

Tremplin propice au rêve toujours plus fréquent des fumeries, et parfois, aux réalisations d'exercices sexuels. Elle avait pris, de ses interminables séances chez Anika, le besoin d'avoir, en véritable opiomane, sa propre installation, et, de ses fréquentations improvisées (généralement à trois ou à quatre), celui d'un champ de manœuvres suffisamment vaste...

Elle s'étira, désœuvrée. Puis, ayant fermé ses volets au grand jour, elle se réétendit sur son lit défait. Les yeux clos, elle chercha longtemps le sommeil. Elle songeait, avec un dégoût fait aussi d'un remords, à la rue bruyante, aux magasins où Claire et Angibault se multipliaient, au soleil dont la splendeur planait, sur la fourmilière de la ville, en pleine activité de labeur… Et, comme dans un coma, elle se sentit descendre, voluptueusement, à travers son néant.

Elle ne s'éveilla qu'au soir tombant, avec le sentiment d'une journée encore gâchée. Mais qu'est-ce que cela faisait? Maintenant le jour pour elle ne commençait qu'avec la nuit… La nuit, où—l'ivresse du stupéfiant aidant et l'imprévu des rencontres mouvementant un peu son éternel *A quoi bon*,—elle se figurait vivre intensément.

Elle usait, aux rites mécaniques de la toilette, d'interminables instants, s'attardait à des choix et à des combinaisons de robes, elle jadis habillée, et si vite, d'un rien… Futilités qui la menaient à neuf heures où, généralement, elle dînait.

Il en était huit, quand, entendant la sonnerie de la porte d'entrée, elle tint en suspens le doigt frotté de fard rose dont elle allait aviver ses pommettes… «Zabeth! déjà… Zut, je suis en retard!»

—Entre! cria-t-elle, comme la femme de chambre annonçait Lady Springfield.

Avec une émotion fugitive, elle voyait dans son miroir, comme du fond soudain ressuscité de sa jeunesse, apparaître sa grande amie d'autrefois. Longue et flexible,—une liane brune,—lady Springfield, en dépit d'une robe généreusement échancrée, avait si peu changé que Monique crut revoir Elisabeth Meere… Le visage mat gardait cette expression volontaire, mais aussi un peu énigmatique, qui faisait dire à tante Sylvestre: «Elisabeth, c'est une dalle, sur un secret.»

Monique, sans se retourner, tendit le cou:

—Embrasse-moi, mais ne me mets pas de rouge!

Zabeth rit:

—Le mien est sec, il ne tache pas… Tu n'as pas honte?… Encore en chemise!

Monique posa lentement la dernière touche,—une nuance de bleu, au coin de la paupière.

—Là. Je suis prête. J'ai mes bas.

Elle se leva, vêtue seulement d'une courte combinaison sous le kimono. Lady Springfield la contemplait, émerveillée:

—Comme tu es devenue belle!

Elle ajouta en rougissant:

—Tu l'étais déjà…

Son regard, posé sur les seins de Monique, évoquait le soir trouble où dans une atmosphère d'orage, poitrines nues, elles avaient comparé, comme la pomme et la poire, leurs rondeurs naissantes. Instinctivement l'Anglaise étendit la main, caressa, dans leur corbeille de dentelles, les beaux fruits qu'elle sentit frémir. En même temps Monique,—tandis que dans sa mémoire se réinstallait l'heure disparue,—voyait sous le corsage de Zabeth, deux pointes surgir, tendant la soie légère… Alors, elle rougit à son tour, les joues empourprées du même feu que son amie.

Une vague honte la troublait. Cependant la sensation lui avait été agréable, et ce fut d'une voix douce qu'elle murmura, instinctivement, les mêmes mots qu'elle avait proférés jadis, mais avec une autre intonation: «Finis! qu'est-ce qui te prend?…» Zabeth sourit, si clairement, que son volontaire visage n'eut cette fois plus rien d'énigmatique. Et Monique, amusée, déclara à son tour:

—Tu n'as pas honte?

Lady Springfield secoua délibérément la tête. Non! elle n'avait pas honte… Et pourquoi aurait-elle honte? Son mari était trop occupé des affaires de l'Etat pour prendre souci de sentiments. Il lui avait fait deux enfants, comme il eût planté deux arbres. Leur éducation? La *nursery* pour l'instant y pourvoyait; ensuite ce serait le collège… Quant au spiritisme, voire théosophique, il suffisait sans doute aux curiosités de l'esprit. Lady Springfield ne détestait pas les joies qui achevaient de prendre corps. Et quel corps plus plaisant que celui d'une jolie femme? Entre toutes, celui de Monique, longtemps désiré, occupait dans ses souvenirs la première place. Place réservée, d'autant plus précieuse.

Gaiement, les deux amies dînaient seules, dans le petit restaurant indiqué à Ginette Hutier. Il était connu seulement de quelques initiés, pour sa cuisine exotique. Pimentée de curry et de poivres rouges, elle leur fit mieux apprécier le frappage d'un champagne sec. Coup de fouet, qui accéléra leur abandon…

Elles se laissaient aller aux fous rires qui les secouaient, comme deux gamines. Lady Springfield, reprise par sa marotte, tentait de convertir, à ses croyances d'au-delà, Monique rebelle. Mais celle-ci, entre deux bouchées, protestait:

—Non! non! Et non!… Tu as beau dire. Nous ne sommes qu'un agrégat de cellules, une matière qui, à la longue, après des millénaires de perfectionnement, a produit l'âme, comme la fleur produit le parfum… Mais l'âme et le parfum meurent tout entiers, quand la matière s'est désagrégée…

—Oh! c'est sacrilège!

—Non. C'est rationnel. Je ne crois pas à la survivance de l'esprit,—excepté dans les formes que l'art et la science des vivants ont pu créer… Survivance elle aussi éphémère!… Quant aux esprits!… Ah! non, s'ils en avaient seulement un tout petit peu, ils ne s'exposeraient pas à revenir faire un tour dans cette sale vie. Ils resteraient où ils sont!…

Elle montra une potée succulente que le garçon, un Cingalais au chignon tressé, apportait:

—Tiens! dans les choux. Mais il n'y a pas d'esprits. Il y a des forces inconnues sur lesquelles influe peut-être notre intelligence comme elles influencent notre sensibilité.

—Yes, des forces surnaturelles!

—Non! des forces naturelles. Nous ne les connaissons pas encore. On les analysera peut-être un jour. Nous commençons bien à pénétrer seulement le mystère de la chaleur et de l'électricité!

—Et la télépathie, voyons? Et les prémonitions? Et la prophétie d'événements impossibles à prévoir? Ce sont des réalités scientifiquement démontrées. Et les photographies de corps fluidiques? Comment expliques-tu tout cela, à moins d'une intervention spirituelle, à la fois humaine et divine?

Indignée, Lady Springfield frappait la table de son couteau, si vivement que le Cingalais accourut.

—Ah! l'esprit! railla Monique. La table a parlé.

Elle commanda, par contenance, une seconde bouteille de champagne: «—Nous la boirons bien, va!»

—Yes, continua la spirite, en souriant. Et comme cela, ensuite, la table tournera toute seule!… Non, je ne suis pas naïve au point de tout croire. Mais je pense, véritablement, que nos âmes ne meurent pas en même temps que le corps. Leur essence astrale est éparse dans l'infini jusqu'à ce qu'elle se réincarne, sous d'autres formes. Ainsi il y a un rythme de vie universelle dont l'harmonie est conforme à la justice de Dieu.

La conviction faisait trembler sa voix, et lui rendait, du coup, un léger accent.

—Dieu! s'écria Monique, qu'amusait cette phraséologie chez une matérialiste aussi déterminée… Quel dieu? Celui des armées, peut-être? Alors quelle peau jugera-t-il assez douce pour y enfermer… un Guillaume II, par exemple?… Tu me fais rire, avec ton immortalité et ta métempsychose!

Elle s'animait, à son tour. La vanité de vivre résonna, sourdement, sous le voile des mots:

—Autour et au-dessus de nous, avant et après tout, il y a la nuit de la matière! Nos étincelles d'une seconde y jettent, avant de disparaître, leurs éclairs de feux follets. Voilà tout. En attendant, mon nez luit.

Elle se poudra, vivement. Mais Lady Springfield, lasse de philosopher, avait tiré une cigarette d'orient d'un large étui d'argent plat. Le Cingalais, attentif, présentait la flamme d'un briquet.

—Merci...

Elle regarda Monique, avec une attention tendre.

—Chérie, tu me fais de la peine... Sous ta gaieté, je sens qu'il y a plus de tristesse... oui?... J'étais sûre... Découragée, pourquoi?... Ça, ce n'est pas rationnel.

Monique haussa les épaules, en tendant sa coupe:

—La vie!... Ne parlons pas de cela... Il y a des gens qui se noient dans un crachat. J'aime mieux le champagne.

Elle vida la rasade, d'un trait. Zabeth, avançant sa chaise, emprisonna entre ses genoux les jambes étendues.

Et d'une voix câline:

—Les hommes n'entendent rien au bonheur des femmes. Ils ne se sont jamais intéressés qu'au leur...

—Ça dépend! dit Monique. Hier Ginette me disait le contraire, en parlant de son mari.

L'Anglaise s'écria, sincère:

—Oh! celui-là, c'est un cochon!

La réputation de M. Hutier,—thème ordinaire de facéties, dans les journaux satiriques,—avait passé, avec les frontières de Maxim's et d'Irène, celles de la Manche. Lord Springfield, trompé par l'apparence chafouine du ministre, qu'il avait rencontré à la dernière conférence interalliée, n'y pouvait croire. Mais Milady, mieux documentée, ne conservait aucun doute, ayant un jour été surprise, dans ses propres effusions avec Ginette, par M. Hutier. En guise de réparation, il avait exigé, pour sa satisfaction solitaire, qu'elles continuassent.

—Tu vas la voir, d'ailleurs! fit Monique... Elle vient nous chercher... Tiens, la voilà!

La ministresse montrait, dans l'entre-bâillement de la porte, sa mine futée de brune hardie. Les deux amies lui faisaient signe. Imposante dans son manteau du soir, Ginette traversait avec autorité le restaurant. Il n'y avait plus, hors la patronne jouant aux cartes avec une amie à petit chien, que le Cingalais anachronique.

Sans que le moindre étonnement parût sur sa face de bronze, il reconnut, en Mme Hutier, la «demoiselle» qui, accompagnée d'une autre jeune fille et d'un monsieur élégant, l'avait autrefois,—un jour qu'il avait congé,—enlevé au Thé Daunou, où il servait. Le regard équivoque et le rire muet du Cingalais rappelèrent en même temps à Ginette la scène qui s'était passée, ensuite… Précisément dans l'atelier de Cecil Meere! Le grand diable noir sodomisant celui-ci, tandis qu'elle-même et Michelle d'Entraygues leur servaient de témoins, et d'aides…

Elle adressa, sans broncher, un clin d'œil objurgateur à l'homme et, rapidement, proposa de filer. Les autres attendaient, dans l'auto… Lady Springfield s'enquérait:

—Qui?

—Max de Laume et Michelle…

—Où va-t-on?

Ginette mit un doigt sur ses lèvres… «Tu verras bien!» Elle eut un sourire engageant. Elle évoquait après une heure au Music-Hall, un groupement nouveau: Zabeth remplaçant son frère, et Max, le Cingalais. Elle n'allait pas jusqu'à la distribution des rôles, laissant une part d'autant plus large à l'imprévu qu'elle avait résolu—(d'accord avec son mari, sa propre liberté étant à ce prix)—d'inaugurer ce soir un nouveau théâtre d'exploits.

L'ex-ministre (car, depuis le souper chez Anika, le cabinet Pertout avait été renversé) assistait ou n'assistait pas à ces petites fêtes. Mais, dans ce dernier cas, il exigeait toujours un compte rendu fidèle. A défaut de l'excitation *de visu*, un récit détaillé lui était devenu nécessaire pour le mettre en état d'être ensuite flagellé avec fruit, chez cette bonne Irène. M. Hutier,—lumière du progressisme,—méritait ainsi sa réputation de cérébral…

—Dans le fond! ordonna Ginette, en poussant lady Springfield, tandis que Max de Laume se levait, pour saluer… Rasseyez-vous, Max!… Michelle sur vos genoux… Et Monique sur ceux de Zabeth! Là, moi au milieu…

Elle jeta l'adresse. Et comme Lady Springfield observait:

—Et Anika qui nous attend!

Michelle déclara:

—Pensez-vous! Anika?… Pour elle il n'y a plus que la pipe qui compte…

—Et c'est dommage! fit Max de Laume. Elle avait du talent.

Il jugeait, avec sévérité, le laisser-aller qui de la grande artiste avait fait, petit à petit, un déchet humain. Le plaisir, à ses yeux de calculateur réglant sa vie méthodiquement, comme une machine à succès, n'excluait pas la volonté. A chaque heure son emploi. C'est ainsi qu'à trente ans il était président du Cercle de la Critique Littéraire, et désigné déjà, par le salon Jacquet, comme le Benjamin futur de l'Académie.

Monique ne pensait à rien. Un bien-être l'engourdissait, dans lequel la griserie intervenait pour une part, et, pour l'autre, le tendre enlacement de Zabeth, contre laquelle elle se pelotonnait. Il y avait, dans son abandon, le réconfort d'une tendresse semblable à celle d'une grande sœur, mêlée à tous les souvenirs de l'adolescence, et aussi le ragoût d'une sensation nouvelle: comme une curiosité un peu incestueuse…

A l'Olympia, où l'entrée dans une avant-scène fit sensation, la bande fut vite lasse d'être le point de mire de la salle. Un moment distraits par l'apparition d'un phoque parleur, puis d'une chanteuse à voix, imitant Damia, tous se ralliaient à la proposition de Ginette: «Si on filait?»

Lady Springfield fut bien, à la sortie, un peu surprise de se voir poussée dans un taxi, dont le chauffeur, sur un billet supplémentaire glissé par Max de Laume, acceptait de les charger. Mais Ginette expliqua:

—J'ai renvoyé ma voiture en disant que madame d'Entraygues nous ramènerait… Tu ne voudrais pourtant pas que nos chauffeurs sachent que nous allons au bouic!

Zabeth répéta, sans comprendre: «Au?…» Mais avec un éclat de rire, Ginette, en lui coupant la parole, redoubla sa stupeur:

—Eh! bien, oui, au clac!…

—Au clac?

—Au bordel, enfin, puisque tu ne connais pas le français!…

—Oh! s'écria lady Springfield, avec un accent d'indignation si sincère que tous les quatre se tordirent.

—Eh bien quoi? riposta Ginette. C'est le dernier salon où l'on s'amuse. Pas besoin de présentation, ni de chichis. Le naturel en liberté. Et puis, au moins, là on n'est pas trompé sur la marchandise!

Zabeth se tourna vers Monique. Et nettement:

—Rentrons!

Mais celle-ci murmura:

—Reste donc, bête!

A observer jusqu'à quel point le sens de la respectabilité et le culte de la théosophie s'alliaient, chez l'Anglaise, à sa dépravation soigneusement cachée sous l'hypocrisie religieuse et mondaine, Monique souriait, amusée.

Elle serra la main de son amie:

—Allons! ce sera drôle.

Lady Springfield esquissa une dernière défense:

—Mais si on nous reconnaissait?

—Impossible, trancha Max de Laume, qui depuis le matin, avait été mis avec Michelle dans la conspiration... D'abord, là, personne ne peut nous reconnaître, puisque personne ne nous connaît. Ensuite personne ne nous verra... Et enfin, (il eut un geste noble), il y a la discrétion professionnelle.

Zabeth prit son parti.

—J'espère au moins, fit-elle en menaçant Ginette, que ton mari...

—Sois tranquille! Il n'arrivera pas avant une heure. Il doit venir me prendre, en sortant du Banquet de l'Association de je ne sais plus quoi...

—Je serai partie!

—Bah! il n'est pas gênant!... On y est.

Le taxi s'était arrêté quelques numéros avant la lanterne rouge qui indiquait, avec une discrétion relative, la maison close. Max de Laume sonna, parlementa. La sous-maîtresse lança des ordres. On entendit une galopade dans l'escalier. Des portes battirent, en se fermant. Précédées par la grosse femme minaudante, les quatre amies montaient avec une petite gêne, à l'idée de ces murs qui avaient des yeux. Max, d'un air dégagé, formait l'arrière-garde.

Elles ne respirèrent sans arrière-pensée que lorsqu'elles furent installées dans la chambre turque, à défaut de la chambre de glaces, occupée. C'était une vaste pièce—style Constantinople-Place Clichy,—dont les lampes aux verres de couleur projetaient une lumière mystérieuse sur les tentures épaisses. Des amas de coussins prolongeaient l'immense divan, si profond qu'on s'y pouvait coucher plusieurs, côte à côte, dans la largeur.

La sous-maîtresse s'enquit,—l'inévitable champagne commandé,—du reste de la consommation: Brunes? Blondes? Elle offrit même, classiquement, la négresse. Mais, Max se récusant, Ginette opta, sur le conseil de la matrone, pour Irma, Flamande, et Michelle pour Carmen, «—Une Espagnole en vrai, et de Séville!»

Zabeth et Monique, désintéressées du choix, s'étaient aussitôt étendues de tout leur long, les mains croisées derrière la nuque, en spectatrices. Lady Springfield, le coude enfoncé dans les coussins, et haussant le buste par dessus l'épaule de Monique, surveillait, sans en avoir l'air, chaque geste.

La grasse beauté d'Irma et l'élégance nerveuse de Carmen,—qui entraient en saluant, désinvoltes dans leurs peignoirs qui aussitôt tombèrent,—furent immédiatement sympathiques, à son œil de connaisseuse. Nues, les filles dépouillaient toute la livrée des conditions sociales. Elles revenaient à la simplicité animale, à l'inconscience primitive.

Il n'y avait plus dans la chambre turque,—hors Zabeth et Monique, qui avaient gardé leurs robes,—que des bêtes blanches. En même temps que Carmen et Irma, Ginette, Michelle et le beau Max avaient envoyé promener, à travers la pièce, les vêtements superflus.

Zabeth, devant leurs jeux, s'enflammait.

Déjà, sous les baisers dont la Flamande lui parcourait le corps, Ginette, les bras devant les yeux, poussait son habituel roucoulement, tandis qu'à côté d'elles, Carmen et Michelle, lovées en cercle avec Max, nouaient étroitement, de bouche à sexe, une ondulante guirlande.

Toute l'ivresse de Monique s'était dissipée. Morne, elle contemplait Zabeth rivée au tressaillement de ces chairs… Emoi de novice! Que de fois, en des lieux pareils, à des heures de même égarement, Monique les avait-elle aussi caressées! Michelle, Ginette, une autre Carmen ou une autre Irma, formes familières, presque anonymes, de l'écœurement toujours étreint, de l'oubli jamais atteint…

L'étouffante chaleur de la pièce calfeutrée, un vertige de fatigue en même temps qu'une immense paresse la clouaient inerte, sur la couche de stupre, quand d'un sursaut elle eût voulu pouvoir se relever, fuir…

Mais un visage se penchait au-dessus d'elle. Elle vit luire, avec résignation, l'irrésistible désir, aux yeux de Zabeth. Les lèvres goulues s'emparèrent des siennes. Leurs seins se touchaient. Un long corps, sous les étoffes froissées, s'enroula à ses membres las, comme une liane brûlante… Elle soupira, conquise.

Evanouissement où Monique éprouvait, avec son plaisir, la dégradante, l'abominable conscience qu'à cette minute achevait de vivre prostituée, jusque dans son souvenir, la dernière image d'elle-même qu'elle eût, jusque-là, conservée intacte.

La Monique d'Hyères… Toute la pureté, toute la blancheur encore immaculée de sa jeunesse.

VI

Quelques jours après,—Zabeth était le lendemain repartie pour Londres, assister au grand bal donné à Buckingham-Palace pour les fiançailles de la Princesse Mary,—Monique fit, au Musée du Louvre, dans les salles de la collection Dieulafoy, une rencontre inattendue. Elle y était allée, dans l'espoir de secouer sa neurasthénie croissante, chercher un motif ornemental pour *Sardanapale*,—la pièce babylonienne de Fernand Dussol.

Le décor du trois, une terrasse sur l'Euphrate, exigeait, entre deux colonnes, une tenture. La couleur et les broderies imaginées par Mlle Claire, satisfaisaient bien le vieux maître, mais n'avaient pas eu l'heur de plaire à Edgard Lair, qui dirigeait tout...

Monique songeait avec accablement, devant les taureaux ailés et les frises géantes, aux civilisations mortes et à la vanité de sa besogne, lorsqu'un visiteur vint se planter à quelques pas devant elle, pour mieux contempler le détail de l'architecture. Il se retourna. Leurs regards se croisèrent. Elle reconnut, après qu'il l'eut saluée, Georges Blanchet... Plus moyen de l'éviter!...

Elle l'avait, depuis sa fameuse rencontre chez Vignabos, revu une ou deux fois. D'abord rue de Médicis où, hostile, elle lui avait à peine adressé la parole. Puis à Vaucresson, chez Mme Ambrat. Ils avaient alors vaguement sympathisé. Blanchet, nommé professeur au lycée de Versailles,—où il avait sauté, de Cahors, après un livre de pédagogie remarquable,—était venu au Vert-Logis se documenter pour un article sur l'œuvre des Enfants Recueillis. Evidemment c'était un homme bon et intelligent. Mais elle ne lui pardonnait pas d'avoir été, autrefois, trop perspicace devin.

Il avait toujours sa courtoisie discrète et sa mine souriante d'évêque. Le visage glabre s'était seulement un peu empâté. Il s'enquit poliment de ses travaux, en la félicitant de ses succès. Elle éluda, avec une modestie si peu feinte qu'il en manifesta sa surprise, et, piqué d'une curiosité, la regarda mieux. Le teint, naguère si éclatant, avait perdu de sa fraîcheur. Un cerne profond soulignait de bistre les yeux désenchantés. Un pli donnait à la bouche, pourtant ravissante, une expression dure...

Elle perçut le constat. Et devinant qu'il était, par Mme Ambrat, au courant de bien des choses, elle fut prise d'un accès d'amère franchise:

—Vous me trouvez changée, hein?... Oh! pas de phrases!... Vous avez raison. Je ne ressemble guère à la jeune fille avec qui vous avez autrefois disserté: *Du Mariage!*...

Il entr'aperçut, sans en deviner la profondeur, une plaie secrète, protesta, avec une sympathie spontanée:

—Monique Lerbier est belle, autrement. Et elle est célèbre.

Elle ne répondait pas, perdue dans son passé. Il ajouta, non sans une ironie imperceptible:

—N'êtes-vous pas maintenant à égalité, avec les plus favorisés de ces hommes dont vous trouviez si injustes les privilèges?

Elle eut envie de crier: «Que m'importe, puisque j'ai perdu au change tout le bonheur de vivre? Je suis seule et sans but. L'humanité me dégoûte au point que je n'ai même plus l'envie, ni la force de lutter, pour quoi que ce soit!... Mais si vilaine que je la trouve, il n'y a personne encore qui me dégoûte autant que moi-même!» Elle dit seulement, en montrant les pierres colossales:

—L'égalité?... oui, dans le néant!... C'est ça, tenez, qui vous fiche une leçon!... Quel écroulement!

Les blocs épars reconstituaient, dans leurs pensées, les temples ruinés depuis des millénaires. Les dynasties et les peuples agitèrent leurs fantômes, au fond du gouffre immémorial. L'histoire confusément s'enchaîna, à travers l'espace et le temps... Des foules étaient nées, avaient souffert, étaient mortes. Et de ce tourbillon de poussière évanouie, voilà ce qui restait: des pierres insensibles, et un souvenir aussi décevant que l'oubli!

En hâte, elle lui serrait la main, le laissait sur place, rêveur. Il suivait d'un regard intrigué cette silhouette élégante qui s'éloignait, redressant la taille, le pas vif... Masque de crânerie, sur un visage de douleur. Et, philosophe, il poursuivit sa promenade.

Rentrée rue de la Boëtie, Monique tenta de travailler. Crayons et pinceaux ne lui tenaient pas aux doigts.

Elle revenait, de sa velléité laborieuse, plus démoralisée encore... Que faire, qui l'absorbât? Courageuse, oui, elle se fût peut-être donnée corps et âme à n'importe quelle tâche. Il n'en manquait pas d'intéressantes,—de passionnantes même. Ne fût-ce que de reprendre, à son compte, en l'amplifiant, l'œuvre de Mme Ambrat...

«Que de misères, partout, à soulager! que de bien à faire! se disait-elle... Mais on n'est altruiste qu'à condition de ne plus penser à soi... Bon à quarante ans, pour Mme Ambrat.» Monique, jeune, ne pensait qu'à elle. Les mauvaises habitudes prises, et jusqu'à sa réussite dans son métier de luxe l'enserraient aussi de mille liens mous, mais tenaces...

Elle se fit soumettre le dessin de la tenture incriminée et jugea charmante la nuance brique, avec ses broderies de fausses gemmes incrustées.

—Quel idiot que ce Lair! Il faudrait que je passe au Vaudeville, dit-elle à Claire... voir le décor posé... Si j'y allais?

—On ne répète pas, mademoiselle. C'est jeudi, matinée…

—Zut!… Alors montrez-moi le velours cerise, pour le cabinet de travail de M. Plombino.

—Nous ne l'avons pas encore.

Monique s'en tint là. L'effort pour aujourd'hui suffisait… En même temps la fin de l'après-midi allongea, devant elle, son ornière déserte… Comment user jusqu'au soir, où elle irait fumer chez Anika, les heures interminables? Il y avait bien, au Ritz, un rendez-vous avec Hélène Suze, qui pilotait un jeune couple suédois susceptible d'achats… Mais l'idée d'une politesse intéressée! Et la vision du thé avec ses petites tables couvertes des éternels gâteaux, la rengaine des jazz-bands, la stupidité des papotages!

Une sauvagerie de plus en plus fréquente succédait à ses promiscuités avec ce monde dont elle était, et dont les Hélène, les Ginette et les Michelle— ministresses, bourgeoises ou marquises—ne valaient pas mieux, si même elles valaient autant, qu'une Carmen ou qu'une Irma.

Elle remit son chapeau, réendossa la jaquette de son tailleur. Elle en avait depuis quelques jours adopté l'uniforme, même le soir, ayant renoncé,— depuis sa dernière expédition,—à la coquetterie de ses toilettes. Elle n'avait ainsi qu'une agrafe à détacher, la jupe tombait. Et Anika l'aidant à se défaire de son corsage, elle était aussitôt prête, à l'aise dans la draperie du kimono, pour la cérémonie quotidienne.

«Je la trouverai certainement en train de fumer, se dit-elle. Elle doit avoir reçu sa drogue. Une bonne pipe!… il n'y a encore que ça!» Décidée soudain, Monique se rasséréna… Elle était dans une de ces périodes d'intoxication, où l'opium lui était nécessaire, comme l'air. Elle ne pouvait plus maintenant s'en déshabituer. Il fallait qu'elle respirât l'apaisante fumée, sinon elle étouffait. Une sueur d'angoisse lui glaçait la peau.

Souvent, cessant après des semaines ainsi englouties dans la légère ivresse, elle avait eu de ces symptômes douloureux. Elle avait alors réussi, par une reprise de volonté, à espacer les séances. Elle sentait bien qu'à prolonger l'abstinence, elle retrouvait, pour l'action, une lucidité en train de s'appliquer toute, stérilement, au rêve… Mais, cette fois, ayant pris le poison à doses massives, elle n'éprouvait qu'un désir: en prendre encore…

L'abrutissement? Non, l'anéantissement, le merveilleux mépris de tout ce qui n'était pas la béatitude dont, à la première pipe, elle sentait le bienfait, et dont, à la vingtième, elle était pénétrée jusqu'à la jouissance suprême: dissoute, volatilisée!

Elle trouva, comme elle s'y attendait, Anika prostrée sur ses coussins, dans le noir. La minuscule lampe, aveuglée à demi par un papillon d'argent, luisait faiblement, sur le plateau des ustensiles. On eût dit une veilleuse funéraire.

—C'est moi, dit Monique. Ne bouge pas.

En sortant de l'éclatant crépuscule d'été, l'atelier aux tentures hermétiques, tout imprégnées de la pesante odeur, lui fut doux comme une grande tombe. Mais déjà Anika avait tourné le commutateur. La lanterne éclaira, d'un feu pourpre, la fumeuse couchée, l'attirail rituel. Le visage de la violoniste apparut cadavérique, la chair plaquée sur l'ossature brune...

Elle déclara d'une voix enrouée:

—Tu tombes mal. Pas de confiture!

—Je croyais...

—Non. Le type qui devait me l'apporter,—et de la bonne, directe, arrivant de Londres!—s'est fait chopper hier, au *Saphir*... Tu vois ça? Pas à cause de l'opium, on ne savait pas qu'il en avait... A cause de la coco!... On a raflé le tout.

Elle ricana. Et, loquace, jeta d'un trait, avec cette volubilité mécanique que lui donnait la poudre blanche:

—Ce qu'ils nous embêtent, tous ces poireaux du Parlement, avec leurs lois!... Ils me font rire... Les stupéfiants! C'est eux qui le sont... Le père Hutier, marchand de vertu!... Tu vois ça?... Et si je veux m'intoxiquer, moi?... D'abord, puisqu'ils parlent de poison, qu'ils s'occupent donc de l'alcool! Mais ça, ils n'oseront pas... C'est le bistro qui les nomme...

Elle baissa le ton, et confidentielle:

—De la «neige» heureusement, il m'en reste. La Souillarde, celle qui tient le lavabo au *Pélican*, m'en a vendu. Tiens, plein cette boîte!... Tu vois ça?

Elle montra, en riant, une petite bonbonnière d'émail.

—Et puis, je sais où on en trouve! Y a le pharmacien, à Javel... Tu vois ça?... Mais pour la confiture, alors, rien à faire! Il t'en reste pas?...

—Si! un fond de pot...

—Va le chercher... T'as la flemme? Ça ne fait rien, va, reste. On fumera le drops... J'ai râclé toutes les vieilles pipes... Tiens, y a encore le fourneau de la grande, celle d'ivoire... il en est plein. Le drops, c'est bon aussi! J'sais pas si j'l'aime pas autant...

Elle toussa, malgré son gosier blindé, et répéta de sa voix rauque:

—Le drops, c'est plus fort. Ça grise mieux…

Il lui fallait, comme à l'ivrogne, du raide.

Elle soupira:

—Tout de même, si on n'avait pas ça, dans la vie!… Allez, viens! Couche-toi…

—Attends que je passe ma robe.

Monique, en habituée, se dévêtait à travers l'obscurité. Drapée dans un manteau chinois elle prit place, le long du plateau. Comme elle tournait machinalement le papillon de la lampe, dont la flamme la gênait, Anika, qui avait profité de l'intermède pour se bourrer le nez, récrimina, avec une vivacité colère:

—Quand tu auras fini, de me fiche le phare dans l'œil!

Monique pensa: «Qu'est-ce qu'elle a pris!» A la bavarde surexcitation de la cocaïne, à laquelle la violoniste essayait depuis quelques jours de la convertir, elle préférait le silencieux vertige de l'opium.

Refusant la prise que, radoucie, Anika lui tendait, elle aggloméra, en le pétrissant en boulette, un peu du résidu noir qui constituait, ce soir, tout son régal… Une fois de plus elle dînerait par cœur! Mais le drops, trop dur, ne s'enroulait pas bien, en fondant au bout de l'aiguille. Il retombait, grésillait, sur la flamme. Elle parvint pourtant à arrondir suffisamment la lourde goutte, et, saisissant sa pipe, à garnir à peu près le fourneau…

Alors, portant le bambou à ses lèvres, elle tira avidement, d'une longue aspiration… La fumée était si âcre qu'elle la rejeta, la boulette consumée. D'ordinaire, quant l'opium était frais, elle avalait le capiteux poison, savourait le délice de le sentir entrer en elle, liquéfiant, presque instantanément, tout son être.

Elle reposa la pipe, se laissa aller sur les coussins, étourdie. Le relent dont l'atelier était saturé, ce fade et puissant parfum du baume noir l'avait saisie, la charriait, sous le souffle violent du premier effluve.

Anika s'exclama, avec un ricanement satisfait:

—Eh bien! ma vieille!

—Ne crie pas! supplia Monique. On dirait un train qui passe!

Le bruit se répercutait en elle, multiplié… Mais, bientôt, l'onde sonore s'effaçait. Les murs reculèrent. Tout devenait lointain, lointain, en même temps que s'assourdissait, au point de n'être plus qu'une confidence chuchotée, la verbosité saccadée d'Anika. Le temps avait cessé d'être.

L'espace s'était empli d'une douceur fluide. Monique éprouvait, extasiée, une double impression de vide et de plénitude.

—Dis donc,—gouaillait la voix, transposée comme si elle venait d'un autre monde,—ça te fait de l'effet!... Et si tu avais pris un peu de coco!... Moi, c'est mon troisième gramme depuis hier. Tu vois ça?... Il n'y a pas à dire... c'est ce qu'on a inventé de mieux, ces drogues-là, pour vous guérir du mal de mer... L'existence, moi, ça me fait vomir... Une bonne pipe, une bonne prise! cela remet les boyaux en place... Supprimer l'opium et la coco, tu vois ça?... Faut-il être assez bête! C'est comme un médecin qui vous refuse de la morphine, quand on souffre!... Il y en a, sous prétexte qu'on y prend goût!... Alors on pourrait plus même claquer en douce?... de quel droit ces salauds voudraient-ils me condamner à la vie? C'est ma guenille, c'est pas la leur... Pour ce qu'on y fait de beau, dans leur boutique!... Tu vois ça?... Ah! la! la!... L'amour, d'abord, ça n'existe pas, c'est des bruits qu'on fait courir! Y a que des bêtes qui se déchirent, quand elles ne se baisent pas. Le plaisir?... oui, le cul! Un cul-de-sac, on en voit vite le fond!... L'art?... Oh! ma chère! oùs qu'est mon violon!... Du talent, oui, j'en ai eu, peut-être... Oui, oui, une grande artiste, c'est entendu!... Y a longtemps. Et après?... Chopin aussi, a eu du talent. Seulement, lui, il a pu au moins croquer ses notes... Ça reste. Moi, fallait bouffer... Tu vois ça? J'ai joué la musique des autres... Une ratée, quoi!... Pas même d'enfants! Une propre à rien!...

Elle ouvrit, nerveusement, sa bonbonnière, y puisa une copieuse prise. Et, autoritaire:

—Prends, je te dis! C'est le vrai remède... Avec ça, le reste, on s'en fout!...

—Non! dit Monique, j'aime encore mieux ton sale drops.

La violence de la sensation première s'était dissipée. Elle se remit patiemment à façonner, puis à cuire ses boulettes, mais elle ne réussit plus à les fumer d'un seul trait. Alors, nerveuse à son tour, et ne trouvant pas le calme qu'elle poursuivait, elle suivit le conseil d'Anika, prisa coup sur coup.

Mais loin de la détendre, la dangereuse poudre, mal dosée, exaspérait son agitation. Elle crut avoir, soudain, un visage de bois, le nez, le front, les tempes durcis, dans une anesthésie si brutale qu'elle se sentait devenue machine. A son tour, inlassablement, elle se mit à moudre des paroles, dans le vide. Une insensibilité complète la roidissait. Avec des gestes secs, elle continuait à pérorer, sans arrêt...

Toute la nuit, séparées par le plateau où à l'aube la lampe s'éteignit, elles conversèrent ainsi, comme des sourdes.

Quand Monique se réveilla, glacée, il était plus de midi. L'atelier restait mystérieux, dans sa pénombre. Anika dormait encore, si blême qu'elle la contempla, avec inquiétude. On eût dit une morte. Elle toucha sa main qui était froide... Mais un souffle court soulevait, régulièrement, la poitrine plate... Monique partit, sans la déranger.

L'après-midi, si mal en train qu'elle se sentît, elle passa au Vaudeville. On répétait pour la seconde fois dans le décor, et l'administration avait téléphoné, le matin, que M. Lair désirait voir Mlle Lerbier, en personne. Quand elle entra sur le plateau, elle s'arrêta, interloquée, en entendant des éclats de voix. C'était Lair qui hurlait:

—L'académie? Je m'en fous... Votre pièce n'est pas meilleure pour ça!... Une ordure, je vous dis! Ici il n'y a qu'une chose qui compte. La mise en scène.

—Mais enfin, monsieur!...

Elle reconnut le timbre irrité de Dussol, aussitôt couvert par le rugissement du comédien. «Aah!» Tout se tut, comme elle paraissait.

Fernand Dussol, stupéfait, contemplait son interprète qui, saisissant son chapeau, s'en coiffait avec une fureur froide, et gagnait la porte, en brandissant sa canne. Aux émois, le régisseur et le directeur, Bartal, couraient à ses trousses, le retenaient par le pan de son veston. Mais Lair, outragé, ne voulait rien entendre. Tous trois s'engouffrèrent, dans la fente d'un portant.

Fernand Dussol avisa Monique et, tout en feu sous ses cheveux gris, lui conta l'aventure. Exproprié jusque-là des répétitions par l'autocratie de Lair, qui ne tolérait, dans sa création, aucune espèce d'ingérence, surtout celle de l'auteur,—il avait dû, pour éviter un esclandre, remettre ses observations au moment où la pièce, étant sue, lui serait présentée d'affilée...

—Mais comment, Maître, vous célèbre, avez-vous accepté?...

—Il aurait fallu ou retirer *Sardanapale*,—et Bartal m'a supplié de ne pas le faire: trente mille francs de dédit à cet animal, engagé spécialement!...—ou en venir aux mains! Et vraiment...

—Non! dit Monique, en souriant. Je ne vous vois pas... Traîné par Bartal, Edgard Lair précisément réapparaissait, mi-de gré mi-de force.

Elle contempla le poète fameux, gringalet en dépit de sa grosse tête, et le cabot herculéen... Il était Sardanapale lui-même, et rentrait, en roi, dans ses Etats. La tenture brique, heureusement, servit de diversion. Il expliqua que, vêtu d'une robe blanche, il voulait un fond noir...

—Ce sera peut-être un peu dur? objecta Monique.

Fernand Dussol, ayant eu le malheur d'être du même avis, le monarque le toisa de haut:

—Vous bavez, monsieur!... Moi, je bave quand je veux.

Et se retournant vers Monique, il conclut, d'un ton sans réplique:

—J'ai dit: noir!

Elle s'inclina, serra avec une compassion respectueuse la main de Fernand Dussol, qui tremblait de rage dédaigneuse, et fila... Malsain, les fous en liberté!... Elle regretta d'avoir pénétré dans cette ménagerie. L'accès de cabotinage aigu auquel elle venait d'assister ajoutait une tristesse à la dérision de la tragique farce à laquelle, jour à jour, elle était plus lasse de participer.

Ce qui lui avait, un moment, paru comique était, dans l'effroyable identité de son imprévu, redevenu ce qu'il n'avait en réalité jamais cessé d'être. Noir! comme disait l'autre.

Les jours qu'elle passa, jusqu'à la répétition des couturières, furent les plus sinistres qu'elle eût encore connus. Ils n'étaient qu'un pesant sommeil ou un interminable bâillement, entre la pause morbide des nuits, et la double asphyxie de l'opium et de la cocaïne. Elle ne mangeait plus, rassasiée aux premières bouchées. Un goût de cendre lui montait aux lèvres.

Elle se retrouvait, définitivement meurtrie par la dégringolade qu'était son apparente ascension, au même point de chute que le jour où, dans le vestibule de l'avenue Henri-Martin, elle avait retrouvé, sur la civière, tante Sylvestre écrasée. Elle gisait au bas de la grande roche, sur les récifs. L'eau glacée tourbillonnait, furieuse, sous un ciel d'encre.

Si Mlle Tcherbalief ne l'avait contrainte, elle eût laissé Lair Sardanapale s'exhiber, ce soir-là, sur la terrasse assyrienne, sans mêler, aux bravos enthousiastes de la salle, son applaudissement machinal. Elle s'en voulait de la lâcheté de son geste, comme d'une abdication de plus. Mais quoi? Elle n'en était pas à une veulerie près!...

Elle était en train de prendre une glace, au Napolitain, avec le baron Plombino, Ransom et Mme Bardinot, rencontrés à la sortie, quand, sur la banquette opposée, un homme, dont le regard venait d'attirer le sien, s'inclina, après une hésitation. Elle chercha: qui est-ce?

Cet air de carnassier bilieux, ces yeux de chat et cette barbe rousse?... Elle ne trouvait pas. Consciencieusement l'inconnu s'était remis, en rêvassant, à fumer sa courte pipe. Mais Fernand Dussol et sa femme, qui avaient fait sans bruit leur entrée, s'asseyaient à côté de l'inconnu... Elle comprit, bientôt, qu'on parlait d'elle. Dussol lui fit des signes amicaux. Un instinct—sympathie pour l'un, curiosité pour l'autre—la poussa.

Elle se leva, afin de complimenter le vieux poète et sa femme... Aux premiers mots, Dussol présenta:

—Régis Boisselot... Monique Lerbier.

—Je connais monsieur, dit-elle, en serrant cordialement la grosse main noueuse qu'il avançait, maladroitement.

—Tout le monde a lu *Les Cœurs sincères*, observa Mme Dussol.

Boisselot grogna:

—Cinquième édition. Le monde est petit! On le savait, madame.

Monique plaisanta:

—Mais non, puisque voilà quatre ans que je n'avais pas eu le plaisir de vous rencontrer!...

Elle expliqua, pour les Dussol:

—Chez Vignabos... il y a... longtemps.

Elle surprit l'étonnement du romancier, dans le regard qui, timide, n'osait se poser, et la dévisageait à la dérobée. Moche à ce point? Elle pensa à l'expression de Blanchet, l'autre semaine... Boisselot aussi n'en revenait pas!

—Oui... longtemps! murmurait-il.

—Au point que vous avez même failli ne pas me reconnaître?

Il protesta:

—Ce sont vos cheveux courts... D'ailleurs je vous ai reconnue le premier...

—Difficilement...

Il se tut... C'est vrai, elle n'avait plus rien de commun avec l'éclatante fille dont le souvenir lui était resté. Une femme était née, qui avait dû être malheureuse, et se rencogner, meurtrie, au fond d'elle-même. Le papillon était redevenu chrysalide. Que de larmes il y avait en suspens dans ces yeux qu'il se rappelait bleus, et qu'il voyait gris... Un ciel de pluie...

Il avait fini sa pipe. Ils causèrent. Les Dussol partis, l'entretien continua. Même,—sensation dont elle s'étonna,—ils s'entendirent mieux, d'être seuls. Elle retrouvait avec plaisir cette rudesse d'esprit et cette franchise brutale qui autrefois l'avaient frappée, sans la choquer.

—Vous, dit Boisselot, en la regardant droit, vous êtes en train de faire des bêtises... Vous fumez?

—Vous aussi.

—Pas le même tabac! Le mien stimule, le vôtre abrutit...

—Et ça se voit? fit-elle, en détournant les yeux vers la glace qui lui renvoya son visage amaigri, sous le fard.

—Un peu! grogna-t-il. Vous savez que vous avez une mine de chien! Les joues creuses… Et des yeux! Opium et coco!… J'ai vu ça tout de suite! Ça ne trompe pas.

Elle déclara, gravement.

—Si! Cela trompe.

—Quoi?

—Les heures.

Il s'indigna:

—Vous avez besoin de ça! Et vous vous croyez intelligente?… Il y a pourtant des choses à faire, dans la vie! Au lieu de contempler votre nombril, et de pleurer, sur vos petits malheurs!… Le malheur savez-vous seulement ce que c'est? Je vais vous le dire. Ce matin, en entrant dans ma cuisine, pour donner un ordre à ma femme de ménage, je la trouve avec la porteuse de pain. Une grande vieille, à l'air dur. Un moment après, Julia m'apporte mon petit déjeuner et me dit: «Monsieur a vu la femme qui porte le pain?—Oui, elle a une sale tête!—Oh! monsieur, la pauvre, elle a la figure du chagrin! Avec les soixante ans qu'elle paraît, elle n'en a pas quarante-cinq.—Qu'a-t-elle?—C'est une réfugiée du Nord. Y a tout de même des gens calamiteux! Ecoutez ce que la guerre leur a fait, à ceux-là… Elle habitait un village près de Lille. A force de travail, son mari et elle, ils avaient pu achever une petite maison. Ils avaient un commerce qui marchait bien. Ça les faisait vivre, avec leurs deux fils et leur fille. La guerre arrive. Le mari, les deux fils partent… Un jour, v'là les Allemands. Elle se sauve, avec sa fille. Un mois après on annonce à la petite, qu'était souffrante, la mort d'un de ses frères. Ça lui tourne les sangs. Au bout de la semaine on l'enterrait. Une belle jeune fille, monsieur, qu'était leur joie!… Ensuite ils apprennent que leur maison, qui était toujours debout, les obus anglais la détruisent, *rasibus*… Enfin le second fils est blessé, grièvement. Quand c'est l'armistice, ils sont tous les trois à Paris et ils triment, en attendant l'indemnité, qu'ils n'ont seulement pas vue encore, à c't'heure! Le père et le fils sont embauchés dans une usine. Vous croyez qu'ils sont tranquilles? Le fils peut pas continuer, il est usé, il vomit le sang. Et l'an dernier, v'là le tour du mari! Il est pris par une machine. Une main coupée. Et le crâne démoli! A fallu qu'on le trépane… Il peut plus rien faire. Il a un œil enflé, et fixe, à croire qu'il va devenir fou. Cette nuit, il lui disait à la pauvre, en pleurant.—«Je n'te fais pas de mal, au moins, quand j'souffre? Quel malheur si fallait encore que j'te fasse du mal, toi qu'as déjà tant enduré!…» V'là ce qu'elle me racontait, monsieur. Aujourd'hui, y a plus qu'elle qui travaille…»

—C'est affreux! dit Monique, bouleversée.

—Croyez-vous qu'après cela on puisse s'attendrir sur votre sort? Vous êtes désœuvrée? Tenez, voilà des peines à consoler!... L'adresse? oui, je vous la donnerai... Moi, quand Julia a eu fini, je m'en suis voulu! Comment n'avais-je pas senti tout de suite ce que cette épave contenait d'horreur, de résignation, de sacrifice! J'ai regretté de ne pouvoir lui serrer la main, lui demander pardon de tout le mal que lui ont fait la bêtise et la méchanceté humaines!

Ils se turent. Sur eux pesait l'écrasant fardeau de la destinée.

—Vous avez raison, murmura-t-elle, avec une confusion de pitié, et de honte... On ne pense qu'à soi! Je n'oublierai pas votre leçon.

Elle le regarda avec amitié. Il reprit au bout d'un moment:

—Si vous n'êtes pas capable de faire la sœur de charité, au moins travaillez, grattez!... Tenez, moi, mon papier, ça n'est pas une terre épatante!... Ça ne fait rien, je ne me décourage pas, je pioche...

Elle objecta:

—Soit! Donnez-moi votre plume. Et je vous passe mes pinceaux.

—Non. Pas de pommade! Je n'ai peut-être pas plus de talent que vous. Mais je crois à l'utilité de l'effort, pour l'effort. Tout le monde ne peut pas être Hugo ou Delacroix... Mais c'est déjà gentil d'être...

—Qui?

—Qui? je ne sais pas, moi...

Il chercha, jeta des noms. Il jugeait, d'un mot, et qui peignait. Ils disaient leurs préférences, souvent communes. Monique, tout en se laissant aller au divertissement de discuter arts et lettres avec le romancier, se demandait pourquoi la sympathie, entre eux, s'accrochait de la sorte... Il était laid, et, plus encore qu'à leur première rencontre chez Vignabos, faisait parade d'un esprit féroce...

Pourtant, cette fois encore, la brusquerie bourrue de Boisselot ne lui déplaisait pas... Oui, pourquoi? Obscure attirance vers le compagnon d'une heure gravée dans son souvenir?... Invisible lien d'un passé qui avait été doux? Mais alors elle eût de même prolongé sa conversation avec Blanchet, lorsqu'il l'avait abordée, au Louvre... «Non, ce qui m'intéresse, songeait-elle en écoutant la voix tranchante, c'est la droiture de ce caractère... Voilà quelqu'un d'honnête...» La personnalité que les propos de Boisselot révélaient, et aussi la naïveté qu'il devait cacher sous son air de fauve, lui semblaient une chose si rare et si nouvelle qu'elle en appréciait, soudain, la révélation.

A diverses reprises, apercevant les signes de reproche que lui adressait Mme Bardinot, elle s'en était débarrassée d'un geste: «Je viens!» Mais les minutes passaient... elle causait toujours.

—Adieu lâcheuse! lui jeta Ponette, en s'en allant, sans s'arrêter.

Elle s'embêtait ferme entre Ransom somnolent et Plombino furieux, qui, Monique les lâchant, s'étaient remis à parler de leurs éternelles affaires... Elle jugeait cette petite Lerbier décidément toquée. Rien à tirer d'une pareille idiote! Faire fi de millions, quand il n'y avait qu'à prendre, et en échange, rien à donner!... Préférer au baron cette espèce de rouquin hostile!

Dignement tous trois passaient, réprobateurs, devant la table où Boisselot, pour les regarder défiler, s'arrêtait court... Quand, le dernier, à travers la porte tournante, Plombino, courbant le dos sous le sac qu'il semblait toujours porter, eut disparu, Monique lança gaiement:

—Bon voyage!

Boisselot la taquina:

—Pourtant, le gros... l'hippopotame, comme vous dites! Il paraît rudement pincé.

—Pauvre homme!...

Elle conta, en deux mots, la passion malheureuse de Plombino, et comment, au prix de sa clientèle, elle en avait fait un des bienfaiteurs les plus importants du comité Nansen:

—C'est un philanthrope que le baron! conclut-elle, ironique. Ne le blaguez pas!

—Baron? s'écria Boisselot avec un étonnement feint... Baron? Qu'est-ce que c'est que ça?...

En fait de barons, il ne connaissait, pour en avoir mangé un jour, que le baron d'agneau... Le baron de plombino lui semblait moins comestible...

Elle rit. Comme lui elle trouvait absurdes ces titres de pseudo-noblesse, qui ne correspondaient plus à rien, qu'à la vanité la plus sotte. Attrape-gogos dont des malins, spéculant sur la bêtise endémique, s'étaient fait des titres de rentes...

—Et dire, railla Boisselot, qu'il y a eu la nuit du 4 août! Révolution, où es-tu?

Ils s'aperçurent, soudain, que le café s'était vidé. Les garçons commençaient à empiler les chaises sur les tables.

—Une heure, dit Monique, en regardant la pendule. Déjà!…

—C'est vrai, constata Boisselot. Comme le temps a passé!

Sur le trottoir, au coin de l'Opéra, il s'apprêtait gauchement à prendre congé. Elle allait héler un taxi, quand il lui demanda:

—Où habitez-vous? C'est important, à cause du quartier…

—Rue de la Boëtie, voyons!

Il grommela:

—Vous pourriez ne pas avoir votre appartement au même endroit que vos magasins!

Elle sourit en songeant,—pourquoi?—à sa garçonnière de Montmartre, et répondit:

—Mais si. J'habite à l'entresol au-dessus. Et j'espère que vous me ferez un de ces jours le plaisir de venir déjeuner, avec notre ami Vignabos…

Il restait coi, flatté. Pas banale, et simple, malgré sa renommée!… En somme, oui, il la reverrait volontiers. Il prit et serra, amicalement, la main qu'elle lui tendait. Elle lui jeta, comme il refermait la portière:

—Entendu, n'est-ce pas?… Ah! votre adresse?

—27, rue de Vaugirard.

—Au revoir. Je vous enverrai un mot…

Comme le taxi démarrait, elle se pencha, regarda la silhouette trapue qui s'éloignait, à pas lents:

—Gentil, ce Boisselot…

Troisième partie

I

Ils n'avaient eu besoin que de se revoir trois ou quatre fois, depuis leur soirée au Napolitain... L'aube trouble du désir entre eux se leva, vite incendiée en brusque aurore.

D'abord le déjeuner avec M. Vignabos dans le ravissant entresol de la rue de la Boëtie. Aux yeux de Boisselot, Monique, à travers la sobre élégance de ce décor, où éclatait à tous les riens son goût si personnel, était apparue nouvelle. Sorte de fée moderne, dans le palais de sa fantaisie!

Elle n'y exerçait pas seulement cet empire d'élégance, et d'attrait charnel, auquel l'écrivain renfrogné restait sensible, et d'autant plus qu'il le voulait moins paraître. De petite origine, et gardant de ses débuts pénibles, longtemps traînés dans la bohème de Montmartre et les ateliers de Montparnasse, un arriéré d'appétits sous sa moue dédaigneuse, Monique l'avait impressionné, par tout ce que son luxe comportait, en nouveauté, d'appréciables agréments. Mais elle avait, en même temps, achevé de le séduire par sa finesse d'intelligence et, aussi, par l'étendue de culture qu'elle avait révélée, aux tournants de la conversation...

Bien que Régis Boisselot jugeât l'esprit d'une femme suffisant, si, belle, elle était capable de volupté, et qu'il eût même une prévention secrète contre celles qui se piquaient d'autres soucis, il avait trouvé, à l'individualité de Monique, un charme de plus... Le fait qu'elle pratiquait un métier, différent du sien, et y avait réussi, avait même donné dès l'abord à leur camaraderie un plain-pied propice à l'entente. Décoratrice, elle l'amusait, autant sans doute que, romancière, elle l'eût agacé...

Ainsi, respectant en elle une équivalente, et sur un plan où leur développement réciproque ne se contrariait pas, Boisselot, aussitôt agréé, était bientôt devenu Régis, ami quotidien. Elle avait devant lui ouvert, vidé son cœur. Bientôt il avait tout su d'elle, et la tendresse en lui était née, de la pitié.

Ils n'étaient pas sortis ensemble une semaine, qu'un soir—où, ayant dîné avenue Frochot chez le peintre Rignac, il la reconduisait à pied, comme d'ordinaire,—l'inévitable s'accomplit.

Il n'avait pas eu besoin de lui dire qu'elle lui plaisait,—et comment! Son silence et ses rougeurs parlaient si cru que Monique,—elle-même touchée par cette sympathie imprévue, si vite grandie,—avait été attirée vers ce qu'elle devinait de plus en plus, sous la rude enveloppe: une âme neuve, et un cœur tendre... Elle l'appelait gentiment: «Mon ours!» Elle se disait: «C'est un enfant!» Et elle souriait en songeant, sans déplaisir, à sa robuste musculature...

Ce soir-là, comme ils passaient, rue Pigalle, devant les fenêtres aux volets clos de sa garçonnière, Monique instinctivement avait ralenti le pas. Il savait qu'elle possédait, dans ces environs, un petit logis personnel, réservé à son vice: la fumerie…. Aux yeux de Boisselot c'était la seule tare de Monique, celle qui dégrade, parce qu'elle abrutit. Le reste: sa liberté de mœurs, il ne s'en préoccupait pas… C'était son affaire! Même, commençant à en escompter quelque bénéfice pour lui-même, il l'eût plutôt approuvée…

Il avait immédiatement deviné, ayant surpris le coup d'œil qu'elle avait jeté sur le rez-de-chaussée… Et ricanant:

—Ah! ah! c'est là?…

L'envie de s'arrêter l'avait tenaillé, et celle aussi de fuir. L'opium, et tout ce qui s'ensuit: son excitation artificielle, sa débauche à froid, lui répugnaient comme une chose pauvre, un divertissement d'impuissants, à côté de la beauté, de la santé du rut. En même temps l'image de Monique dévêtue, abandonnée, surgissait. Il avait hésité, immobile. Ses semelles étaient de plomb.

Ils n'échangèrent pas un mot. Ils se regardaient, complices. Et brusquement il la suivit, comme un toutou. Mais, à pénétrer dans la grande pièce où le lustre voilé ne donnait qu'un jour de cave, à respirer l'âcre relent de la drogue, Boisselot, maussade, avait senti ses obscurs griefs l'emporter sur son désir.

—On dirait un catafalque, grommela-t-il en désignant les tentures noires aux entrelacs d'or, et le divan semblable à un immense drap mortuaire, avec son plateau d'accessoires votifs.

Elle avait voulu lui démontrer la vertu du philtre imaginaire: «Une petite pipe! Rien qu'une!…» Mais il refusait le kimono dont elle l'invitait à se revêtir, tandis qu'elle-même, derrière le haut paravent de laque, se mettait à l'aise. Pourtant il flaira le vêtement léger qui gisait, comme une dépouille, sur le dossier d'un fauteuil bas… A combien de partenaires, hommes ou femmes, avait-il déjà servi? Il ne sut pas si l'idée l'écœurait, ou l'excitait; finalement il se décida pour le dégoût, et rageur alla s'étendre, attendant Monique.

Elle vint, drapée d'une robe prune, où des ibis blancs becquetaient des roses. Mais il ne voyait sous l'étoffe molle que le jeu souple de son corps. Silencieux, il suivait les gestes méthodiques, accomplis avec une gravité qui l'irritait. Il détesta Monique, son air absent, la distante impassibilité qu'avait pris son visage d'idole, en aspirant, longuement, la première pipe.

Elle s'était aussitôt renversée avec une si étrange expression d'extase, qu'il avait cru voir passer, dans ses yeux enivrés, le cortège lubrique de toutes ses jouissances passées. Une haine sourde l'avait alors soulevé, qui éclata lorsque, obligeamment, elle voulut cuire, pour qu'il y goûtât, une seconde boulette.

Il lui arracha brutalement l'aiguille, la jeta sur le plateau, qu'il bouscula d'un poing colère, en l'envoyant promener au milieu de la pièce. Les pipes roulèrent, la lampe s'éteignit.

Elle n'eut que le temps de murmurer: «Qu'est-ce que vous faites!»

Il était sur elle, l'injuriait, à mots hachés: «Espèce de folle! Vous n'avez pas honte! Est-ce que vous me prenez pour un de vos chiens lèche-c…?» Mais, insensible à l'outrage, et presque heureuse de l'outrance, où elle lisait plus de jalousie et de convoitise que d'indignation, elle s'était bornée à lui poser une main sur la bouche.

Surpris, il s'était tu, et avait baisé machinalement les doigts odorants… Il sentit que de l'autre main elle l'attirait, vit sous la robe qui s'entrouvrait les seins blancs se gonfler… Alors, comme un fauve, il s'était abattu.

Secondes de vertige, où ils ne faisaient plus, lèvres jointes, qu'un seul être, emporté d'une même frénésie, au découplement, à l'accouplement de l'instinct…

La secousse et la révélation voluptueuse, pour l'un comme pour l'autre, avaient été trop fortes. La passion s'en trouva déchaînée. Imprévue, chez tous deux, et d'autant moins raisonneuse, surtout en Monique:

Elle n'eut pas besoin que Régis lui reparlât, le lendemain de quoi que ce soit, pour se résoudre à balayer, résolument, tous les mauvais souvenirs…

—Si on louait la maison de Rignac, à Rozeuil, au bord de l'Oise? On irait y passer une quinzaine… Claire n'a pas besoin de moi pour tout diriger à ma place, et tu serais bien tranquille pour corriger les épreuves de ton prochain bouquin?

—Ça va!

Sitôt dit, sitôt fait. Monique avait enlevé «son ours», après de longues recommandations faites en secret à Mlle Tcherbalief. Surtout, avait-elle spécifié: «Qu'il ne se doute de rien!»

Son ours! Depuis la veille elle donnait à l'appellation un sens multiplié, à la fois possessif et reconnaissant. Elle se sentait presque une personne nouvelle. La soudaineté de l'attaque avait porté un tel coup à l'ancienne Monique, dispersée et morne, que celle-ci, vaincue, avait touché terre.

L'indifférente aimait. Elle aimait quelqu'un de sain, de digne, de fier. Elle aimait moralement autant que physiquement. Elle avait du coup repris pied, sur le sol ferme. L'amour, seul champ fécond de l'existence!

Les quinze jours qu'ils avaient passés à Rozeuil, n'avaient été qu'un ravissement. La petite maison basse, enfouie, dans le pré, sous les hauts peupliers… le jardin paysan, mais secret derrière ses épaisses haies… la berge propice aux après-midi de siestes amoureuses… l'Oise herbue, bordant la terrasse aux bateaux… les promenades en yole dans les bras des petites îles, leur enlacement de fraîcheur verte au matin, de tiédeur bleue la nuit,—la nuit où plus encore que le jour ils savouraient le délice de leur solitude… Et, sur ce divin séjour, hors du monde,—comme un enveloppement magique, du crépuscule à l'aube,—la lumière amie de la lune… Une lune énorme et dorée… Une lune de miel.

L'ours, à force d'être léché, baigné, caressé, était devenu mouton. Monique, bergère, retrouvait l'âme de son enfance, une extase innocente, au contact de la campagne, au creuset de la nature. Les déjeuners à l'auberge et les dînettes «chez nous»,—les pêches miraculeuses où, pour toute friture, il avait hameçonné un vieux soulier, elle une racine aquatique,—les jeux laissés par Rignac, croquet et *badmington*—tout les émerveillait, comme autant de découvertes. Chaque heure, un peu plus, les dévoilait à eux-mêmes.

Enfin, au retour, elle s'était amusée comme une gosse de la grande surprise ménagée, avec l'aide de Claire, à la mauvaise humeur de Régis que la rentrée à Paris, et sa séparation forcée, empoisonnaient: il habitait, avec sa mère, un petit appartement. Où se revoir?

La banalité des chambres d'hôtel lui répugnait, et plus encore le rez-de-chaussée-fumerie, témoin d'un passé auquel,—épris bien plus qu'il ne se l'avouait,—il ne songeait pas sans une rancune haineuse. La garçonnière-catafalque, non, merci!

Quant à l'entresol de la rue de la Boëtie, où, hardiment, elle lui proposait de vivre désormais avec elle, l'affichage lui avait paru gênant. Pauvre, il n'entendait pas vivre chez sa maîtresse.

Aussi n'avait-ce pas été sans grognements qu'elle était parvenue, le soir même de leur retour, à le déterminer à revenir, une fois encore, rue Pigalle. Ensuite on chercherait, on verrait… Il s'était laissé convaincre, lâche devant son plaisir, devenu besoin. Monique jouissait d'avance de l'effet de sa surprise.

Quand ils avaient pénétré, du petit vestibule entièrement transformé, dans la grande pièce où de l'ancien décor de Chine nocturne aucune trace ne restait, il n'avait pu retenir une exclamation.

—Ça, c'est épatant! Tu as trouvé quelque chose d'autre à louer? Il y avait donc un second rez-de-chaussée dans la maison?

—Non, c'est le même. Seulement Claire a, sur mes indications, tout modifié. Ça te plaît?…

Il avait contemplé, flatté, cette transformation que d'un coup de baguette la fée avait réalisée, pour lui. Table rase des suggestions anciennes. Silence imposé au chuchotement des vilaines heures auxquelles, malgré lui, son investigation rétrospective n'avait que trop de tendances à prêter attention... Il voyait, dans le geste délicat de Monique, une soumission préventive, une volonté aussi d'effacement, spontanée et complète... Elle chassait le spectre.

«Qu'il n'en soit plus question!» semblaient dire les murs retendus d'une toile ocre couleur des voiles marines, où des Rignac et des Marquet suspendaient, tranchant sur le fond orangé, leurs ciels méditerranéens.—«Ici l'on aime, et l'on oublie», ajoutaient le divan étroit pour deux et les profonds sièges couverts de velours bleu, les tables basses chargées des livres préférés, les étagères fleuries. Du maryland, dans un pot de Delft, attendait les doigts du maître. Et de courtes pipes amoncelaient dans une coupe d'onyx leur collection, au choix...

Si ours qu'il fut, et qu'au fond il restât, il avait été touché, jusqu'au fond du cœur. Après tout, de quoi se mêlerait-il, en s'érigeant reprocheur d'actes qui ne concernaient qu'elle? Il n'avait pas à juger le passé de Monique. Savoir jouir du présent, c'est à cela que l'intelligence commandait de se limiter...

Il l'avait attirée contre lui, avait baisé longuement ses paupières bombées comme des pétales, sur les yeux clos. Tout le visage souriait, joyeux, dans cette offrande de la chair qui s'abandonne. Il l'avait regardée, triomphalement. Les pétales roses se rouvraient, les prunelles élançaient vers l'amant leurs feux d'appel. Une prière, un espoir!... Prière ardente, espoir infini. Monique, de tout son être, se haussait vers le renouveau...

Don définitif d'elle-même, croyait-elle à cette minute où tout symbolisait une existence ressuscitée, chantait l'hymne de la métamorphose. Don solennisé par tout ce que l'un et l'autre sentaient, et ne disaient pas, dans leur fièvre grandissante, l'irrésistible aimantation qui les poussait, les plaquait, corps à corps.

Déshabillés d'un même mouvement, ils s'étaient repris, tombaient enlacés, sur le divan nuptial.

Boisselot, penché sur Monique, la regardait dormir après l'épuisante nuit. Dans cette chair qu'il savait sienne jusque dans l'isolante reprise du sommeil, il eût voulu pouvoir lire, percer l'énigme, au fond mystérieux de l'être.

Les bras croisés derrière la nuque, elle respirait d'un souffle égal, toute rose dans la touffe cuivrée de ses cheveux. Elle s'éveilla lentement sous le fluide qui l'enveloppait, aperçut au-dessus d'elle le visage méditatif, et sourit.

Ils étaient couchés à côté l'un de l'autre, nus sous le drap qu'au matin elle avait ramené, d'un geste frileux. Le grand jour filtrait à travers les rideaux fermés, nuançait, d'un bleu plus tendre, le sombre bleu du rideau de velours. Un rais de soleil y cousait sa broderie d'or.

—Il fait beau! murmura-t-elle, et enlaçant de son bras frais le cou trapu, elle attira jusqu'à sa bouche les chères lèvres.

Puis, le repoussant avec mollesse, elle murmura:

—Tu m'épiais, misérable?

—Je t'admirais.

Il avait eu une spontanéité si sincère, un tel accent de ferveur, qu'elle sentit sur sa peau les mots courir, comme une caresse. Alors, d'un geste câlin, elle l'enserra, blottit contre la poitrine velue sa tête bouclée.

Ils savourèrent, en silence, l'heure douce. Elle sans penser à rien, qu'au reposant abandon, et à ces fleurs de nénuphar, dont hier à Rozeuil leurs rames frôlaient encore, sur l'Oise, les larges feuilles flottantes... Monique se laissait bercer, comme elles, au courant ensoleillé...

Lui respirait les cheveux d'or sombre, avec enivrement. Elle leva les yeux, quêta la réponse à sa question muette: «Tu m'aimes?» Mais il se borna à déclarer:

—Si tu laissais repousser tes cheveux sans les teindre? Leur vraie nuance, à la racine, est ravissante.

—Je le ferai, si tu le préfères.

Il se tint pour satisfait de la promesse. S'il eût dit toute sa pensée, il eût insisté pour qu'en renonçant au henné, elle modifiât sa coiffure de jeune page. Une femme devait porter les cheveux longs...

Bourgeois sous ses apparences de sauvage, il était ainsi choqué par de menus détails. Symboles de l'indépendance d'allure à propos de laquelle il se plaisait, souvent, à taquiner Monique, sans vouloir s'avouer le sentiment dont ces reproches détournés étaient l'indice.

Jaloux, pourquoi? Ce serait trop bête! Qu'avaient-ils associé, sinon la sympathie de leur caprice et le plaisir de leurs sens?... Loyalement,—avant d'être à lui, et lorsqu'ils se découvraient seulement amis,—ne lui avait-elle pas avoué, comme à un confident fraternel, toutes ses aventures?

Ils s'étaient pris en connaissance de cause, librement, allègrement... Jaloux aujourd'hui? de quel droit? Il n'était pas une brute, voyons!... Jamais, avant d'avoir rencontré Monique, il n'avait connu l'ivresse d'un durable amour partagé. Franc à l'excès, et jusqu'à la violence, il n'avait pu retenir longtemps celles qu'eût pu fixer peut-être son talent généreux,—et surtout sa vigueur de mâle,—s'il ne les avait une à une éloignées, par une tyrannie maladroite...

Aucune, il est vrai, ne l'avait conquis plus rapidement et plus complètement que «cette sacrée fille» dont la possession l'émerveillait, trois mois après, comme au premier jour.

Elle releva le front, secoua ses boucles drues. Elle avait tant de cheveux que, bien qu'ils ne dépassassent pas la nuque, elle eût pu, si elle l'eût voulu, les masser en chignon.

—Au fond, dit-elle, c'est ma coiffure que tu n'aimes pas? Sois franc.

—Elle te va très bien.

—Mais…

Il avoua:

—Eh bien! oui, cela te donne un air masculin, que tout le reste dément.

—Ça te choque?

—Non… oui… ça me choque comme un manque d'harmonie, voilà tout.

Elle sourit, sans répondre.

—Pourquoi souris-tu?

—Pour rien.

Il observa, en se mettant sur son séant:

—Qu'est-ce que tu te figures? Je ne suis tout de même pas assez borné pour trouver mauvais que Monique Lerbier ait un genre, même masculin, si ce genre lui plaît.

Elle le taquina:

—Si. Tu es un homme des cavernes. La preuve!

Elle caressa le torse aux poils roux. Il concéda:

—Je ne suis pas un gigolo à la margarine, évidemment.

—Tyran, qu'est-ce que cela peut te faire que je me coiffe d'une manière ou d'une autre, si celle-ci me va bien?

—Elle allait mieux à la Monique d'hier.

Elle pâlit. Il eut voulu, soudain anxieux, rattraper le mot. Pierre jetée à pic, dans un puits: déjà elle y avait remué, sous le rejaillissement de l'eau pure, le fond de vase…

Monique à son tour s'était soulevée. Elle eut une sensation de gêne à se sentir nue devant ce regard qu'assombrissait, involontairement, l'évocation brutale… Elle allongea le bras, saisit un saut-de-lit, dont machinalement elle se couvrit.

Il voulut se faire pardonner sa maladresse, attesta:

—Crois-tu que je me soucierais des moindres choses qui te touchent, tiens… et jusqu'à ce qu'on peut penser de toi, si je ne t'aimais pas tout entière?

—Il n'y a pour moi qu'une chose qui compte: ce que tu penses, toi… Et de la Monique d'aujourd'hui. C'est la seule qui existe.

Il hocha la tête:

—Une femme ne peut se couper en deux, comme un fruit. D'un côté passé, de l'autre présent… Vois-tu, quand on aime, et dès qu'on aime, l'être désiré forme un tout, inséparable. Ce qu'il est ne se détache pas, par une section nette, de ce qu'il a été. Tous les moments d'une existence s'enchaînent… C'est parce que je t'aime uniquement, et uniquement parce que je t'aime, que je ne peux m'empêcher de songer à celle que tu as été, avant d'être à moi. Celle-là je la hais.

—Si tu m'aimais autant que tu le dis, tu ne la haïrais pas, tu me plaindrais…

Elle était debout; il l'imita, gêné à son tour par sa nudité, et le sentiment qu'ils venaient de redevenir deux pauvres êtres tourmentés par le besoin de se voiler, corps et âme, l'un vis-à-vis de l'autre…

Fallait-il donc, le désir tombé, qu'ils se retrouvassent ainsi que deux adversaires, après la trêve?… La franchise lui brûlait les lèvres. Il eut l'adresse de se maîtriser… Lui faire de la peine? Non, ce serait muflerie pure… De là à la plaindre!

Il sentit gronder en lui une irritation, la jalouse souffrance que jusque dans cette pièce pimpante, où venait de haleter leur bonheur, les murs repeints lui causaient. L'étroit divan disparaissait: à sa place il y avait le drap mortuaire de la fumerie, où Monique, râlant sous d'autres étreintes, avait roulé, avec les mêmes soupirs, son corps énamouré.

Et là, derrière la cloison, il y avait la salle de bains, immuable, elle, avec son bidet chevauché par combien, avant lui!… Il s'habillait en silence, peu soucieux de s'attarder. Il avait une hâte instinctive de se retrouver seul, de contrôler ses idées en tumulte…

Elle devina le drame qui naissait en lui, après la quinzaine d'isolement, leurs vies transplantées, dans le paradis de Rozeuil… oui, le paradis! Elle ne l'aurait donc atteint que pour le perdre?

L'instinct en elle cria, plus haut que l'orgueil. La peur plia, fut adresse. Il lui tournait le dos, nouant ses lacets de bottines. Elle l'entoura de ses bras. Et, sans paraître s'apercevoir de sa bouderie, tenta la diversion:

—N'oublie pas de dire à ton éditeur qu'il aura demain les fleurons, pour tes fins de chapitre, ils seront gravés et clichés aujourd'hui. Je veux qu'il y ait quelque chose de moi, dans ton livre...

Il promit. Il était touché, réchauffé par ce qui brûlait de tendresse, sous les cendres de ce cœur. Mais, malgré lui, l'obsédante pensée le lui montrait comme un foyer calciné, noirci par tous les feux d'autrefois. Il ne savait pas, aveuglé par son possessif égoïsme d'homme à quel point l'amour, dans une âme comme celle de Monique, consume d'une seule et dévorante flamme toutes scories, fait place nette.

Pour elle, de l'heure où ayant *connu* Régis elle l'avait élu, rien ne subsistait, plaisir ou peine, de ce qu'elle avait pu, à travers d'autres, ressentir. De sa halte à Rozeuil, elle était repartie, renouvelée. Une Monique heureuse, et qui, sachant le prix du bonheur, le voulait garder.

Une autre femme...

II

Les jours, les semaines passèrent.

Ils avaient acheté, à mi-frais, une auto. Ils connurent l'ivresse des départs à l'improviste, l'évasion d'eux-mêmes à travers l'élargissement des horizons. Elle eût voulu une voiture plus spacieuse et plus vite. Il s'y était opposé, tenant à conserver l'indépendance de sa quote-part. Il rageait assez, d'être forcé de la laisser conduire.

Myope et distrait, il s'était résigné à la voir au volant. Quelques leçons avaient suffi pour faire d'elle une chauffeuse adroite, et, de lui, un mécano consciencieux. Rôle inférieur dont il était le premier à plaisanter, pipe aux dents, mais qui au fond, sans qu'elle s'en doutât, l'humiliait.

Monique éprouvait de plus en plus à quel point,—satisfaits dans leur chair,— ils eussent pu vivre en communion d'esprit. Il était si simple compagnon. Il avait sur les événements, les êtres, une vue si haute! Il était pitoyable, malgré ses emportements... Elle appréciait, sous les crocs toujours montrés, la faiblesse d'une vraie bonté.

Même leurs premiers dissentiments,—cette hargne qui le rendait sauvage au moindre rappel de la jalousie,—n'était-ce pas une preuve d'exclusif attachement, touchante, presque flatteuse?

Lorsqu'elle avait souffert du grief de ses silences, du reproche de ses allusions, de toute cette guérilla sournoise et harcelante, elle se persuadait: «comme il m'aime!»

Elle pensa même, un moment, qu'il serait doux d'unir plus étroitement leurs vies. S'il prenait un appartement, où elle pourrait partager davantage son temps? Il irait déjeuner tous les jours chez la vieille Mme Boisselot... Mais il redoutait pour l'infirme, à son âge, ce demi abandon.

Monique se contentait mal de cette existence en partie double, coupée, hachée par ses affaires, et surtout par l'obligation où se croyait Régis de ne pas sacrifier sa mère en s'installant seul.

La précarité et la brièveté de leurs rencontres,—hors les nuits où ils se retrouvaient rue Pigalle,—leur laissaient une soif de se retrouver que leur réunion amoureuse altérait, quotidiennement, au lieu de l'apaiser. Soif amère et tourmentée.

Comme un cadre rétrécissant, redoré en vain, l'ex-fumerie restée garçonnière contraignait leur amour à un reploiement funeste, tournait sans cesse, vers une hostilité involontaire, leurs pensées en défiance. Alors elle déchanta.

Elle commençait à s'irriter de cette dissonance, où elle ne pouvait mais. Elle lui en voulut. Elle lui répétait: «Le passé est le passé. Ni toi, ni moi n'y pouvons rien… Puisque je t'aime! Qu'est-ce que cela peut te faire?…» Il en tombait d'accord, avouait son absurdité, et presque aussitôt revenait à la charge.

Une curiosité un peu maladive le poussait à un incessant besoin d'inquisition. Ne trouvant pas à s'exercer sur le présent, sa hantise le ramenait sans relâche à fouiller les souvenirs. Le plus douloureux de tous était celui de Peer Rys.

Régis avait lacéré, jeté au feu le Samain, ne pardonnant pas au *Jardin de l'Infante* son brin de lavande séchée, toute odorante encore de l'érotique aveu.

Non content d'exécrer ceux qu'il savait avoir joui de Monique, il eût voulu connaître tous les noms des autres qui, avant lui, l'avaient possédée dans sa chair. Il avait beau sentir qu'il en était le maître. Il ne pouvait tolérer qu'elle eût avant lui tressailli, sous tant de bouches.

Visions dont sa raison lui conseillait en vain d'écarter l'image. Elles le poursuivaient de visages précis, et de faces imaginaires. Elles déroulaient leurs tableaux vivants. Toute une lubricité qui, en exaspérant son désir, le gangrenait.

Mais elle, avec un sens profond de tout ce qui pouvait préserver leur amour, opposait—trop tard!—à ces interrogatoires de maniaque la volonté de se taire, la diversion de la douceur.

Elle chercha, pour y aimer, des gîtes nouveaux. Ils connurent l'amusement des petits voyages imprévus, et, fuyant la banalité luxueuse des palaces, le charme des auberges de campagne et des hôtels provinciaux. Mais toujours, aux yeux d'inquiétude, elle lisait, quand s'étaient dénoués leurs bras, l'idée fixe.

Au bout de six mois, un grand chagrin frappa Régis. Sa mère mourut. Trêve mélancolique, où Monique sut être la consolatrice. Et puis ils allaient pouvoir réaliser le projet qu'elle avait caressé, au début. S'appartenir davantage, dans la tiédeur d'un nid où rien ne rappellerait les jours anciens.

Ils se divertirent à rajeunir le modeste appartement, par des toiles à carreaux, des étagères aux couleurs crues, des poteries rustiques. Elle fit elle-même un grand rangement des livres, lui trouva pour table à écrire un monumental meuble de ferme normande, au chêne jaune, à peine piqué par trois siècles. Tous les soirs elle venait dîner, coucher là. Elle partait le matin à onze heures. Il déjeunait seul, en travaillant. Une suite aux *Cœurs sincères*, intitulée: *Possession?*… Car il était de ces romanciers qui ont moins d'imagination que d'observation, et se peignent, malgré eux, dans tous leurs livres.

Monique, quelque temps, respira. Elle s'était, sous l'influence de Boisselot, et dès les premiers temps de leur liaison, remise à son métier, où il voyait un dérivatif à toutes les tentations dangereuses qu'eussent pu apporter, aux heures où elle lui échappait, le vieux cercle coutumier: relations, habitudes.

Elle avait repris,—en gardant Mlle Tcherbalief, et en l'y associant plus complètement encore,—la direction de sa maison. Elle lui avait du même coup fait cadeau, en toute propriété, de son ancienne garçonnière. Qu'on n'en parlât plus!… L'installation que «Mlle Claire» avait faite, de l'hôtel de Plombino, avait promu celle-ci hors rang: même, ayant accepté les hommages du baron dépité, elle disposait de capitaux inattendus. Mais, reconnaissante à Monique d'avoir ainsi achevé d'édifier sa fortune, la Russe préférait demeurer seconde en titre, et sans risques, dans une entreprise où elle était, en réalité, première.

Monique, lui laissant le souci de la conduite générale, avait retrouvé avec plaisir ses crayons et ses pinceaux… Réintégration partielle, mais suffisante de personnalité, pour que le calcul intéressé de Régis donnât le contraire du résultat attendu. En se retrempant dans le salubre courant du labeur, Monique y repuisait à mesure une énergie dont elle sortait comme d'un bain, la pensée nette et le regard clair. Après l'épanouissement physique, elle recouvrait, peu à peu, la santé morale.

L'occupation où son amant n'avait vu qu'un moyen de préserver, en se le réservant, un monopole d'autorité, rendait à l'âme qu'il eût voulu assujettir la conscience de sa valeur. Sentiment qui, au sortir de sa déchéance, exaltait Monique d'un réconfort.

Elle supporta moins facilement le despotisme dont Régis, involontairement, faisait abus. Une révolte grondait en elle, chaque fois qu'il la forçait à réaborder aux rivages d'où lui-même, cependant, l'avait arrachée.

Tout servait de prétexte à ses maladroites observations. L'incident le plus futile déchaînait en lui le fauve tapi sous le civilisé… Suivies de rémissions passionnées, les scènes se succédaient, de plus en plus pénibles. Nulle pourtant n'avait encore atteint en violence celle qu'un hasard inopiné causa: la réapparition du danseur nu.

Ce fut à une représentation de gala, organisée par Ginette Hutier, au bénéfice de l'Œuvre des Mutilés Français, dont après six ans d'existence l'Hospice voyait sa caisse vide. Les malheureux mettaient trop longtemps à mourir.

Peer Rys, au dernier moment, avait été ajouté au programme. Une annonce d'Alex Marly—régisseur pour la circonstance—avait fait, en même temps que Régis, tressaillir Monique. Dans le murmure de satisfaction générale qui s'élevait, achevé en bravos, il s'était penché vers elle, la poignardant du regard:

—Vous êtes contente?

—Tu es fou!

Jamais elle n'avait regretté à ce point les confidences auxquelles elle s'était laissée aller, aux premiers jours de leur amitié, avant le coup de foudre du désir assouvi. Sans attendre que le rideau se relevât, il avait quitté sa place, en lui enjoignant de le suivre. Blessée, elle avait refusé.

Mais quand elle le vit gagner, résolument, la porte contre laquelle se trouvaient leurs fauteuils, elle fut faible. Il souffrait, à cause d'elle. Et bien que ce fût d'une souffrance injustifiée, cela l'émouvait parce qu'elle l'aimait encore, presque aussi vivement qu'aux beaux jours de Rozeuil.

Ils ne se dirent pas un mot, dans le taxi qui les ramenait. Rencognés chacun de leur côté, ils remontaient la pente de leurs pensées, ramassaient, l'un contre l'autre toute une glane d'amertumes. Pourtant, quand ils furent dans la petite chambre à coucher et qu'il la regarda, avec haine, jeter son manteau et surgir, épaule et bras nus, de sa robe perlée, elle ne put supporter plus longtemps son insultant silence. Elle vint à lui, conciliante:

—Chéri, je ne parviens pas à t'en vouloir, puisque tu es malheureux… Moi-même je souffre plus que toi. Quelque mal que tu me fasses sans raison,—tu vois bien, je souffre, avec toi, du tourment que seul tu te causes…

Il l'écarta rudement:

—C'est moi, n'est-ce pas, qui ai couché avec Peer Rys?

Elle haussa les épaules.

—Est-ce la peine d'avoir écrit *Les Cœurs sincères* pour me reprocher aujourd'hui ma franchise? N'ai-je pas eu, avant d'être à toi, la loyauté de te confesser toute la triste vérité de ma vie?

—Je ne te l'avais pas demandé.

—Régis! Ce n'est pas possible, ce n'est pas toi qui parles!… Cet aveu échappé à ma confiance, à ma tendresse, et dont tu abuses pour nous torturer aujourd'hui, tu préférerais que je ne l'eusse pas fait?… Oublies-tu que c'est cet élan qui nous a rapprochés l'un de l'autre? Aurais-tu préféré que je me taise, et que, devenus amants quand même,—car cela aussi c'était écrit,—nous restions masqués?

—Peut-être.

—Non, non! Ni toi ni moi nous n'aurions pu! Ou alors nous ne serions ni toi ni moi, et nous ne nous aimerions pas, vraiment. Est-ce qu'on peut avoir quelque chose de caché, l'un pour l'autre, quand on s'aime? Et peut-on s'aimer, *vraiment*, sans se connaître? Sans se connaître l'un et l'autre à fond, tout entiers?

—Non.

—Tu t'imagines me cachant de toi, même quand tu m'interroges, au risque de me trouver un jour démentie?... Car, maintenant, c'est toi qui m'interroges!

—C'est plus fort que moi.

—Oui, et c'est pour cela que j'ai bien fait de tout te dire, avant. Réfléchis! Un peu plus tôt, un peu plus tard il aurait fallu que tu saches... Tu n'aurais pas moins souffert.

—C'est vrai.

—Tu me reproches mes aveux. Que serait-ce d'une dissimulation?

—C'est vrai. Et pourtant!...

—Pourtant quoi? Tu aurais voulu que je réponde à tes questions par de fausses assurances? Que je me parjure?... Car tu ne te serais pas contenté de mes paroles, tu aurais exigé mes serments!... Mon chéri, mon chéri, ne sens-tu pas que ton amour a consumé, anéanti tout cela?... Que je ne suis heureuse que parce que je sens que nous sommes dans la vérité? Parce qu'il n'y a que la vérité qui efface, qui rachète, qui soit belle, qui soit bonne!...

Il avait baissé le front, se taisait d'un air sombre. Elle le prit aux épaules:

—Tu n'as pas honte d'être méchant, d'être injuste?... Regarde-moi, si tu m'aimes.

Il eut un regard désespéré, murmura:

—Tu le sais bien! Haïrais-je ceux qui t'ont possédée avant moi, si je ne t'aimais pas? Uniquement! Absolument!

Elle s'exclama:

—Moi aussi je t'aime uniquement, absolument! Que dirais-tu, cependant, si je te torturais, avec le souvenir de tes maîtresses? Tu en as eu, avant moi.

Il la dévisagea, si rudement qu'un froid la pénétra, jusqu'au cœur.

—Aucun rapport.

—Par exemple!

Il avait tourné le dos, commençait à se déshabiller, en sifflotant. Indignée, elle jeta:

—Aucun rapport? Explique-toi!

Il enleva son gilet, et buté:

—Ce serait trop long.

Elle s'écria:

—Tu m'aurais ramassée sur le trottoir que tu ne me traiterais pas autrement! Je ne suis pas une fille.

—Non. Si tu étais une fille, une pauvre fille qui couche parce que c'est le seul métier que la société lui ait appris, je ne te tiendrais pas ce langage. On n'a pas envie d'épouser une fille.

Elle eut un geste de surprise. Mais il continuait:

—On a envie d'elle, simplement, comme on a envie d'un tranche de viande, ou d'un livre à feuilleter. On se la paye, comme elle est. Et si d'aventure on se mettait à l'aimer... pourquoi pas?... il faudrait être fou pour être jaloux des amants qu'elle a eus, et qu'elle ne pouvait pas ne pas avoir! D'abord on ne les connaît pas. S'en souvient-elle elle-même! Ils sont trop! La foule, c'est anonyme... Mais toi, toi...

Elle l'écoutait douloureusement.

—Qui te forçait à te donner, comme une folle, aux premiers venus?... A t'amouracher, pour sa belle gueule, d'un crétin comme ton danseur nu?... Sans parler des autres, ceux que tu as eu la forfanterie de me nommer et ceux que tu as eu honte d'étaler, parce que tu sens bien que c'est du linge sale, et qu'il vaut mieux l'enfouir, dans le tiroir à clef!...

Elle mit ses mains sur son visage, pour en couvrir le rouge. Il criait:

—Tu n'avais pas le droit! Tu aurais dû penser que tu pouvais rencontrer un jour un brave bougre,—absolu comme moi... Que vous pouviez vous aimer, et qu'en te galvaudant comme une putain, pis qu'une putain, toi qui étais une privilégiée par la naissance et par l'éducation, tu ferais son malheur et le tien!

Elle ne répondit pas. Elle cherchait à démêler ce qui, en elle, frappait juste, et frappait faux. Certains mots la traversaient à vif, parce qu'ils correspondaient à la meurtrissure d'un regret. D'autres la blessaient plus profondément encore, tant ils lui semblaient immérités. Elle dit enfin:

—Ne parlons plus de moi, puisque tu ne veux pas voir ce que j'ai été avant de te connaître, et avant tout! Une malheureuse... Et puisque tu as enfin commencé d'être franc, sois-le jusqu'au bout!

—Va...

—Tu viens de me dire: on n'épouse pas une fille!... Admettons! Bien que cela se voie, en somme, tous les jours. Mais une veuve, ou une divorcée?... Réponds.

Il prévit l'argument, grommela:

—Ça dépend!

—Non! Biaiser ne te ressemble pas. Réponds... Si tu aimais, comme tu m'aimes, une veuve ou une divorcée, l'épouserais-tu?

—Tu n'es ni veuve ni divorcée. Avec des si, tous les raisonnements sont faciles.

—Je te répète qu'il n'est pas question de moi. Une veuve ou une divorcée, qui aurait pu faire les quatre cents coups, et dont tu ne saurais rien, sinon que tu l'aimes, l'épouserais-tu?

—Bien sûr...

—Je ne comprends plus.

Ils étaient face à face, scrutant leurs yeux, comme des miroirs. Il ajouta:

—Une veuve, une divorcée ont généralement subi leur destinée. Elles en sont moins responsables que toi, de la tienne. Elles ont obéi à la loi.

—Quelle loi?

D'avance il l'entendit rire, trancha:

—Eh bien! oui, ne t'en déplaise, la loi. Celle des hommes et celle de la nature.

—De la nature? Hymen, ô Hyménée!... C'est cela, n'est-ce pas?

—Eh bien! oui, c'est cela.

Elle éclata d'un rire moqueur:

—Quand je te le disais que tu étais un homme des cavernes! La petite membrane, hein? La tache rouge sur le drap de noces! Et autour du lit les sauvages célébrant le sacrifice de la virginité!... Va donc parler de ça aux jeunes filles d'aujourd'hui!... Il court, il court, le furet, Mesdames! Tu retardes, Régis. Ah! ah! Le mari propriétaire! Le seigneur et maître!

Il la prit par le bras:

—Non! Mais celui qui, mari ou amant, empreint votre chair à toutes d'une marque si profonde qu'ensuite c'est fini, vous demeurez, jusque dans les bras d'un autre, sa créature, sa chose!

—Ah! oui, l'imprégnation! L'enfant d'un second mariage ressemblant au premier mari? Littérature. En tout cas, moi, tu sais!... Non, Régis, non.

D'abord je ne t'épouserai jamais, sois tranquille! Même m'en supplierais-tu!...
Et quant aux enfants, si je devais en avoir, je ne voudrais pas qu'ils te
ressemblent.

—Merci.

Elle eut un geste las:

—A quoi bon discuter, d'ailleurs? C'est tellement individuel, tout ça! Il y a
des mères qui mourront sans avoir connu l'amour... La femme ne s'éveille à
la vie qu'après s'être ouverte au plaisir.

Il ricana:

—Peer Rys!

—T'ai-je dit que le plaisir était toute la vie? La mienne n'est-elle pas là pour
te crier le contraire? On n'est heureux que quand on s'aime, corps et âme.

Il détourna la tête. Elle soupira:

—C'est toi qui me l'as appris, Régis! On n'est heureux qu'à cette condition...
Ou plutôt on devrait l'être...

Ils se tenaient immobiles à côté l'un de l'autre. Elle eut un bon mouvement,
se rapprocha. Alors elle vit qu'il pleurait. Elle en fut émue.

—Pourquoi nous supplicier de la sorte? Il n'y a rien de plus dégradant qu'une
douleur médiocre. Et c'est si inutile!

—On ne raisonne pas quand on souffre.

Il eut honte, et s'effondra, à ses genoux:

—Pardonne-moi, je suis une brute!

Elle avait posé une main sur sa tête, et le regardait, avec plus de compassion
que de tendresse. Il se releva d'un saut, l'étreignit... Que de fois avaient ainsi
fini, en roulant au lit réconciliateur, leurs disputes précédentes! Mais cette fois
Monique déclara, tristement:

—Non, Régis! Non. J'ai besoin que tu me laisses, ce soir. Tu as brisé un lien
entre nous... Demain... Quand nous serons calmés, quand tu auras...

Mais il la violentait, une fois de plus. Elle tomba, à son corps défendant. Et
quand, sous la frénésie qui la gagnait, ils eurent achevé en cris de bête leur
lutte spasmodique, une grande tristesse les envahit. Ils ne s'endormirent qu'au
matin, membres entremêlés, pensées distantes.

Dès lors une vie agitée emporta Monique. Elle pensait, avec mélancolie, aux
heures paisibles de leur amour, quand il était encore semblable à la nappe
d'eau ensoleillée, avec ses fleurs d'oubli. Paradis de Rozeuil, d'où le démon

les avait chassés... Oui, le démon qui maintenant s'était emparé tout entier de Régis! Le mal l'avait happé, l'hypnotisait. Il n'essayait même plus de raisonner, partant de dominer sa jalousie. Elle débordait du passé sur le présent, enfiellait tout.

Si inattendue que fût pour elle la déconvenue, et si amèrement que son orgueil souffrît d'avoir trouvé, en celui de qui elle attendait la libération, une nouvelle forme d'esclavage,—Monique s'y rattachait, de toute l'habitude charnelle, de tout le regret aussi de son erreur... Peut-être s'amenderait-il? Les pires maladies se guérissent à la longue. Ce que Régis avait d'intelligent et de bon finirait par atténuer en lui, qui sait? éliminer le venin?...

Amour et amour-propre se trouvaient ainsi d'accord pour l'incliner à la patience. Par crainte d'exaspérer le maniaque, maintenant enclin à tout suspecter, elle consentit à ne le presque plus quitter. Elle renonça à la plupart de ses relations, de ses occupations. Elle se laissa accaparer, chaque jour un peu plus.

Il s'implanta en souverain, la relégua dans son ombre. Elle fut la gardienne de son travail. Elle l'accompagnait, lorsqu'il voulait sortir. Elle ne vit plus que ses amis, quelques peintres, des littérateurs d'avant-garde, rarement M. Vignabos, depuis le jour où y ayant rencontré Blanchet, la conversation avait fini, entre Boisselot et lui, par devenir acariâtre. Il avait suffi que Monique partageât l'avis du professeur. Régis avait, aussitôt, pris le contre-pied, avec une violence rageuse.

A la longue, cet isolement produisit fatalement son effet: Monique étouffait, comme dans une prison. Elle réagit, et leur paix apparente, brusquement, cessa.

—Non! protesta-t-elle, résolument, comme il voulait l'empêcher d'accepter à déjeuner, un dimanche, chez Mme Ambrat... Il y a deux mois que je refuse d'aller à Vaucresson, c'est idiot! Tu finiras par me brouiller avec la terre entière.

—Je ne croyais pas que Mme Ambrat fût la terre entière.

—Tu m'as déjà forcée à semer Vignabos, ça suffit!... Les autres, je n'en parle même pas... Je te les ai abandonnés volontiers. Il y a des tas de badauds et de gêneurs qu'on peut balancer, comme du lest... Oui, je connais ta formule! Toutes tes formules!... «On monte, en s'isolant...» *Et cætera*! Mais Vignabos, mais Mme Ambrat! C'est trop.

Il fonça:

—Moi, je te dis que c'est assez. Penses-tu que je ne sache pas pourquoi tu veux aller, dimanche, à Vaucresson?

—Pour changer d'air.

—Ce sera toujours la même chanson!

—C'est peut-être drôle. Développe!

Deux coups frappés à la porte de la chambre arrêtèrent la réponse que Monique, prête à la riposte, devinait déjà. Fou! il était fou!... La femme de ménage, Julia, un bandeau sur l'œil, parut. C'était une maritorne replète et poussive, à la pauvre face rongée de vitriol. Un souvenir d'amour! Elle annonça, en tortillant son tablier:

—Le déjeuner est servi.

Ils attendirent, assis devant les hors-d'œuvre, d'être seuls. D'un pas traînard, Julia se décidait enfin à quitter la salle à manger. Elle n'avait d'autre intérêt que de regarder vivre ses maîtres. Elle guettait avec délices, avide des moindres détails, l'heure des querelles. C'étaient ses récréations. D'instinct, elle était toujours du parti de Régis: bête de somme, asservie à l'homme. L'élégance, l'indépendance de Monique au fond la choquaient, dans la nuit de son ergastule...

—Puis-je apprendre, maintenant, ce qui m'attire à Vaucresson?

Il hésita, redoutant de donner corps, en le précisant, au soupçon qui le ravageait.

—Comme si tu ne le savais pas!

Et railleur, il fredonna:

«*Parfum d'amour... Rêve d'un jour!*»

Elle le considérait avec pitié. Fou, qui soulignait, le premier, des pensées auxquelles jamais, sans lui, elle ne se serait arrêtée!... Il ne put supporter son ironie compatissante, nargua:

—Vaucresson, ou le rendez-vous des amis! Des vrais, des seuls!... Parions qu'on y retrouvera, comme par hasard, non seulement ce bon Vignabos, mais encore cet excellent...

—Blanchet, n'est-ce pas?

Il parodia, avec la voix de Max:

—*C'est toi qui l'as nommé.*

—Sais-tu ce que tu es?

—Un idiot, c'est entendu. En tout cas, pas un aveugle! Crois-tu que je n'ai pas remarqué votre manège, la dernière fois que nous l'avons rencontré? Je dis nous, parce que je ne sais pas ce que tu peux faire, en dehors de moi!

—Régis!

—Quoi? C'est vrai. J'énonce un fait: je ne sais pas. Voilà tout...

—Peux-tu douter?...

—Il faut toujours douter! Le doute, je ne connais pas d'autre certitude. Prends garde d'achever de faire la mienne, avec ton indignation.

Elle se tut, fièrement. Il en prit avantage:

—Penses-tu que je ne me sois pas aperçu de vos clins d'œil, quand je parlais, et de tes mines, chaque fois qu'il ouvrait la bouche!... Vous auriez été déjà complices que je n'en serais pas autrement surpris!

Julia rentrait, portant un bifteck aux pommes peu appétissant. Elle le posa sur la table, et changea les assiettes, de ses doigts boudinés, aux ongles noirs. Relativité des choses! Monique sentit, plus fortement que de coutume, cette espèce de pauvreté revêche que tout, autour de Régis, exhalait: l'étroitesse des âmes, le cloisonnement des murs.

Machinalement elle découpa, servit. Ils mangèrent, comme deux étrangers à la même table. Il n'y tint plus, et repoussant sa chaise, se leva:

—Tu n'oses pas nier?... J'en étais sûr!

Il allait et venait nerveusement, comme en cage.

—Rassieds-toi, pria-t-elle. Tu me fais mal au cœur... Et maintenant écoute: je ne m'abaisserai pas à vouloir te détromper. C'est si bête, tout cela!... Si indigne de nous...

—Alors, dimanche?

—Nous irons déjeuner chez Mme Ambrat.

—Tu iras!

Elle répéta doucement, mais d'un accent si ferme qu'il ne releva pas le défi:

—Nous irons. Ou tu me donneras cette preuve d'intelligence,—c'est la seule excuse que je te demande,—ou ce sera fini, pour toujours, entre nous.

Il braquait sur elle son regard de chat menaçant, l'incertain de ses prunelles luisantes. Céder?... Oui, peut-être? Pour mieux les espionner, savoir... Elle continua:

—Je ne veux pas devenir la victime de tes lubies. J'entends régler seule, comme il me plaît, ma conduite. Sans respect l'un de l'autre, il n'y a pas d'amour qui dure! Est-ce que tu as assez du nôtre? On le dirait, à te voir t'acharner à le détruire.

Il retomba sur sa chaise, et la tête dans ses mains:

—Non, Monique! Je t'aime. Pardonne-moi! Je guérirai.

III

A mesure qu'ils approchaient du Vert-Logis, Régis évoquait la maison de Mme Ambrat... Le rez-de-chaussée sous bois, à la lisière de Vaucresson, la tonnelle avec son cercle de visiteurs... Blanchet, naturellement! Et, de plus en plus silencieux, il se renfrognait.

Il avait eu beau prendre sur lui, se jurer d'être calme: Monique avait raison, c'était stupide de gâcher ainsi, soi-même, son bonheur!... Que ne jouissait-il tranquillement du miracle que dans sa vie un tel amour réalisait? Jamais il n'avait encore rencontré, et jamais plus il ne rencontrerait un être qui joignît, à plus de réelle valeur morale, une plus séduisante beauté.

Lui reprocher, qu'elle en fût ou non responsable, un passé auquel, logiquement, il était et devait rester étranger? Imbécillité... Lui en vouloir de son indépendance d'esprit? Petitesse. De sa fortune?... Un sentiment trouble, ici, le partageait. Sensible à la parure de son luxe, et pauvre à côté d'elle, il était humilié que sur ce point encore elle échappât à la norme: la femme tributaire, l'homme ordonnant...

—Par là! dit-il, à la croisée de deux chemins.

—Mais non. Voilà les acacias!... Nous sommes sur la bonne route.

L'auto filait, au bourdonneraient régulier du moteur.

Coiffée d'un béret de cuir rouge, le cou nu dans le manteau dégrafé, elle conduisait avec une décision attentive, si joliment garçonnière que Régis ne put s'empêcher, tout maussade qu'il fût, de l'admirer... Oui, tout de même, il y avait là une nouvelle réalisation de la grâce féminine! Un être encore singulier, quoique naissant par milliers d'exemplaires, et avec lequel il fallait dorénavant compter, comme avec un égal... Constatation qui, loin de le satisfaire, l'ancrait dans sa répugnance à tout ce qu'il englobait dans ce mot pour lui malsonnant: «féminisme.»

—Hein? dit Monique... Était-ce ça?

L'auto stoppait, devant le Vert-Logis. Enfouie sous son porche de lierre, où les dernières roses remontantes s'effeuillaient, jaunes et rouges, la petite porte à claire-voie, peinte en blanc, laissait voir au fond d'une pelouse la maison basse, avec son toit de vieilles tuiles.

—C'est gentil, il n'y a pas à dire! s'exclama Monique. Au fond, la sagesse ce serait de vivre comme ça, assez près de Paris pour y venir, quand il faut, et assez loin pour être chez soi, au grand air.

L'après-midi d'automne éployait, sur le taillis, son éclatante sérénité. Ciel léger, à la lumière si douce qu'on ne savait si c'était celle de l'été finissant, ou d'un printemps à sa renaissance.

Ils garèrent l'auto dans une allée, refermèrent la porte. Au bruit de la clochette, Mme Ambrat, sur le seuil de la maison, parut... Elle agitait le bras en signe d'accueil, hâtait sa marche alerte.

—Bonjour, ma chérie! Bonjour, monsieur Boisselot. Nous nous demandions si vous viendriez... Car, sans reproche, vous vous faites rares!... Je ne vous en veux pas. Les amoureux sont des égoïstes.

Elle avait pris Monique par le bras.

—Pourquoi n'êtes-vous pas venus déjeuner? Il y avait un de ces porcs aux haricots blancs!... et le petit Vouvray, que M. Boisselot ne déteste pas...

Elle se tourna vers lui:

—Il y a deux bouteilles qui vous attendent, bien rafraîchies! Quoique vous ne le méritiez guère, accapareur!... Venez vite, tout le monde vous attend.

—Qui, tout le monde? s'enquit Monique.

—Votre grand ami Vignabos, M. Blanchet, et les Muroy, que vous connaissez.

Le nez de Régis s'allongea. Il hésita s'il ne ferait pas demi-tour. Mais déjà elles traversaient le salon, centre de la demeure, et dont les portes-fenêtres ouvraient en vis-à-vis sur le jardin d'entrée, et, derrière, sur le bois. Il suivit. Monique, un moment, s'arrêta:

—Comme j'aime cette pièce!

—C'est bien simple, dit Mme Ambrat.

—Justement!

C'était reposant, cette atmosphère intime, avec les anciens meubles provinciaux, luisants de la patine que donne, de génération en génération, l'entretien familial. Monique appréciait particulièrement une vaste armoire aux sobres moulures qui venait des grands-parents tourangeaux de M. Ambrat. Vestige de la maison ancestrale.

Régis en palpa le bois velouté, en passant, et pensa: «Tu peux t'aligner! Ça fiche un coup au style Lerbier!» Comme si elle eût deviné sa pensée, elle déclarait justement:

—Voilà ce qui manque aux plus beaux meubles modernes. Ce que le temps seul apporte. Un fondu, à la dureté des angles,—l'enrichissement de la vie.

Il allait répondre: «La vie! comme c'est malin... Oui, bien sûr! En attendant cent cinquante ans, la nôtre aussi s'arrangera!...» quand,—accourant de la tonnelle où, à leur vue, on se levait,—une fillette vint se jeter dans les bras de Monique.

—Comme tu es belle, Riri! Tu vas bien?

L'enfant leva ses yeux bleu de lin, toute sa frimousse heureuse, aux maigres cheveux châtains noués d'un ruban de la couleur de son regard. Sa personne entière répondait, comme un cri. Monique flatta la tête mutine, et félicitant Mme Ambrat:

—Ce qu'elle a changé!

Le visage maternel s'éclaira, orgueilleusement.

—N'est-ce pas?... Va, Riri, va vite chercher deux verres!

Elles suivaient, d'un œil attendri, le sautillement joyeux des mollets nus, tout le frêle corps dansant, qui se précipitait... Il n'y avait pas plus de deux ans qu'Henriette Lamur,—elle en avait six, à présent—avait été recueillie par les Ambrat.

C'était la fille d'une piqueuse en bottines, morte d'un cancer, à moins que ce ne fût de misère et d'épuisement physique. Le père, ouvrier zingueur, ivrogne et brutal, avait fait à l'Œuvre abandon de la sauvageonne, qu'il battait. Mieux qu'une renonciation écrite de ses droits,—sans valeur effective aux yeux de la loi, qui respecte chez les pires brutes l'autorité paternelle—un remariage, heureusement suivi de l'émigration du poivrot dans les régions libérées, avait permis aux Ambrat d'entreprendre, avec sécurité, le sauvetage définitif. De l'humble victime, deux ans d'éducation sagace et de tendre affection avaient suffi pour faire un autre être. Riri, transplantée, poussait droit.

—Quelle réussite! Vous pouvez en être fière.

Mme Ambrat sourit, modestement:

—Elle est si gentille! Et c'est si réconfortant de voir s'épanouir une âme qui ne demandait qu'à aimer et à vivre. Je crois décidément, de plus en plus, qu'il n'y a de vrais foyers que ceux d'élection. Riri m'aime comme si j'étais sa mère. Mieux, peut-être. La famille n'est qu'un mot, si on la fonde sur le seul préjugé du sang. Oui, chaque jour m'en persuade davantage: la vraie filiation, c'est celle de l'intelligence et du cœur.

—On ne supprime pas l'hérédité, observa Régis.

—Non, monsieur Boisselot. Mais on la corrige à tel point qu'on la transforme. La greffe est une belle invention! Pourquoi ne ferait-on pas d'une sauvageonne un joli arbre à fruits, quand une souche d'amandier amer produit, au bout de deux ans, des pêches exquises?

M. Vignabos, qui s'était emparé de Monique, lui tapotait amicalement les mains. Autour d'elle chacun s'inclinait, avec un empressement dont Régis malgré lui prit ombrage. Il s'accoutumait difficilement d'être ainsi relégué au second plan. Il serra, sans chaleur, la main de Blanchet et reçut, avec amertume, les politesses banales des Muroy. C'étaient des cousins de M. Ambrat; le mari, notaire à Langeais, la femme, ménagère discrètement effacée. Couple de vieilles gens sans grande culture, pour qui, évidemment, le nom de Boisselot n'évoquait rien.

Les Ambrat les recevaient régulièrement une ou deux fois l'an, à chacun de leurs voyages. Ils estimaient en eux une droiture et une tolérance malicieuses, la souriante philosophie d'un de ces ménages d'antan, vieillis dans la paix provinciale, et dont la seule grande douleur, stoïquement supportée, avait été la perte d'un fils unique,—le commandant Muroy, tombé le 20 août 1914, à Morhange.

Le cercle se reforma, élargi, sous la tonnelle. Riri reparut, deux coupes précautionneusement tenues dans ses menottes.

—Voilà, marraine!

M. Ambrat, avec une dextérité de vigneron, débouchait une des bouteilles en train de glacer. Le vin d'or pâle pétilla, dans les verres embués. Les Muroy, ayant attiré Riri, la caressaient: elle ressemblait à leur petite-fille, une enfant naturelle du commandant, adoptée par eux en même temps qu'ils ouvraient leur maison à la mère en deuil. Ils avaient repris avec Mᵐᵉ Ambrat leur grand sujet de conversation,—l'Œuvre, dont à Langeais ils s'étaient faits les propagandistes. Deux garçonnets avaient grâce à eux retrouvé, l'un à Angers, l'autre à Saumur, des parents inattendus.

—Si seulement, regrettait M. Muroy, nos rescapés ne demeuraient pas sous la menace d'être réclamés, un jour ou l'autre, par les auteurs mêmes de leurs maux! Nous continuons à vivre, en ce qui concerne la législation de l'enfance, sous la loi romaine… Le père de famille a tous les droits, et pas un devoir. Comme si l'enfance n'était pas un capital social à protéger, avant tout autre!

—M. Blanchet l'a fait observer avec force, dans son étude du *Monde Nouveau*, remarqua Mᵐᵉ Ambrat… Si! si! mon cher ami, vous nous avez rendu un grand service! Grâce à vous, nous avons reçu au siège de l'Œuvre quantité de lettres et de demandes… Vous ne vous doutez pas de votre influence!

—Blanchet sera député de Seine-et-Oise quand il voudra, dit M. Vignabos.

—Je ne voudrai jamais. Des conférences ou des articles, tant qu'il faudra… Mais discourir au Palais Bourbon!… Savez-vous à quoi ça me fait penser,

Ambrat? A vos moulins à vent, sur les coteaux de la Loire. Leurs ailes s'agitent...

—Et tournent à vide?

—Voilà.

—Et qui refera les lois, demanda le notaire, si ce ne sont les législateurs?

Blanchet ébaucha un geste vague:

—Il viendra bien, et plus tôt peut-être que nous ne pensons, un temps où on se lassera des Moulins à Paroles. Le monde, autour de nous, évolue. Sous peine de suicide, nous ne pouvons échapper à la loi. L'heure des actes sonnera.

—La révolution? dit M. Muroy, sans entrain. Il faut, pour la réussir, plus qu'un état-major et des troupes. Il faut des cadres. Où sont-ils? Sans le Tiers, pas de 89!

—La bourgeoisie de 1922 ignore ou méconnaît la C. G. T. comme noblesse et clergé faisaient du Tiers. Confiance au Peuple!

—Bien dit, Blanchet! appuya M. Vignabos.

Mais le notaire s'inquiétait:

—Une Révolution, c'est l'inconnu, ou plutôt c'est l'éternelle histoire: on dépasse le but, et il faut revenir en arrière! Qu'est-ce que le bolchevisme a apporté à la Russie? Pouvez-vous me le dire?

—Mais, objecta Blanchet, la Russie n'est pas la France. Et au surplus la ruine et la famine russe ont d'autres causes, plus profondes et plus lointaines, que l'utopie communiste. Son échec même milite en faveur des réformistes français. Quoiqu'il arrive cependant, la nationalisation de la terre et de la grande industrie survivra, dans l'ancien empire des tsars, au règne de Lénine. L'humanité tout entière en bénéficiera, avec ce peuple enfant, et géant, que nous allons voir croître, au sortir de ses convulsions sanglantes. Que voulez-vous! Rien de grand ne s'accomplit sans lutte et sans douleur.

Ardemment Monique écoutait la voix généreuse. La conviction donnait, à la résonance du timbre, un charme dont M. Muroy lui-même se défendait mal. Seul Régis enveloppait, dans la même ironique réprobation, le «cabot» et son auditoire... «Barytonne, mon vieux! Ça prend toujours!» Il railla:

—Blanchet a tort de garder ses talents à l'usage interne. Avec une voix comme la sienne, je ne lui donne pas deux ans pour être ministre.

Le professeur sentit le coup de boutoir, sous la boutade.

—Je ne suis qu'un humble professeur de philosophie, mon cher. Et je n'enseigne que ce que je pense.

Le romancier s'excusa perfidement:

—Tiens! je croyais que vous aviez une chaire de rhétorique. Pardon.

—Mais, riposta Blanchet, je ne vois pas ce que cela aurait de désobligeant… La rhétorique a du bon. Et c'est bien en tout cas la première fois que j'entends un littérateur en médire. Vous crachez sur votre pain!

Régis pâlit. Touché! Sous la plaisanterie du ton, les pointes, pour eux seuls démouchetées, poussaient leurs blessures. Duel de mots,—dont personne, sauf Mme Ambrat, ne devinait la gravité,—et dont Monique, juge en même temps que témoin, ressentait tous les coups. C'était pour elle que ces deux hommes croisaient le fer de leurs regards et de leurs propos.

Car elle le percevait avec une netteté soudaine, dont la révélation la saisissait: ce n'était pas absolument à l'aveugle que la jalousie de Régis flairait le rival. Elle s'en rendait compte, moins à l'attitude toujours égale du professeur, qu'à l'échange secret des sympathies. Depuis ses dernières rencontres avec Blanchet, un sentiment nouveau s'était éveillé en lui.

Une curiosité d'abord, puis un attrait, moins banal que celui de la camaraderie, avait succédé à sa cordialité. Elle sentait, avec cette finesse d'instinct qu'ont toutes les femmes, flattées de plaire même quand elles n'y songent pas, le progrès qu'avait fait en lui, chaque fois qu'ils s'étaient revus, la cristallisation.

Ce n'était plus seulement une parenté d'esprit, l'élan de l'amitié intellectuelle qui avait rapproché d'elle, à travers chaque absence, cette âme dont elle avait fini par apprécier, pleinement, la délicatesse. Un plus impérieux aimant l'aiguillait… A son insu peut-être? Car rien, dans les apparences, ne permettait d'y distinguer autre chose qu'un affectueux respect. Il fallait l'œil félin d'un amant, et jaloux, pour y avoir vu immédiatement clair.

En même temps elle s'interrogeait. Prise par Régis, au point que tout ce qui n'était pas *leur* plaisir n'existait pas, physiquement, pour elle, elle ne se découvrait, pour Georges Blanchet, du point de vue charnel, ni attirance, ni répulsion. Il n'était ni bien ni mal. Indifférent…

Pourtant, à la réflexion, elle s'avouait qu'il gagnait à être connu. La première impression, lorsqu'il lui avait été autrefois présenté, n'avait-elle pas été plutôt désagréable? Maintenant elle prenait plaisir à le revoir. Elle aimait sa largeur de vues, et par-dessus tout, sa foi, qui n'excluait pas la tolérance. Oui, un beau caractère!

Elle se voulut absolument sincère: l'aurait-elle apprécié à ce point si Régis, par son absurde soupçon, par la maladresse de son insistance, ne l'avait contrainte à poursuivre, plus qu'elle n'eût fait d'elle-même, la comparaison?... Non. Si l'image de Blanchet avait pris corps, au point d'occuper souvent ses pensées quand elle était seule, à qui la faute?...

Ce qui, par-dessus tout, dans les grossiers reproches, l'avait ulcérée, c'était moins leur inanité, que leur injustice. Cœur meurtri, et qui avait besoin pour guérir de soins doux et minutieux, Monique n'avait ressenti que plus cruellement la brutalité des mains qui, venant de la panser, avaient arraché, d'un coup, pansement et cicatrice.

La vieille plaie s'était rouverte à vif, envenimée encore par un mal dont jusque-là Monique n'avait pas souffert l'atteinte: déchirement de l'âme qui se détache, et de la chair qu'un lien souillé, mais solide, retient. Chaque jour, maintenant, activait le virus...

Ainsi tous trois touchaient, sans qu'ils s'en doutassent, à l'heure la plus grave.

Régis, inconscient de l'imprudence, fonça sur l'adversaire. Il était de ceux que leur violence emporte, et se croyait, au demeurant, plus sûr de sa conquête qu'il n'était. Eût-il douté de son pouvoir, il ne l'eût pas plus sauvagement défendu.

—Mon pain! grogna-t-il. Vous en avez de bonnes!...

Il attesta leur vieux maître.

—Rhétoricien, moi!... Non, mais! Lequel des deux? S'il y a bien quelque chose que je hais, parce que je ne connais rien de plus dangereux, et— littérairement—de plus méprisable, c'est l'éloquence! Chaque fois que je peux, je suis le conseil de Verlaine: je la prends et je lui tords son cou. L'éloquence? C'est une vieille poule de luxe déplumée, bonne à exciter seulement cet imbécile de coq gaulois! Confiance au Peuple? Mais avec deux sous de boniment, et du creux, le premier ventriloque le possède.

—Il est certain, concéda M. Vignabos, habitué aux truculences de Boisselot, qu'à lire le compte rendu de la séance d'hier!... Il suffit qu'un orateur y aille de son petit couplet; il a beau dire le contraire du précédent, la Chambre applaudit.

Blanchet sourit:

—C'est qu'en général rien ne ressemble moins au peuple que les représentants du Peuple! Un singe habillé n'est pas un homme. Pour un Jaurès, que de Pertout!

Les Muroy, peu intéressés par cette discussion, profitèrent du silence où la remarque se prolongeait, pour prendre congé. Comme la plupart des gens de leur classe, la politique les rebutait. Ils n'y voyaient qu'une grande cuisine alimentaire, dont la desserte, seule, les concernait. Ils s'en allaient à pas menus, escortés par les Ambrat, et Riri, qui tenait sa «marraine» par la main.

—Nous les rasions! constata Monique, en riant.

M. Vignabos hocha la tête:

—Je le crains. Et c'est plus sérieux que cela n'en a l'air, cette désaffectation grandissante d'un pays pour les idées générales, qui, en fin de compte, l'orientent et le dirigent. Les divisions des partis,—et la façon personnelle dont, lorsqu'ils sont au pouvoir, ils l'exercent,—dégoûtent peu à peu de la vie publique les meilleurs. Chacun ne s'occupe plus que de ses affaires. Le sens de la vie nationale se perd.

Régis avait bourré, allumé sa pipe. Il constata:

—Alors, ne parlons plus de révolution! Il n'y a pas que les bourgeois qui s'en battent l'œil, avec leurs plumes d'autruche. Le populo fait comme eux. Il s'en fout! Vous parliez de la G. G. T.? Elle s'est vidée de moitié. On nous a assez bourré le crâne,—tous, avec les principes!... Les principes?

Un rictus l'enlaidit:

—Un escalier de service. Et, à chaque marche, des gens assis dessus!

—Prenez garde, mon cher confrère, railla Blanchet, le paradoxe est lui aussi de la rhétorique.

—Paradoxe! Prétendez-vous qu'on ne vive pas aujourd'hui dans le manoir à l'envers. Partout! Et tous! Hommes, femmes, c'est à qui mieux mieux.

—A qui la faute, messieurs? demanda Mᵐᵉ Ambrat, qui venant de les rejoindre n'avait entendu que la dernière phrase.

—Pas à moi! fit Régis, en tirant sur sa pipe qui brasilla.

—Les présents sont toujours exceptés!... dit-elle, en se rasseyant. Mais enfin si, dans l'anarchie actuelle, il y a quelqu'un de responsable, avouez que—si ce n'est vous, monsieur Boisselot, ni les apôtres que voilà,—(M. Vignabos et Georges Blanchet saluèrent, comiquement)—ce n'est pas non plus nous, pauvres femmes!... S'il ne dépendait que de notre volonté, soyez certain que les choses n'iraient pas si mal. Ce n'est pas nous qui aurions laissé d'abord faire la guerre! Il y aurait aussi, si nous avions voix au chapitre, moins de bistros vendeurs d'alcool, moins de taudis faiseurs de tuberculose, moins de prostituées donneuses de syphilis. Et il y aurait plus de Maternités et plus d'Hospices. Il y aurait surtout plus d'écoles!

Monique se leva et vint embrasser son amie. Régis, d'un jet brusque, expira sa fumée:

—Joli programme! Je le recommande à notre ami Blanchet, pour sa prochaine campagne électorale. Car vous y passerez, mon cher! Cent sous qu'on vous affiche! «Georges Blanchet, socialiste-féministe!» Ça fera riche.

—En tout cas, cela ferait bien. Je partage entièrement l'avis de Mme Ambrat.

—Parbleu!... Une toute petite question, madame? Et vos électrices,—car pour qu'une Mme Ambrat soit élue, il faudra d'abord que les femmes votent...

—Mais oui! Comme en Amérique, comme en Angleterre, comme en Allemagne...

—Et en Suisse, en Belgique, en Autriche, en Tchécoslovaquie, en Finlande, au Danemark! énuméra M. Ambrat. Il faudra bien qu'un jour la France suive!

M. Vignabos murmura:

—La France de la Convention! L'émancipatrice!...

—Revenons à la question, continua Boisselot:

—L'homme responsable de l'anarchie actuelle. Vous me faites rire! Est-ce nous qui avons appris, à vos citoyennes «conscientes et organisées», le branle qu'elles mènent, dans la sarabande générale? Est-ce nous qui conseillons à l'ouvrière de claquer tout son salaire de la semaine, en fourrant ses pieds sales dans des bas de soie, des bottines jaunes ou des souliers vernis? Est-ce nous qui raccourcissons les jupes des femmes du monde, pour les prier de mieux remuer leurs petits derrières bien propres, au dancing? Est-ce nous qui sommes responsables des mœurs nouvelles des jeunes filles, et de l'incurable vanité des occupations féminines?... Mlle Lerbier m'excusera, je ne parle pas d'elle!

Monique ne sourcilla pas. Mais l'injure en elle pénétrait, lancinante. Mme Ambrat répliqua, froidement:

—Permettez à l'agneau d'emprunter le langage du loup, pour lui répondre: «Si ce n'est toi, c'est donc ton frère!» Oui, ce sont les hommes qui ont non seulement cantonné, mais enfoncé encore, dans ses habitudes d'artifice, dans une seconde nature de mensonge et de ruse, la faiblesse féminine! Tous les mauvais exemples viennent de vous, d'autant moins excusables que vous étiez, et que vous êtes encore les maîtres... Cela dit, je vous ferai observer, monsieur Boisselot, qu'il y a dans votre paradoxe autant d'erreur que de vérité. Vous généralisez trop. Les femmes, et même les jeunes filles de France ne sont pas toutes comme celles que vous nous dépeignez. Mme Muroy, si elle était encore là, pourrait vous dire, à mon défaut, qu'il y a en province et même à Paris une foule de familles où la vertu est plus fréquente que le vice. Cela, c'est l'évidence. Et les taches qu'il peut y avoir, jusque sur le soleil, n'empêchent pas que le soleil soit.

M. Vignabos se frotta les mains. M. Ambrat se versait, en souriant d'un air approbateur, un doigt de Vouvray. Il rougit, en s'apercevant que tous les verres étaient vides, et tendant la bouteille:

—Oh! pardon!... Mais si! Mais si! un petit verre, monsieur Boisselot. Vous l'aimez bien. Il y a encore, heureusement, quelques-unes de ces bonnes choses, sur le sol de chez nous!

—Et puis, reprit Blanchet, pourquoi juger d'un temps et d'une société sur un de ses aspects passagers? D'abord, en effet, comme l'observe Mme Ambrat, ce que voit Boisselot n'est que ce que voit Boisselot. Ensuite, qu'est-ce que dix ans, vingt ans, au regard de l'histoire?... Qui sait? Dans l'anarchie même un ordre nouveau s'élabore... Les mœurs nouvelles des jeunes filles, avec les excès que tout apprentissage de liberté comporte, embellissent peut-être le visage de la femme de demain.

Boisselot ricana:

—*La Vierge Folle*, introduction à la *Marche Nuptiale*, musique d'Henry Bataille!

—Et après? La virginité, chère aux anciens acheteurs d'épouses, ne me semble pas avoir plus d'importance qu'une dent de lait! Et la superstition que certains y attachent m'apparaît plutôt comme une sorte de sadisme, que comme un preuve d'intelligence. Je suis du parti de Stendhal, pour qui «le pucelage est la source des vices et des malheurs qui suivent nos mariages actuels!»

Boisselot nargua:

—Je ne m'étonne plus de votre indulgence pour les bolchevistes! Le communisme en amour, c'est une opinion.

Blanchet haussa les épaules:

—Il n'est pas question de communisme, mais simplement d'étendre aux jeunes filles notre droit à la liberté, et au choix. Il est absurde de les condamner par milliers à l'abstinence, quand nous vouons, au supplice du plaisir forcé, la morne foule des filles publiques. C'est le célibat des vierges qui enfle le nombre des prostituées. Sans compter qu'à l'heure où la natalité baisse...

—Ma foi, conclut Mme Ambrat, on ne fera jamais trop d'enfants. Vive la vie!

Régis allait répondre, quand il surprit le regard de Blanchet posé sur Monique. En même temps celle-ci levait les yeux. Elle approuvait d'un signe de tête, mais elle acquiesçait de tout l'être. Alors il se dressa, l'air si furieux dans sa barbe rousse, que Mme Ambrat sursauta, comme si un diable avait surgi d'une boîte.

—Vous m'avez fait peur! plaisanta-t-elle.

—Excusez-moi! Avec tous ces radotages, il est tard, et le temps de rentrer... Je regrette, mon cher Blanchet, de vous enlever une admiratrice... Vous venez, Monique?

—Restez! insista Mme Ambrat, outrée par l'inconvenance de la sortie... On finira le porc, avec une bonne salade de légumes... du jardin!... Nos amis ne partent qu'après dîner, au train de dix heures.

Régis sentit que Monique, tentée, hésitait. Il joua le tout pour le tout:

—Impossible! Nos phares sont détraqués!

Il mentait. Mais, sous le coup d'œil asséné comme une sommation, elle céda, par crainte de l'esclandre...

Blanchet lui baisait la main. Elle regarda bien en face Régis, blanc de rage. Et très haut, comme une promesse:

—A bientôt.

IV

L'auto garée, place Saint-Sulpice, Monique et Régis regagnaient, sans se parler, l'appartement rue de Vaugirard.

Elle avait, durant le trajet du retour, refusé d'engager toute conversation. Et maintenant qu'elle sentait se rapprocher l'instant inéluctable, une appréhension la gagnait: s'ils rentraient, la scène habituelle éclaterait, avec son déroulement fatal, l'averse des reproches, la grêle des mots blessants, et puis, après l'orage, l'amollissante chute au fond du lâche plaisir, comme dans une couche de boue dont, chaque fois, elle se relevait plus souillée.

Elle sentit la prendre à la gorge, ainsi qu'une asphyxie, l'atmosphère raréfiée des petites pièces. Plus pauvre et plus vide lui semblait d'avance,—par ce soir de dimanche automnal, dont la splendeur planait sur le Luxembourg vert,— le logis où rien ne l'attendait… Nulle intimité, nulle douceur. Rien que le visage de leurs griefs…

Au tournant de la rue Bonaparte, elle s'arrêta:

—Il fait beau, et il n'y a pas de dîner prêt… Inutile de monter les trois étages, pour ressortir.

—Le temps de se reposer, avant le restaurant?

—Non. Rentre si tu veux. Je préfère aller m'asseoir, dans le jardin. J'ai besoin d'être seule… Tu viendras me rejoindre.

Il secoua la tête:

—Allons nous asseoir.

Ils traversèrent les grands parterres où couples et familles musaient, dans la magnificence du jour apaisé. Elle contemplait avec tristesse les femmes suspendues d'un air tendre, au bras de leurs compagnons, les bandes d'enfants qui jouaient, entre les chaises, autour des groupes de parents, cousant, lisant… Elle envia leur indifférence. Combien de ces promeneurs portaient, comme elle, une âme de tourment? Elle cherchait à lire à travers les faces leur secret… Que d'insoucieux et de résignés! Et comme, au milieu de cette foule, elle était seule!…

Régis marchait à sa hauteur. En étendant la bras, elle l'eût touché. Elle le regarda, surprise de se sentir, si près de lui, comme à cent lieues. Enfin, sous le grand arbre qui ombrage la statue de Mme de Ségur, ils trouvèrent deux fauteuils libres. Elle dit:

—Ici… on ne sera pas trop mal.

Le silence entre eux pesa, un moment encore. Enfin Régis, refoulant sa rancœur, trouva le mot qu'elle n'attendait pas, et qui l'émut:

—Je ne mérite pas que tu m'aimes… si tu m'aimes encore. Je me suis conduit, cet après-midi, comme un goujat.

Il avait levé ses yeux, jusque-là baissés, et humblement l'implorait. Surprise, elle se recueillit… Elle avait été si écœurée par son inqualifiable attitude chez Mme Ambrat, qu'elle s'était tue, depuis. Le silence, plus méprisant que toute récrimination! Attaquer? Il ne valait pas cet honneur! Mais elle se tenait sur ses gardes, prête à toute riposte… Et voilà que cette humilité imprévue la désarmait. A son tour elle l'interrogea, jusqu'au fond de l'âme:

—Es-tu sincère?

—Juge-moi désormais à ma conduite. Depuis une heure, je me dis que je suis en train d'anéantir, définitivement, notre bonheur…. Et j'y tiens plus qu'à ma vie. Sans toi, qu'est-ce que tout le reste m'importe! Je ne peux me passer de toi. Tu m'es plus nécessaire que…

Il parlait, d'une voix basse, le front buté… Il chercha une comparaison dans l'absolu. Elle vint à son secours:

—Que ta pipe!… Comment veux-tu que je te croie, après toutes tes promesses, et le joli résultat d'aujourd'hui?

—Il y a un moyen. C'est de me mettre à l'épreuve. Allons-nous-en, nous le pouvons, tous les deux… Tiens, allons-nous-en à Rozeuil! La maison de Rignac est à louer, pour l'hiver. Il la vendrait, au besoin, si on avait envie de l'acheter.

—Pourquoi faire?

—Pour y vivre.

—Tu n'y penses pas!

—Je ne pense qu'à ça. On dit, dans la colère, des paroles qui ne riment à rien, des choses bêtes, qu'ensuite on regrette…

—Par exemple?

—Non, ce n'est pas du passé qu'il s'agit. J'ai eu tort!… C'est du présent, et de l'avenir, qui ne dépendent que de nous. Si tu étais bonne, tu oublierais tout le mal que je t'ai fait, malgré moi. Oui, malgré moi. Parce qu'au fond je ne suis pas méchant… Nous nous en irions loin de Paris, loin des gens. Rien ne nous retient. Moi, mon encrier, toi tes godets, nous emportons notre métier avec nous…

—Si on n'emportait que ça!... Mais on a beau changer, voyager... On ne traîne pas que son métier, comme une valise: on s'emporte avec soi!

—Nous laisserons ici les mauvais souvenirs. Tout ce qui à Paris me poursuit, m'obsède... Ceux que nous trouverons à Rozeuil sont ceux de notre amour. Ils ne nous rappelleront que des joies. En vivant seuls, l'un pour l'autre, nous serons heureux. Je n'ai plus que cette idée: tout faire, pour oublier!... Oublier! oublier!...

Il avait un accent si douloureux, une telle tension de volonté et d'espérance qu'elle en fut troublée. S'il disait vrai?... Il sentit le terrain plus stable, avança:

—Je ne te demande que cela: essayons!... Si tu pouvais avoir assez d'indulgence pour ne plus penser à mon injustice!... Si tu voulais me donner cette preuve que rien, ni personne, ne te retient à Paris...

L'idée de Blanchet entre eux surgit, aussitôt chassée par l'ardente prière dont il tenta de l'exorciser, voyant le front de Monique se rembrunir.

—Vivre loin de tous, en travaillant, en s'aimant... Cultiver, comme un champ étroit, notre infini!... Peut-être qu'alors, l'épreuve accomplie, tu serais la première à vouloir revenir sur tes paroles... et si je te suppliais, à ce moment, de...

Il hésita, empourpré d'une timidité humiliée.

—Quoi? dit-elle, sans deviner.

—Je n'ose pas te le dire. Pourtant cela me brûle la pensée...

—Parle.

Il avait peur. Ses oreilles résonnaient encore, de la tranchante phrase: «Je ne t'épouserai jamais...» Pourtant, depuis qu'elle les avait prononcés, matérialisant ainsi brusquement un projet auquel il n'avait jusque-là songé que par intermittences, ces mots le poursuivaient, d'un désir accru, en même temps que d'un regret. L'épouser!... Cette idée qu'ils avaient parfois pu avoir, chacun de leur côté, et dont ils n'avaient parlé que pour l'écarter, s'imposait depuis, impérieuse, à ses réflexions. L'épouser! Oui... Seul moyen de l'avoir désormais à lui, bien à lui, rien qu'à lui... Elle comprit et s'écria:

—Devenir ta femme, moi? Nous marier?

—C'est mon seul rêve.

—M'asservir, n'est-ce pas?... Tu crois que tu me tiendrais davantage!

—Qui est-ce que le mariage retient, aujourd'hui?... N'aie pas peur. Le cabinet de Barbe-Bleue, c'est une très vieille histoire. C'est même un conte!... Non.

T'épouser pour que, davantage encore, nous ne fassions qu'un, nous nous appartenions sans réserve...

Tout en elle avait beau protester, dans un instinct de défense qui résolument lui faisait rejeter, comme la menace d'un mortel danger, cette proposition inattendue,—elle éprouvait, dans l'incorrigible ingénuité de sa chair et de son cœur, un revirement d'indulgence, à demi crédule... Rozeuil?... qui sait? Et qu'est-ce que cela coûtait d'essayer en effet, une dernière fois?

Elle ne dit pas oui, le soir même. Mais, quelques jours après, touchée par l'effort d'affectueux repentir dont Régis témoignait, elle céda. L'auto les emmena, un matin brumeux, vers la maison de la rivière. Julia les y avait devancés, la veille, avec les malles.

Etait-ce le prisme de la saison? cette chaude clarté de l'été de la Saint-Martin sur le décor renouvelé, et en eux-mêmes? Avec ses peupliers aux feuilles d'or, la nacre des brouillards sur l'eau, les bois rougissants, ils trouvèrent Rozeuil plus émouvant, aux suprêmes soleils de novembre, qu'ils n'avaient fait, au printemps de leur amour.

Régis était redevenu le simple compagnon du début. La première semaine s'envola, emportée en longues randonnées sur les routes, l'air vif aux tempes, les petits villages traversés en vitesse. Le soir, de grandes flambées échauffaient, éclairaient la petite salle à manger où, la table desservie, ils étalaient leurs pages blanches, prolongeaient la veillée, en travaillant avec bonne humeur.

Elle crut à la possibilité du miracle: un côte-à-côte suffisamment agréable pour qu'elle passât sur quantité de défauts, dont malgré sa bonne volonté il ne se pouvait défaire... Et assez de points de contact, en somme, pour qu'ils demeurassent amis, et même amants. Quant au projet que par politique il taisait, mais dont elle sentait bien qu'il gardait l'espoir,—rien que de l'imaginer, la révulsait.

Le mariage! Jamais! Avec Régis moins encore qu'avec tout autre... Libre elle était, libre elle resterait! Aussi bien qu'est-ce que cette légalisation, en soi, pouvait désormais lui apporter?... Qu'ajoutait-elle aux unions heureuses? Rien! Et aux autres? La corde au cou...

Réticences qu'il percevait en elle comme elle les percevait en lui, et qui assombrissaient, malgré eux, leur ciel intérieur. La seconde semaine leur parut plus longue que la première. Les jours raccourcissant, les matins gris, bientôt froids, l'ombre vite tombée sur les après-midi maintenant tramés d'une pluie monotone, les réduisaient au vis-à-vis des heures enfermées, interminables...

Séparés du monde extérieur, ils retombaient, comme un feu que plus rien n'attise, à leur propre aliment. En vain ils s'efforçaient de galvaniser la flamme. Il n'y avait plus que des tisons mal éteints et des cendres.

Monique, seule, avait le courage de se l'avouer, parce qu'elle ne souffrait pas à le constater. Elle croyait avoir épuisé, du fait de Régis, tout ce qu'elle en pouvait attendre, en bien comme en mal. Elle ne tenait plus à lui que par le fil usé de sa liaison même. Aurait-elle tant donné d'elle, tenté cette dernière expérience pour rien?... Blessure d'orgueil, plus que d'affection. Douleur d'avoir cru toucher terre, et de se sentir rejetée au large, comme une barque désemparée.

Cette fois,—à découvrir, dans un être qu'elle avait aimé d'abord pour sa franchise et sa droiture exceptionnelles, la même horreur de la vérité que chez le menteur le plus invétéré,—l'humiliation, l'étonnement avaient été si grands qu'elle en gardait comme une stupeur... Etait-ce donc les autres, Hypocrite et Cie—comme disait Anika,—qui, étant dans le faux, étaient dans le vrai?... Et n'était-elle, elle, qu'une anormale, avec sa soif toujours plus altérée de sincérité et de justice?

Au bout d'une quinzaine de jours, exaspérée par la pluie qui n'avait depuis l'aube cessé de tomber par rafales, elle s'arracha soudain de la fenêtre, où elle regardait la nuit venir, sur le paysage noyé d'eau. Une tempête!

—Sonne! dit-elle, pour que Julia nous donne de la lumière. Sale pays! Pas même d'électricité.

Il fumait sa pipe, sans répondre. Quand Julia eut posé sur la table les deux torchères à bougies qui décoraient la cheminée, ravivé le feu et fermé les volets, il déclara:

—On est bien ici! Tu es difficile.

—Tu trouves?

—Qu'est-ce qui te manque, voyons?... Allons! dis-le?...

Ils se regardèrent. Le vent sifflait contre les fenêtres. D'un coup, comme s'il avait renversé les murs, ce fut, en eux, l'invasion brusque de l'ouragan et des ténèbres. Le frêle échafaudage, tout l'édifice de la quinzaine s'effondrait, dispersé.

—Allons! ordonna-t-il, empressé à consommer la ruine... ou je te le dirai, moi!... Ce qui te manque c'est ton Paris... Et ton...

Blanchet?... Elle tressaillit.

—Tu mens!

—Cette fois on n'a même pas besoin de le nommer!... Monsieur devance l'appel... Présent!... Comme cela se trouve!

Elle dédaigna de se disculper, ouvrit un livre. Il le lui arracha:

—Réponds! Ce n'est pas pour rien qu'il est arrivé, hier, une lettre de Mme Ambrat!... Une lettre si intéressante que tu ne m'en as pas même parlé, et que si je n'avais pas retrouvé l'enveloppe, déchirée en petits morceaux, dans la corbeille à papiers... Oh! rien que l'enveloppe... tiens, la voilà!

Il tira de son sous-main et montra, recollé bout à bout, le *puzzle* accusateur.

—Compliments! fit-elle.

—Ce qui te manque, et ce qu'elle te propose, n'est-ce pas,—car ce n'est pas seulement une belle, mais une bonne âme,—c'est une petite visite à Vaucresson? Hein? c'est ça?

—C'est ça.

Il se leva, du même élan rageur qu'il avait eu, l'autre dimanche, pour l'entraîner hors du Vert-Logis. Mais cette fois, il la saisit par le poignet et la secoua.

—Brute! brute! gémit-elle... Eh bien! oui! Paris me manque, et Vaucresson... et même Blanchet, si ça peut te faire plaisir!...

Elle comparait, involontairement, à la face bilieuse et barbue, avec son regard assassin et sa mâchoire dure, le visage noble et fin que Régis lui-même avait devant elle campé, et qui, au contraste, dans la nuit où elle se débattait, lui parut lumineux, comme une naissance de jour.

—Lâche-moi!

—Jamais...

Il l'avait poussée loin de la porte, contre le mur. Insensible aux coups dont elle le frappait, il la maintenait par les épaules. Il criait en même temps:

—Tu avoues, hein?... Je le savais... Tu n'as jamais été qu'une roulure.

Elle se dégagea, d'une secousse désespérée. Il la vit déjà partie, perdue. Alors la rage le transporta. Il dégorgea la sanie qui l'étouffait:

—Vous étiez faits pour vous entendre. Une putain et un maquereau!...

Elle le regardait avec une pitié si insultante, qu'il eut envie de se rejeter sur elle, et de l'étrangler.

—Tu peux crâner! Ça n'empêche pas que vous ferez des époux assortis!... Ça ne le gênera pas, lui, ta vie de garçon! Monsieur n'est pas dégoûté, il mange les restes... Oui, oui! c'est un joli cœur, et un bel esprit! Le nez bouché, mais les idées larges!... Non! attends, je n'ai pas fini! Tu as beau prendre ton air impératrice... Tu n'as jamais été qu'une pauvre fille qui n'a jamais rien compris à rien, une détraquée!... Au lieu de commencer par te mettre sur le dos, avec un passant, tout ça parce qu'on avait menti à Mademoiselle,—tu n'avais qu'à faire comme les autres, à te marier sans tant de chichis!... Mais non! Ça voulait réformer le monde!... Si toutes les femmes faisaient comme toi, vrai, ce serait du propre! Et ce qu'il y a de rigolo, c'est que ça se croit honnête!... Honnête, c'est à se tordre! Va, va retrouver le Blanchet, vous faites la paire!...

Son venin jeté, il se tut, farouche. Elle le regardait toujours, droite, blanche, les yeux dans les yeux... Il céda, recula. Lentement elle passa devant lui, ouvrit la porte: au milieu de l'escalier, Julia, tapie, écoutait. A la vue de Monique, elle descendit précipitamment, et, dans le vestibule, s'excusa:

—Je montais pour voir s'il n'y avait pas besoin de bois... J'ai entendu monsieur qui criait... Pauvre petite dame! Y a pas de bon sens de se mettre dans des états pareils!...

—Préparez mes deux malles.

—Madame veut s'en aller!

Le visage de la grosse vieille femme, tout grêlé de cicatrices, s'imprégnait d'un blâme apitoyé. Le corps épais se dandinait, au seuil de la cuisine ouverte.

—J'sais bien que j'ai pas de conseils à donner à Madame... Mais si c'était moi!... S'en aller pour des giries!... Y a pas de bon sens...

Monique endossait son imperméable, et sur le bonnet de cuir, qu'elle venait de décrocher de la patère, rabattait le capuchon. Julia, stupéfaite, observa:

—Ah! bien, s'il fallait qu'on se quitte, chaque fois qu'on se dit ses raisons!... Mais les hommes, c'est comme ça. Faut qu'ils soient les maîtres... Ça se comprend, pisqu'ils sont les plus forts. Moi, tenez, le mien, il m'a fichu du vitriol. Ça n'a pas empêché que quand mon autre est mort, j'suis retournée à la maison. C'était mon mari, s'pas... Le vitriol, c'était son droit... Et puis on n'a pus d'enfants, ils sont morts. Alors on reste ensemble. Il m'bat bien, de temps en temps... Ben quoi? Ça r'mue les idées, un moment... Et pis on s'dit: faudra bien claquer un jour!... Alors, tout ça, qu'est ce que ça fiche!... Restez, allez. C't'homme, il vous aime bien, tout de même... Il a du sang, c'est vrai!... Dame, aussi! c'est un homme!

Monique frissonna, avec autant de mélancolie que de dégoût. Cette acceptation avachie, cette misérable accoutumance! Julia lui parut incarner, soudain, ses milliers de sœurs populaires. Ah! celle-là n'avait pas eu le loisir de s'attarder à la psychologie! L'analyse? bon pour celles qui n'ont rien à faire!… Elle lisait, au visage vultueux et taraudé, des siècles d'humble peine et d'écrasant servage. Quel abîme entre elles! Se comblerait-il, un jour?

—Je vais jusqu'au village commander une voiture. Je partirai par le train de huit heures.

—Avec ce temps!

La porte claquait. Julia, vexée, rentra dans sa cuisine.

Monique s'en alla, sur la route noire. Elle avait peine à rassembler ses idées. Elle marchait comme soulevée, emportée par le vent. Enfin les premières maisons de Rozeuil parurent, l'hôtel montra ses fenêtres éclairées…

Elle avait, devant l'aubergiste surpris, retrouvé toute sa lucidité, donné les ordres d'une voix nette… En revenant, sous la pluie qui lui fouettait les joues, elle respirait. Fini! C'était fini!…

Dès lors elle ne se départit plus de son calme, fit ses malles, tranquillement. Julia l'aidait, avec des soupirs. Derrière la cloison de la chambre, on entendait un pas martelé.

Quand Monique eut achevé de caser elle-même, méthodiquement, son linge, elle alla, comme si de rien n'était, chercher dans la pièce voisine son cartable et sa boîte à aquarelle. Régis se planta devant elle:

—Alors tu crois que tu vas partir, comme ça?

—Oui, je te laisse l'auto. Tu dîneras seul, avec Julia.

Elle rangeait ses godets, ses pinceaux, indifférente à la fureur dont elle le voyait trembler. Soudain il s'élança, écrasa du poing le couvercle de la boîte, qui bascula.

—Penses-tu, que tu me lâcheras, pour aller te foutre de moi, demain, avec l'autre! Tu ne partiras pas. Tu es à moi! Je t'ai, je te garde… Laisse tout ça! Tu restes.

D'un air froidement décidé, elle ramassa les petites bouteilles de couleur, les jeta au feu, et prit tranquillement son cartable. Hors de lui, il lui barra le chemin, ordonna:

—Laisse ça!… tu entends, sinon…

—Sinon, quoi?…

Brusquement cabrée sous la voix cinglante, elle cria:

—Tu ne me fais pas peur! En voilà assez!… Rien ne m'empêchera de partir! Rien. Il faudrait me tuer, pour que je reste!… Moi c'est fini, fini. Laisse-moi passer. Tu te consoleras, avec Julia!... Une femme de ménage, c'est tout ce qu'il te faut.

Il vit rouge, mais elle marchait sur lui avec une telle exaltation qu'il hésita. En même temps le roulement de la voiture les surprit. Le cocher appelait.

Elle se précipita:

—C'est vous, père Brun! Montez!

Vivement elle gagnait sa chambre, suivie par Régis, décontenancé. Mais, à la vue de l'homme qui arrivait, bonasse, il rebroussa chemin, rentra dans le petit salon, en claquant violemment la porte et s'enfermant, à double tour... Presque aussitôt elle entendit les volets s'ouvrir et se rabattre avec fracas.

Vivement elle ferma les malles, que le père Brun descendit l'une après l'autre, avec Julia: elle soufflait, les seins écroulés, sous le caraco. Monique la suivit, talonnant son large dos incliné sur la lourdeur du faix. Une hâte l'élançait: fuir, quitter ces lieux soudain pris en haine, le fauve enfermé, là-haut!

Elle ne prit pas le temps de boutonner son manteau, sauta dans l'omnibus sur le toit duquel le cocher arrimait les malles. Dans la clarté jaunâtre des lanternes, le cheval fumait, sous l'averse. Julia se tenait éberluée, sur le seuil.

Monique se pencha, pour lui dire: «Au revoir» et aperçut, à la fenêtre ouverte du premier, Régis qui se découpait en noir, sur le fond lumineux. Il tétait sa pipe, avec une rage farouche... Elle se rejeta en arrière. La voiture s'ébranlait.

En un instant, la petite maison, Julia, Régis, tout avait disparu. Il n'y avait autour d'elle que l'ombre humide, épaisse, une sensation de fin du monde: le déluge, dans la nuit,—et, en elle, un allégement immense.

Rue de la Boëtie, personne ne l'attendait. Pas de clefs. Elle dut, laissant ses malles au concierge, reprendre un taxi, aller coucher à l'hôtel. Elle était si lasse qu'elle ne réagissait plus. Elle se coucha brisée, comme si elle revenait, en effet, d'un long, long voyage. Elle était si énervée qu'elle ne put fermer l'œil.

Il fallut quelques jours pour qu'elle reprît équilibre. A sa joie d'avoir échappé au dégradant supplice, une fatigue si grande se mêlait que tout, pour rien, l'excédait. Elle ne se trouvait bien qu'étendue. Il lui semblait sortir d'une maladie mortelle et s'éveiller, dans les premières langueurs de la convalescence.

Mlle Tcherbalief,—au courant de l'aventure dont elle devinait à mi-mots ce que Monique, par respect d'elle-même, voulait taire,—lui fut, durant ces heures, de précieuse amitié. Elle monta la garde autour de sa chaise longue, écartant visites et coups de téléphone importuns, veillant aux surprises du courrier… Régis écrivait lettre sur lettre.

Mais, loin de s'émouvoir à la vue de la rude écriture,—dont avec tant de ferveur elle s'était employée, naguère, jusqu'à recopier des pages,—Monique, sans même ouvrir, jetait au feu les enveloppes. Elles s'y tordaient et s'y consumaient, sans qu'un reflet éclairât le morne regard dont elle suivait la dansante flamme.

Il ne se contenta pas d'écrire, se présenta plusieurs fois, toujours éconduit, impitoyablement. Il revenait, de ces infructueuses tentatives, tête basse, si sombre, avec ses airs de méditer un sale coup, que des passants, parfois, se retournaient.

A la fin de la semaine, sur les instances de la Russe, Monique se décida à écrire à Mme Ambrat. Celle-ci, grippée, n'avait pu venir rue de la Boëtie prendre des nouvelles, mais surprise de ne recevoir aucune réponse à sa dernière lettre, adressée à Rozeuil, elle avait, dans son petit mot de reproche affectueux, annoncé à Monique, tout à la fois, et sa courte indisposition et son désir de la revoir bientôt. Que devenait-elle? On l'attendait sans faute, dimanche, à Vaucresson. Pour déjeuner, et, de préférence, seule! Il n'y aurait que Vignabos et Blanchet…

Blanchet?… Non! elle ne voulait pas le rencontrer… Plus tard, peut-être… Elle avait un tel besoin de repos, d'oubli! Bien qu'il songeât sans doute encore moins à elle qu'elle ne pensait à lui, et si sympathique qu'il fût, elle éprouvait une horreur physique de tout ce qui lui rappelait l'amour empoisonné de Régis… Une ombre en restait sur tout, et sur tous.

Tentée néanmoins, Monique, ayant réfléchi, se déroba par un refus catégorique, et une instante prière à sa vieille amie. «—Venez, vous! J'ai tant, tant de choses à vous dire!…» Le lendemain, Mme Ambrat était là.

Et le soir elle ramenait Monique avec elle, à Vaucresson.

V

Le déjeuner finissait. Les coudes sur la nappe, Monique, en face de Mme Ambrat, écoutait ardemment Blanchet, qui, tout en pelant une orange, s'exclamait:

—Voyons, Ambrat! La question n'est pas de savoir si oui ou non, au cas où nous ne serions pas payés intégralement par l'Allemagne, nous sommes en droit d'occuper le Rhin à perpétuité. En droit, c'est une chose. Et la plus incertaine, la plus précaire de toutes!... En fait, c'est une autre. Le droit, qu'il s'agisse des peuples aussi bien que des individus, n'a jamais été qu'une interprétation d'intérêts. Ayez la force, et vous aurez en définitive le droit. Le droit qui change d'aspect, quand la force change de camp! Or, sommes-nous sûrs d'avoir toujours celle-ci? La vie du monde, et la nôtre qui en dépend, devront-elles être toujours subordonnées à cette épuisante chimère? Allez-vous nous condamner à la revanche éternelle des guerres?... Donc, ce n'est pas en droit, c'est en fait que, pour moi, la question se pose. Or quel est en fait l'intérêt de la France, inséparable de celui du monde? La frontière du Rhin ou bien la Paix, gagée sur un emprunt de liquidation internationale? La paix, c'est-à-dire le travail universel, l'Europe solidaire!

—Beau rêve!

—Il suffit de le vouloir. Pas de progrès, sans la croyance au progrès!

La porte du salon, à ce moment, s'ouvrit. C'était Riri, qui, trouvant ces discours et le déjeuner longs, avait, avec la permission de Mme Ambrat, quitté la table en emportant son dessert, et qui jouait à la maîtresse de cérémonie:

—Messieurs, Mesdames, le café est servi!

Et sautant sur place, elle battit des mains, en éclatant de rire.

—Que je t'attrape! dit Monique.

Mais, s'amusant à avoir peur, l'enfant courait autour du salon et, près d'être atteinte, cherchait une protection. Elle se jeta, avec des cris heureux, dans les jambes de Blanchet.

Mme Ambrat sourit:

—Finis, tu ennuies ton oncle Georges!

Il la retint, lui caressa les cheveux. Vieux garçon, et sans famille qu'il aimât, il trouvait une douceur au foyer de ses amis, à cette parenté choisie.

—Oh! pardon, fit-il en prenant la tasse de café que Monique lui tendait... merci.

—C'est sucré... Vos trois morceaux!

—Oh! s'écria Riri, il est trop gourmand! Mme Ambrat la gronda, pour la forme, mais ils rirent, tous les quatre. Il faisait bon dans la pièce claire. Le feu pétillait sur les chenêts. Le soleil hivernal, dehors, dorait les arbres nus, la tonnelle que quelques feuilles de vigne vierge, çà et là, tachaient de rouge.

—Moi, je vais au jardin, déclara Riri, quand elle eut absorbé—dans la tasse de «Marraine»!—son canard.

—Va! ma fille.

Monique, assise près de la grande armoire dont elle regardait amicalement la patine, se sentait bien, blottie dans son fauteuil, comme dans la tranquillité d'un refuge. Elle appréciait la délicatesse que ses amis,—et Blanchet le premier, avec une intuition dont elle lui était reconnaissante,—avaient mise, durant le déjeuner, à détourner sa pensée, de la pente amère.

Cela la changeait, ces aperçus sur un horizon si vaste qu'elle hésitait, au seuil, les yeux encore clignotants des ténèbres dont elle sortait. A force de vivre dans l'égoïsme de sa passion, elle eût fini,—elle s'en rendait compte,—par se désintéresser de tout ce qui n'était pas elle-même,—Elle... et Lui!... Et voilà qu'elle redécouvrait, avec un plaisir dont la vivacité l'étonnait, tout un champ d'idées illimité... Voilà qu'elle respirait, après l'asphyxie de la prison!...

Régis? Elle n'y pensait plus! il était mort pour elle, à l'heure même où il gravait dans sa mémoire la dernière image, cette ombre vindicative, à la fenêtre... Elle l'avait arraché tout entier, de sa chair comme de son esprit. Si bien que libre, quoique endolorie encore, elle se tournait, avec cette intuitive énergie des êtres jeunes, vers le remède par excellence: la volonté de guérir.

Mme Ambrat, tandis que les deux hommes reprenaient leur causerie, couvait, d'un regard affectueux, la méditation de Monique. Elle était heureuse du changement qui, déjà, s'était opéré en elle... Pauvre petite qui avait été chercher si loin le malheur, quand le bonheur était là, peut-être, sous sa main! N'étaient-ils pas faits, Blanchet et elle, pour s'entendre? Au lieu de s'amouracher de Boisselot! Elle ne connaissait pas d'être plus antipathique...

Elle avait rapproché sa chaise du fauteuil de Monique, et lui prenant les mains:

—Vous avez bonne mine, mon petit! Je suis si contente que vous vous plaisiez ici.

—Il fait si beau! dit Monique en regardant, par delà Blanchet et M. Ambrat, l'azur laiteux où rayonnait un soleil doux.

—C'est vrai, s'écria Blanchet. Que diriez-vous d'un tour dans le jardin? Riri nous fait signe!

—Mettez au moins vos manteaux, conseilla Mme Ambrat.

Un air vif entra par la porte-fenêtre que Blanchet venait d'ouvrir.

—On est très bien comme cela! fit-il.

Déjà, ils avaient descendu les deux marches, foulaient le gravier sec…

—Attendez, Monique! recommanda Mme Ambrat, je vais chercher un châle.

Seule, elle s'avançait jusqu'au degré, suivait d'un œil amical Blanchet gesticulant, élégant et preste, à côté de M. Ambrat, un peu voûté… Soudain elle se retourna vivement, percevant, au fluide qui la parcourait, une présence. La porte-fenêtre qui donnait sur la pelouse d'entrée venait de s'ouvrir. Un homme se découpait, en noir, sur le fond lumineux. Elle fut si stupéfaite, que le cri, à sa bouche, expira. Le chapeau sur la tête, une main dans la poche de son pardessus, Régis était devant elle. Maigri, les yeux caves, il la contemplait d'un air hagard. Elle ne sut que balbutier:

—Comment… êtes-vous… là?

—Je vous guette à la fenêtre, depuis que vous êtes sortie de table… Je viens vous chercher. Venez.

—Vous êtes fou!

Il avança, menaçant, en étendant sa main libre:

—Venez!

Elle comprit, à son regard de meurtre. Et, bouleversée, elle poussa un «Ah!» si perçant que Régis, interdit, s'arrêta.

—Vous ne voulez pas? murmura-t-il. C'est bien.

En même temps, il sortit de sa poche la main armée du browning et braqua le canon. Mais, accouru au cri de Monique, Blanchet venait de se jeter devant elle, la couvrant de son corps. Le coup partit…

Stupide, Régis vit Blanchet chanceler, et Monique, le cou balafré de sang, se pencher pour le retenir. M. et Mme Ambrat qui, chacun de leur côté, s'étaient précipités, firent irruption. L'ingénieur se rua sur Boisselot, qui, comme un enfant, se laissa désarmer. Mme Ambrat aidait Monique à étendre Blanchet sur le canapé… Riri pleurait, bruyamment, suspendue au tablier de la cuisinière, attirée par le bruit.

Le premier, M. Ambrat eut une conscience nette de la situation.

—Marie, ordonna-t-il à la servante, qui tournait comme un toton, allez vite chercher le docteur Lumet. Emmenez Riri avec vous. Il vient d'y avoir un accident.

Auprès de Blanchet, évanoui, Monique sanglotait, en proie à une crise nerveuse. Mme Ambrat revenait de la salle à manger, où elle avait été prendre du vinaigre et une serviette, pour bassiner le visage du blessé. Col et gilet défaits, on voyait à travers sa chemise entrouverte la mince blessure, près de l'aisselle. Monique, anxieuse, guettait le souffle, sous la poitrine.

—Mais vous aussi, vous êtes touchée! s'exclama M. Ambrat. Vous avez le cou en sang... Montrez...

—Moi, ce n'est rien!

—Montrez!

La balle, après avoir traversé l'épaule de Blanchet, en séton, avait éraflé le sommet de celle de Monique. Déchirure superficielle, dont elle n'avait même pas, dans son émotion, ressenti la douleur...

—Quelle brute! enragea M. Ambrat.

Et seulement alors, il pensa à se retourner, justicier, contre l'assassin... Plus personne! Rien que la chaise où Régis, une minute avant, s'était affalé... Boisselot, reprenant brusquement conscience, s'était enfui.

Sous les petits coups dont Mme Ambrat lui frappait le visage, avec sa serviette mouillée, Blanchet, après un long soupir, reprenait connaissance.

—Aïe! fit-il en relevant la tête.

—Ne bougez pas! dit Monique.

A genoux contre le canapé, elle avait pris, et elle serrait doucement sa main. Il ouvrit les yeux, sourit en apercevant les trois têtes penchées autour de lui et aussitôt, il les rassura.

—Ce ne doit pas très grave!... Une balle dans l'épaule... Je connais ça. On m'en a déjà extirpé une, de l'autre côté, en 1915... Seulement c'était une balle boche!

—Ne parlez pas, vous vous énervez, dit Mme Ambrat.

—On n'aura pas la peine de vous extraire celle-ci, dit Monique, inclinée vers lui. Regardez, voilà ce qu'elle s'est amusée à me faire, en sortant. Il fut si ému, à la vue du rouge sillon, qu'il pâlit, prêt à s'évanouir encore...

—Un bobo! Ne vous effrayez pas... Elle ne savait que lui dire... Elle eût voulu lui crier tout ce qui bouillonnait en elle, sa reconnaissance... Les mots se pressaient, impuissants, et lui restaient aux lèvres. Elle avait peur aussi de le fatiguer. Elle murmura:

—Sans vous!...

Il répondit, avec un regard dont la fièvre involontaire donnait aux paroles tout leur sens:

—Ne me remerciez pas. C'est si simple!

Si simple! Ce geste, oui, il l'eût fait pour toute autre... Parce qu'il était courageux, et chevaleresque... Mais,—maintenant elle en était sûre,—il était heureux, surtout, de l'avoir fait pour elle. La satisfaction qu'elle lisait, à son visage, l'emplissait elle-même d'un trouble dont elle n'était pas maîtresse...

—Ah! voilà Marie! dit Mme Ambrat. Eh bien?

—Le docteur était là. Il vient tout de suite.

—Bon, mettez de l'eau à bouillir.

Blanchet attendit qu'elle eût refermé la porte.

—Et maintenant, il faut se concerter... Le revolver?

M. Ambrat le montra:

—Il est là, sur la table.

—Vous étiez en train de le décharger, nous causions, le coup est parti, par hasard. Voilà. Monique et Mme Ambrat se regardèrent. Il avait dit cela si naturellement!... Elle eut les larmes aux yeux. Comment douter qu'en calculant de la sorte, il ne songeât, cette fois encore, uniquement qu'à elle! Il ajouta par délicatesse,—car, après l'élan qui l'avait poussé au-devant du coup, il eut craint de paraître grever son dévouement de la moindre créance:

—Personne n'a intérêt au scandale.

M. Ambrat constata:

—Ce misérable s'en tire à bon compte.

—Ce malheureux! corrigea Blanchet.

Monique, pour cacher son angoisse, était allée guetter, à la porte-fenêtre restée ouverte, sur la pelouse.

—Voilà le docteur, annonça-t-elle.

M. Lumet, brièvement mis au fait, accepta comme la plus vraisemblable du monde la version de l'imprudence. Inspection faite de la blessure, et vite rassuré par l'emplacement comme par l'aspect des deux orifices, il déclara:

—C'est l'affaire de huit jours. Du repos, des lavages. Et si la plaie ne suppure pas, il n'y paraîtra plus. En attendant, il va falloir me coucher ce gaillard-là! Il s'est assez agité comme cela.

Malgré les protestations de Blanchet, qui, plutôt que d'encombrer ses amis, voulait à toute force qu'une auto d'ambulance le ramenât à Versailles, tout fut en un instant décidé. Monique tint à céder sa chambre; elle serait à merveille sur un divan, dans celle de Mme Ambrat. Vivement, elles remettaient des draps au lit, débarrassaient la penderie et les meubles, des robes, des objets de toilette.

M. Ambrat et le docteur, soutenant le blessé, avaient à peine achevé de le transporter, de le déshabiller et de l'étendre, que Monique, son propre pansement fait, frappait à la porte. Elle avait d'elle-même rassemblé le nécessaire aux premiers soins: l'ouate, l'eau oxygénée, les rouleaux de gaze. Elle avait même revêtu une blouse, empruntée comme le reste à la petite pharmacie de la maison, toujours précautionneusement garnie.

Blanchet, dans sa fièvre, sourit en la voyant entrer. Avec l'infirmière improvisée réapparaissait, hallucinante, l'image des Années Terribles. Il était dans son lit d'hôpital!... Il souriait, blessé, du même sourire extasié, dont,— huit ans passés,—il avait salué sa résurrection, après l'enfer des tranchées, en voyant se pencher vers lui la forme blanche, les bons yeux où brillait la vie...

Georges Blanchet, autrefois ni plus léger, ni plus égoïste que la plupart, avait trouvé, dans son sentier de la guerre, le chemin de Damas. Parti dilettante, il était revenu apôtre. Excès de la souffrance, où il avait touché le fond!

Comme tous ceux qui n'en étaient pas sortis abrutis, il gardait, de son séjour dans l'abîme, une haine et un amour: haine du mensonge social, amour de la vérité et de la justice... Mais à vrai dire,—il fallait bien qu'il se l'avouât,—un tel concept était celui d'une intime minorité! Peu d'hommes le partageaient. Et de femmes, encore moins.

A s'abstraire ainsi dans le solitaire domaine des idées, il s'était desséché, jugeait-il, à la longue. Il se sentait plus vieux, à quarante ans, que n'étaient ses amis Ambrat à soixante... Il leur répétait: «Je suis un homme fini.—Parce que vous êtes un homme seul! rétorquaient-ils invariablement... Mariez-vous!...»

Alors il allait prendre, sur un rayon de la bibliothèque, son premier livre et le leur montrait, par plaisanterie: «—*Du mariage et la polygamie!* Je suis comme ces cuisiniers qui ne mangent pas de leur cuisine! J'ai beau avoir écrit que le mariage était une fin, je pense que c'est un commencement! J'ai dit qu'il n'avait rien de commun avec l'amour. Je ne le conçois pas sans...—Mais, répondait toujours Mme Ambrat en montrant son mari, s'il est vrai que le mariage et l'amour coïncident rarement, ils ne sont pas incompatibles... Exemple. Laissez-moi faire! On vous aimera, et vous vous marierez!...»

Après sa rencontre au Louvre avec Monique, la sympathie nouée entre eux, et depuis resserrée par une tacite entente à chacune des brèves heures où ils s'étaient retrouvés,—loin de détendre sa sensibilité rétractile,—l'avait exaspérée. A voir aux griffes de Boisselot cette femme qu'il estimait d'élite, et qu'inconsciemment déjà il aimait, il avait été repris de la même neurasthénie qu'aux soirs de boue, dans la fosse de terre…

Et puis, brusquement, le cri qui lui déchirait encore les entrailles! Et le coup de feu après lequel il se réveillait un autre homme, dans le doux lit où elle avait couché… Et l'apparition! L'avenir resurgi, avec la forme blanche, les bons yeux où brillait la vie!…

Il ferma ses paupières, comme Monique achevait d'épingler le pansement. Et, brisé, il s'assoupit.

—Il a les mains brûlantes, constata le docteur. Il faut le laisser seul. Calme absolu! Un peu d'eau citronnée, s'il a soif. La température à cinq heures. Voilà… Je repasserai avant le dîner.

—Soyez tranquille, dit Monique, je ne le quitte pas.

Silencieusement, tandis que les Ambrat sortaient sur la pointe du pied avec le docteur, elle s'installa à son chevet. Elle interrogeait, d'un regard avide, ces traits où la souffrance ajoutait une noblesse. Ils entraient en elle, ils s'imprimaient si fortement sur la cire ardente de son offrande, qu'ils effaçaient, en les recouvrant, tous les visages du passé.

Cet homme si beau, si intelligent, si bon, et qui pour elle avait offert spontanément sa vie,—aurait-elle assez de toute la sienne pour reconnaître son sacrifice? Elle se sentait une pauvre chose, salie, diminuée. Et pourtant jamais elle n'avait eu un tel élan de tout l'être vers le besoin de croire et l'ivresse d'aimer.

—Non! taisez-vous!… Défense d'adresser la parole à la garde.

—Puisque je vais bien!

—Vous allez mieux. Ce n'est pas la même chose! Si vous n'êtes pas sage, au lieu de prendre un livre et de rester à côté de vous, je m'en vais.

Il la regarda, inquiet, mais elle lui caressa le front, puis, silencieusement, se rassit. Elle avait ouvert *La Chartreuse de Parme* et songeait.

C'était le sixième jour, depuis… l'accident. «Est-ce drôle! avait-elle dit à Mme Ambrat, ce coup de revolver qui éclate comme un coup de foudre, et, au lieu d'avoir des conséquences tragiques, est en train d'arranger les choses!… Pour Régis, cela a été comme une décharge d'électricité, qui vide la pile!… Sa jalousie furieuse est partie, en même temps que la balle… Bon voyage!…»

Elle le suivait, d'une pensée complexe, sur le bateau qui à cette heure même l'emmenait au Maroc.

Un mot de Mlle Tcherbalief lui avait appris, le matin, la résolution et l'accomplissement: «M. Boisselot était passé rue de la Boëtie, et sans autres commentaires, avait annoncé qu'il s'absentait pour longtemps!...»

Monique, à la réflexion, s'étonnait de n'éprouver contre lui nul ressentiment. Plutôt une indulgente pitié. S'il l'avait mal aimée, du moins,—son odieuse violence ne l'avait que trop témoigné!—il l'avait aimée comme personne, jusque-là, n'avait fait... Il l'avait arrachée à ses poisons. Le souvenir même de cette frénésie possessive, maintenant qu'elle en était délivrée, la rebellait moins qu'il ne la touchait.

Elle s'interrogea loyalement. A certains des reproches qui lui avaient d'abord paru injustes, sa conscience ne faisait-elle pas écho? «Un malheureux!» avait dit Georges, si généreusement... Oui, un malheureux, mais dont la peine avait par contre-coup,—elle eut été bien ingrate de l'oublier,—fait fleurir deux joies.

Car elle avait beau mettre une sourdine à son chant intérieur, elle avait beau, d'une crainte, se voiler l'éclat des regards qui, à cette seconde même, l'enveloppaient, suppliants,—tous deux n'étaient que joie. Joie enfantine! joie pure!...

—Je vous vois, dit-elle en levant un doigt menaçant. C'est très mal de profiter de la distraction de la garde, pour continuer à lui tenir un pareil langage...

—Je ne dis rien.

—Mais j'entends!... Cher, cher Georges!

Sans suite, ils reprenaient le duo de chaque jour. Ils se redisaient les mêmes choses, l'hymne alterné qui inconsciemment jaillissait de leurs cœurs... Qu'avait-il besoin de lui jurer qu'il l'aimait? Quelle plus insigne, plus émouvante preuve un homme eût-il pu donner? C'était la certitude de leur amour qui emplissait Monique d'une suprême incertitude.

La délicatesse qu'il mettait à la vouloir conquérir,—comme s'il ne l'avait pas déjà conquise toute, et d'un coup!...—cette élégance de souhaiter ne la tenir que d'elle, la tourmentaient d'un scrupule inverse. Etait-elle digne d'un sentiment pareil? Ne lui apportait-elle pas une âme flétrie?... Un corps public? Méritait-elle cet immense bonheur?... Le désir dont il était comme illuminé lui semblait plus émouvant encore par sa timidité que par sa force.

Elle baissa la tête en rougissant:

—J'ai peur que vous n'aimiez en moi une Monique qui n'est pas la vraie! Ai-je toutes les qualités que vous me supposez?... Il y a des minutes où je voudrais le croire. C'est quand vous me regardez comme vous le faites.... Alors je me figure que je renais, avec mon âme d'enfant, que rien de mon passé n'existe, que tout recommence!

Il répéta avec force:

—Rien n'a existé. Tout commence!

—Si vous saviez!...

Remuée jusqu'au fond des souvenirs, la lie remontait en elle... Elle avait un besoin de s'accuser, de s'excuser... Pourtant elle venait de payer assez cher une franchise dont la jalousie de Régis lui criait encore l'imprudence et le danger. Mais, cette confession qu'elle avait faite à l'ami et dont l'amant avait tant souffert, ne la devait-elle pas, quoi qu'il en pût coûter, à celui qui, ayant sauvé sa vie, en était devenu l'arbitre?... Soif mystique de s'humilier, en punition de son orgueil. La révoltée d'autrefois devant le mensonge et la brutalité de l'homme, la garçonne orgueilleuse se retrouvait femme, et faible, devant la grandeur du véritable amour.

—Si vous saviez! répéta-t-elle...

—Mais je sais! Oui, je sais que vous avez souffert, comme tous les cœurs altérés d'absolu! Je sais que, sans que vous ayez jamais fait de mal aux autres, les autres vous en ont fait. Le reste, que m'importe? C'est le passé, qui vous appartient! Il n'y a pour moi dans la vie, et par conséquent dans sa forme la plus haute, l'amour, que des êtres égaux et libres. On n'a de droits sur la personne qu'on aime, que ceux qu'elle vous donne. Et c'est seulement de l'heure où l'on s'est donné l'un à l'autre que l'on devient comptable, l'un vis-à-vis de l'autre.

Elle l'écoutait, comme la pécheresse écoutait le Sauveur.

—Tout ce que je sais, Monique, c'est que vous étiez, que vous êtes une fière, une jolie âme, élancée vers tout ce qui exalte la pauvre bonne volonté humaine! Un être épris de vérité et de justice. Un être que la souffrance, loin de ravaler, a grandi.

—Si c'était vrai!

—La souffrance, Monique, c'est le bain révélateur. Une âme basse en reste corrompue. Une âme haute en sort trempée. Ayez confiance! Les mauvais jours sont finis! La route tourne.

—Comme je regrette! soupira-t-elle... Comme j'aurais voulu vous apporter un cœur qui n'aurait jamais battu que pour vous!...

—Vous pleurez!

—Oui, je pleure sur la petite Monique, sur sa fraîcheur que je n'ai plus! Je pleure en pensant à la joie qu'elle aurait, si vos bras étaient les premiers qui l'enlacent!... Je pleure en pensant à la petite Monique de tante Sylvestre!

La touchante voix le pénétrait, avec son déchirant regret. Il sentit ses yeux se mouiller de larmes.

—Ne pleure pas!... Ne pleure pas, je t'en supplie. Tu ne sens donc pas que l'amour, le vrai, porte en lui une si rayonnante lumière qu'il efface toute ombre? Ne pense plus aux cauchemars de la nuit! Nous nous mettons seulement à vivre! Nous nous éveillons, avec le jour qui se lève...

—Mon amour, murmura-t-elle...

Son visage mouillé s'éclairait, comme un matin dans la rosée. Il souleva les bras, elle s'y laissa tomber, inclinant sur le lit son buste que la blouse protégeait, d'un bouclier blanc. Une sorte de pudeur, qu'elle n'avait jamais éprouvée, la maintenait pelotonnée contre lui... Ni l'un ni l'autre ne songeait, dans l'éternité de cette minute, à cueillir la rose du baiser, qui s'ouvrait à leurs lèvres.

A son tour, il caressa le front rayonnant, les fins cheveux cuivrés:

—Ne crains rien! tu seras aimée.

—Vous êtes si bon! dit-elle passionnément. Il me semble que je suis dans un nid où nulle tempête ne peut plus m'atteindre... Nous sommes à la cime de l'arbre et, autour de nous, il y a la solitude de la forêt...

————

Au bout des huit jours prévus par le docteur Lumet, Georges se leva guéri. La plaie n'avait pas un instant suppuré. Les deux cicatrices se refermaient, sous le bourgeonnement de la chair nouvelle.

Autour du canapé du salon où elles exigeaient qu'il s'étendît de temps à autre, les deux femmes s'installaient. Mme Ambrat cousait, Monique bavardait:

—Non, vous n'êtes pas encore en état de rentrer à Versailles! Vos cours peuvent encore attendre une quinzaine! Après les vacances de Noël! Au jour de l'an!... D'abord, vous êtes *mon* blessé! Vous devez m'obéir.

Le *vous* avait, dans son intonation, la tendresse du tutoiement qu'elle n'osait pas encore, même aux heures où, librement, leurs aveux communiaient. Respect d'une convenance dont la perspicace affection de Mme Ambrat s'amusait. Croyaient-ils que leur manège d'amoureux ne sautait pas aux yeux?

—Je suis *votre* blessé, c'est vrai. Mais j'ai assez compliqué comme cela l'existence de nos amis...

Mme Ambrat posa son ouvrage sur les genoux:

—Oncle Georges! Vous nous ennuyez!

—Et puis, si bien que je me trouve ici, mes travaux, vos affaires…

—Dites que vous nous avez assez vus! Eh bien, voulez-vous que je vous dise, moi, ce que vous êtes, oncle Georges? Un ingrat.

Elle souriait, malicieusement, en les unissant dans le même regard. Il répondit, d'une voix grave:

—Non, ma chère, ma bonne amie! Je ne suis pas un ingrat. Je me souviendrai toujours que c'est là, sur ce canapé où votre autorité m'enchaîne, que Monique m'a pris les mains et me les a serrées, d'une étreinte si forte que rien ne la dénouera plus. C'est à cette maison, c'est à vous, à Ambrat, que je dois mon bonheur.

Mme Ambrat se leva d'une pièce. L'émotion tiraillait sa face sèche. Elle alla d'abord baiser «l'oncle Georges» sur les deux joues, puis elle revint à Monique, qui machinalement s'était levée aussi, et, troublée, la regardait faire.

—Maintenant, au tour de ma nièce!

A ce mot, qui faisait entre elles surgir leur plus cher souvenir d'amitié, Monique crut voir se dresser entre elles, avec sa bonne face souriante, la vieille femme qui avait été son éducatrice. Tante Sylvestre se confondit avec Mme Ambrat… Longuement, Monique embrassa l'amie qui avait succédé, dans son cœur, à la disparue. C'était comme si, à travers le mirage du passé, elle eût serré, contre elle, une vraie maman.

—Sais-tu à quoi je pense, mon petit? dit Mme Ambrat, quand elle eut dominé son attendrissement… Tu viens de parler de Noël? Il y aura quatre ans, le vingt-quatre de ce mois, ta pauvre tante était venue ici manger le boudin et l'oie… C'est la dernière fois que je l'ai vue. Réunion mercredi en quinze! Nous réveillonnerons en pensant à elle. Elle aurait été si heureuse de ton bonheur!

VI

Depuis qu'ils avaient repris tous deux le collier des existences séparées, Georges et Monique s'étaient revus quotidiennement. Il était venu plusieurs fois déjeuner rue de la Boëtie. Les autres jours, elle allait à Versailles,— généralement avec une des autos de Mlle Tcherbalief,—prenait possession du pavillon qu'il habitait, avenue de Saint-Cloud... Une bicoque ancienne, trop grande pour lui, mais arrangeable, avec un potager, un poulailler, une remise dont elle avait fait enlever les débarras, pour garer la voiture.

La vieille bonne qui, depuis des années, faisait le ménage de «M. Georges», avait tout de suite adopté l'intruse, devinant que si elle n'était pas encore la maîtresse du maître, elle serait, bientôt, celle de la maison...

Un soir où, arrivée de bonne heure par le train, il n'avait pas voulu la laisser repartir, et où elle avait accepté de dîner à l'improviste, Monique avait eu la surprise d'une collation délicate. Et comme, admirant la table fleurie de mimosas et de roses, elle s'étonnait, il avoua:

—Depuis que vous êtes entrée ici pour la première fois, il n'y a pas de jour où je n'aie fait le rêve que vous ne repartiriez plus, que je vous garderais... C'est ainsi que, chaque soir, la maison vous attend.

Elle contempla, amicalement, le petit salon où il travaillait et où ils dînaient, les meubles familiers... Oui, l'univers tenait entre ces quatre murs! Il se leva, vint lui baiser la main. Il était touchant, avec l'ingénuité de sa joie et la discrétion fébrile de son désir...

Pourquoi, au moment où, l'ayant prise dans ses bras, il avait enfin osé formuler son ardente prière, avait-elle doucement secoué la tête?

—Non, pas ce soir, je vous en prie!...

En vain, il avait tendu ses lèvres, supplié du regard. Elle avait dénoué pudiquement l'étreinte. Mais le voyant s'écarter avec douleur, elle lui avait, d'un élan, repris la main.

—Pardon! Georges!... Je ne sais à quel sentiment j'obéis. Il me semble que je ne suis pas encore assez digne de vous... Laissez-moi un peu de temps... vous mériter... Surtout, ne prenez pas cette figure qui me peine!... Je vous dois tout, je vous appartiens...

—Alors!

—Je ne sais pas... Non! non! Pas encore.

Elle s'en était voulue, à le voir silencieux, si triste, en la raccompagnant à la gare. Elle avait regretté, durant tout le retour, cette inexplicable contradiction du cœur qui l'avait retenue, à l'instant où tout en elle s'élançait, vers le commun désir. Quelle hésitation dernière avait triomphé de son propre consentement, de sa tendresse prête à l'abandon?

Soubresauts de l'inconscient, où la Monique transitoire, celle qui avait gaspillé son esprit et sa chair, achevait de disparaître, et où la Monique nouvelle,— toute semblable à celle qui s'était ouverte avec tant de confiance à la vie,— commençait peureusement à s'épanouir.

Elle avait retrouvé son âme de fiancée, avec une ardeur plus grave sous le même primesaut, tendre et gamin. Mais, inconsciemment, dans son allure assagie, dans sa réserve charmante, une apparence plus féminine se manifestait. Mlle Tcherbalief, avec étonnement, la contemplait, réinstallée rue de la Boëtie, dans le salon de réception.

Monique avait fait vider le bureau Louis XV de tous les papiers entassés depuis deux ans. Allègrement, avec une facilité dont elle se croyait déshabituée, elle dessinait au lavis, sur l'abattant... Un projet d'appartement: simple, quelques grandes pièces, sobres, claires...

—Qu'est-ce que vous avez à me regarder comme cela, femme Tcherbalief, pardon! Plombino?

—C'est curieux! Il me semble que vous avez quelque chose de... Une transformation!... Ah! Vos cheveux peut-être? Vous les laissez repousser?

—Oui.

—Moi qui allais couper les miens! Une idée du baron... Il tient à ce que je me coiffe comme vous...

—Alors, baronne, restez comme vous êtes! Les cheveux courts, c'est bon pour les garçons.

—Ça, fit Mlle Tcherbalief, c'est comme votre projet d'appartement, c'est nouveau!... Est-ce que Mlle Lerbier songerait à devenir madame?...

Monique sourit... Mme Blanchet?... Un mari, des enfants?... Pourquoi pas?...

Ce qui lui eût semblé, il y avait un mois, un rêve irréalisable, lui apparaissait aujourd'hui un miracle possible... Elle voyait avec d'autres yeux, parce qu'elle sentait avec un autre cœur... Déjà elle faisait, involontairement, des projets... Ils garderaient le pavillon de Versailles pour le printemps et l'été. Aux vacances, ils voyageraient, et l'hiver...

Claire, restée à son point d'interrogation, la regardait, en souriant.

—Pour l'instant, Claire, j'ai envie de déménager, voilà tout. Et puisque vous voilà propriétaire de divers immeubles, et que vous avez, rue d'Astorg, quelque chose à me louer... Attendez! Ce n'est pas tout! Vous n'avez plus besoin, puisque le baron vient de vous donner sa Mercédès, de votre petite Voisin?... La dix-chevaux, conduite intérieure...

—Non...

—Je vous l'achète. Convenu?

—Convenu, dit Claire, depuis longtemps habituée avec la «patronne» à ne plus s'émouvoir de rien... Mais pas avant que la Mercédès soit réparée... Vendredi, voulez-vous?

—Pourvu que je l'aie le soir du réveillon... Je dois amener M. Vignabos à Vaucresson, chez les Ambrat...

—Alors ça va! Il faut,—je voulais vous le dire, et c'est pour cela que j'ai besoin de la Voisin,—que j'aille demain à Magny... L'enterrement d'Anika.

—Anika! s'écria Monique.

—Morte avant-hier, toute seule, dans une auberge où elle avait été se terrer depuis quelque temps... Vous ne saviez pas?...

—Non, c'est si loin, tout ça!...

—Phlegmon de la gorge.

—Pauvre fille!

Monique la revit, cadavérique, dans l'ombre des fumeries. Tout le passé venait de surgir, avec ses souvenirs maléfiques. Saisie d'effroi en songeant au sort auquel elle avait échappé, elle plaignit la morne destinée de l'artiste. En même temps, la bande autour d'elle agita ses fantômes... Michelle d'Entraygues, Ginette Hutier, Hélène Suze, et Max de Laume, et lady Springfield!... Et les autres, tous les autres, ceux qui n'avaient été que des indifférents, les Bardinot, les Ransom, et ceux auxquels elle avait en passant tant donné d'elle-même: Vigneret, Niquette, Peer Rys, Régis enfin!... Elle reconnaissait à peine leurs visages... Eux aussi, ils étaient morts!

Elle chassa la pénible vision et dit, attristée:

—C'est gentil, Claire, d'aller à Magny, vous qui la connaissiez à peine. Je suis sûre qu'il n'y aura pas grand monde derrière son cercueil. Elle qui a eu tant d'amis!... Vous joindrez mes fleurs aux vôtres... Pauvre Anika! Encore une qui aura été victime d'elle-même.

La Slave conclut de sa voix nette:

—Vous avez raison! On n'a qu'une vie, c'est trop bête de la rater.

Monique s'était levée. Mlle Tcherbalief, curieuse, eût voulu en savoir davantage. Elle s'enquit, montrant le plafond:

—Alors, quand vous habiterez rue d'Astorg, que fera-t-on de l'entresol?

—Agrandissements. C'est votre affaire. Dès que j'aurai achevé de déménager, vous me ficellerez là-haut quelque chose de bien... Des salons d'exposition pour les étoiles de robes... Oui, je ne vous en ai pas encore parlé... J'ai envie de lancer ça: *Tcherbalief et Lerbier*, modes. Ici, on pourrait construire l'escalier... Tenez, ça déboucherait là...

Elle avait pris une grande feuille blanche, crayonnait les plans... Expressions, gestes, une telle décision émanait, gaiement, de toute sa personne, que Claire l'écoutait, stupéfaite: «Décidément, on lui avait changé sa Monique!...»

———————

—Je bois, dit M. Vignabos en élevant sa coupe où les bulles du Vouvray mousseux crépitaient, à la guérison de notre ami.

—Et la mienne, mon bon maître!... Personne n'en parle, protesta Monique.

M. Vignabos la regarda du coin de l'œil. M. et Mme Ambrat se consultèrent; ils devinaient, sous la réclamation plaisante, une allusion à double sens. Tous trois en apercevaient l'accent de sincère, profonde humilité, de fierté aussi, et en étaient émus. Mais, en silence, ils attendaient qu'elle s'expliquât...

Seul, Blanchet avait deviné toute sa pensée. Il se leva avec vivacité. Il souhaitait si tendrement qu'en dehors du pieux souvenir de tante Sylvestre, aucune récurrence n'assombrît, pour Monique, cette soirée heureuse! Détournant le propos de son vrai sens, il haussa son verre:

—Monique a raison! Je bois, pour réparer l'inqualifiable oubli de notre vénéré maître, à la guérison plus rapide encore de notre amie. Voilà ce que c'est que d'être modeste, mademoiselle. On ne parle que de ma blessure, on ne se soucie pas de la vôtre! Il est vrai qu'on ne l'aperçoit même plus!

—Oh! si on peut dire!

Elle inclina la tête. Sur le cou de neige, au renflement de l'épaule, une ligne rose paraissait, perdue sous le velours noir de la robe, décolletée à peine. Elle avait pour tout bijou, au bout d'un fil d'or, la petite balle de plomb, écrasée au sommet, que Riri avait ramassée le lendemain, au pied du chambranle de pierre où elle était tombée.

Sans en rien dire, Monique l'avait gardée, superstitieusement. Elle n'eût pas changé, pour le plus beau diamant, cette petite chose inerte qui, baptisée du sang de Georges et du sien, les avait marqués du même signe. Trait d'union mystérieux.

Paupières baissées, tandis que Mme Ambrat prélevait sur les restes du Mont-Blanc, la part de Riri—la petite avait bien recommandé qu'on la lui mît de côté, avec un peu de boudin et d'oie!—Monique évoquait, rêveuse, tout ce qui tenait de passé dans l'heure anniversaire!... Nuits de Noël où une petite fille était morte, où une jeune femme naissait!... Entre ces deux pôles de sa vie, un monde de deuils, de déceptions, un désert de tristesse et de ruines... Etape si morne et si longue qu'elle y avait failli succomber... Sans Georges!

Elle ouvrit les yeux sous le regard qui, soucieux, la couvait... Qu'on était bien!... Qu'on était bien autour de cette table, dans la gentille salle à manger, la chaude lumière, la simple joie d'être là, tous les cinq, après le bon souper où, finalement, elle avait fait place à l'absente...

Tante Sylvestre se tenait debout devant elle. L'affreuse image du cadavre étendu sur la civière s'était définitivement évanouie. La bonne vieille était là, vivante, avec l'indulgent sourire qu'elle avait le jour où elles étaient allées ensemble rue de Médicis... M. Ambrat avait raison: les morts qu'on aime ne sont pas morts; ils ne disparaissent qu'avec le dernier souvenir!...

Le cabinet de Vignabos, Régis, Georges... la journée du réveillon tragique, et, sur tout cela qui n'était plus, le maternel visage que, durant la morne, longue étape, elle avait cessé de voir, et qui lui réapparaissait aujourd'hui!... Oui! là, vivant... «Tante! Tante!» faillit-elle crier, avec un irrésistible besoin d'être comprise, absoute. Dans une suprême prière qui prenait à témoin l'absente à travers ceux qui l'avaient chérie, et qui, surtout, l'adjurait, lui, le juge souverain, elle confessa:

—Non, Georges! ne leur donnez pas le change. La guérison dont je parlais, c'est celle que je vous dois! A qui me confierais-je, sinon à vous et à ces vieux amis qui pour moi ne représentent pas seulement tante Sylvestre, mais toute ma famille!... Car mes parents, n'en parlons pas!... Je suis pour eux comme un bibelot qui leur aurait appartenu et qui est passé dans d'autres mains!... Quand je les revois, je ne trouve rien à leur dire, parce que si je ne me retenais, je leur crierais: «C'est vous, c'est votre milieu pourri qui avez été la cause première de mes erreurs!» Avec tante Sylvestre, je serais restée une fille simple, pure... Oh! je sais bien... C'est aussi ma faute! Moins absolue, moins orgueilleuse, je n'aurais pas, par une nuit comme celle-ci... J'en ai tant, tant de honte! Trop tard!... Que voulez-vous! Une fois dans le bourbier, on y patauge... On voudrait en sortir. On ne peut pas!... Alors on s'y roule...

Elle voila son visage de ses mains.

—Mon pauvre petit, dit Mme Ambrat, pourquoi vous torturer de la sorte?... Le passé, à votre âge, c'est peu de chose, allez!... Quand on a l'avenir!

—Folle, suppliait Georges en même temps, chère folle, si quelque chose pouvait vous rendre plus chère encore à mes yeux, c'est l'excès même de vos scrupules. Le passé, qui pourrait donc songer à vous le reprocher lorsqu'il vous arrache une si douloureuse plainte!... Regardez-moi! Il n'y a au monde qu'une chose qui vaille, la minute que nous vivons.

—C'est parce que sa lumière m'inonde, dit-elle en relevant le front, que je tremble devant mon bonheur! Ai-je des mains assez propres pour l'étreindre sans le salir?

Il avait saisi les fines, les douces mains blanches, les baisait avec ferveur.

—La verdure ne repousse que mieux, où l'incendie a passé. Monique, au nom de tante Sylvestre, je vous demande d'être ma femme...

—Le puis-je? balbutia-t-elle.

—Non seulement vous le pouvez, ma chère enfant, s'écria M. Vignabos dont la voix, malgré lui, chevrotait, mais vous le devez!... Mes félicitations, Blanchet, votre choix est bon.

Monique, le visage resplendissant à travers ses larmes, laissa tomber sa main dans celle qui attendait, frémissante. Il pâlit devant l'espoir réalisé.

—Et maintenant, mes enfants, dit Mme Ambrat, je ne voudrais pas vous mettre à la porte. Mais il est trois heures, et avant que vous ne soyez à Paris... A quelle heure est votre train, Georges?

—A quatre heures!

—C'est vrai! dit Monique. J'avais oublié votre conférence à Nantes...

Elle se retourna vers M. Vignabos.

—Et vous, mon cher maître, je ne vous emmène pas?

—Non, puisque Mme Ambrat me fait l'amitié de m'héberger.

—Alors, en route!... Nous n'avons que le temps!... Non, non! exigea Monique, comme M. Vignabos et M. Ambrat faisaient mine de les accompagner... Rentrez vite, il fait un froid!...

Maintenant, dans la voiture qui les emportait, ils restaient muets. Silence lourd de pensées!... Rayonnantes en lui, et si tumultueuses en elles, qu'elles s'entrechoquaient et jaillissaient,—désordre, allégresse, gratitude, remords,— comme un bouquet continu d'étincelles.

Ils s'en allaient dans leur enchantement, à travers la nuit de lune et les bois brumeux, dont la profondeur s'ouvrait, à la fuite éblouissante des phares...

—Ralentissez, Monique... C'est si beau!...

Ils arrivaient au tournant de Bougival, le long de la Seine. Elle s'étendait comme une traîne d'argent, au bord bleu des îles.

—Oui, c'est beau! murmura-t-elle.

La voiture s'était arrêtée. Ils se prirent les mains. Ils ne se parlaient pas et pourtant s'avouaient tant de choses! Soudain, d'un même élan, leurs bouches se joignirent... Le temps d'un long serment!... Puis, tac, elle remit en marche. Ils repartaient, vers leur bonheur.

———

A la même minute, les Ambrat et M. Vignabos se disposaient à regagner leurs chambres.

—Savez-vous aussi, ma bonne amie, disait le vieux professeur en montant l'escalier, ce que cela prouve? C'est que pour un être jeune qui n'a pas été contaminé, entièrement, par la vie sociale, les mœurs actuelles sont un terrible bouillon de culture! Voici notre garçonne. Elle est sortie de sa double éducation—et de la guerre!—avec la soif d'émancipation qu'ont tant de femmes, ses sœurs...

—Tant? observa Mme Ambrat. Croyez-vous? La plupart sont résignées à leur chaîne! Beaucoup, c'est triste à dire, y sont même attachées.

—Qu'importe! L'élite entraînera la masse. Toutes, elles portent en elles une force bienfaisante, en puissance... Puissance de paix, de justice et de bonté. Force qui s'épanouira!... Comptons pour cela, ma chère amie, sur celles qui ont fait et qui continueront à faire, de plus en plus, leur part de travail, en équivalentes. Peut-on blâmer Monique d'être allée de l'avant, à sa manière?... Un faux pas, oui! Mais tout de même un pas!

—Avouez pourtant que sans Blanchet, dit Mme Ambrat...

—Soit, mais pour être juste, ajoutez que sans Vigneret... Quand une femme trébuche, cherchez l'homme.

—L'homme, toujours l'homme! grommela M. Ambrat. Est-ce qu'il ne serait pas plus juste encore de dire que nous sommes, tous, le jouet d'énergies qui nous dépassent? La joie et la douleur sont aveugles. Les forces seules agissent... Nous enregistrons!

M. Vignabos conclut, indulgemment:

—Raison de plus pour excuser Monique. Est-ce qu'on songe au fumier quand on respire une fleur?

Janvier-mai 1922.

Milton Keynes UK
Ingram Content Group UK Ltd.
UKHW012241180624
444315UK00005B/528

9 789361 470844